WERNER LÖSER

Das Wort Gottes
und die Kirche

Annäherungen
an das Werk
Heinrich Schliers

WERNER LÖSER

Das Wort Gottes und die Kirche

Annäherungen an das Werk Heinrich Schliers

echter

Imprimi potest
München, 14. Februar 2018
Johannes Siebner SJ
Provinzial der Deutschen Provinz
der Jesuiten

Bibliografische Information der Deutschen Nationalbibliothek

Die Deutsche Nationalbibliothek verzeichnet diese Publikation
in der Deutschen Nationalbibliografie; detaillierte bibliografische Daten
sind im Internet über ‹http://dnb.d-nb.de› abrufbar.

1. Auflage 2018
© 2018 Echter Verlag GmbH, Würzburg
www.echter.de

Satz: Crossmediabureau – http://xmediabureau.de
Druckerei: Pressel, Remshalden
Umschlagbild: privat. Alle Rechte vorbehalten

ISBN 978-3-429-05300-0

Inhalt

Vorwort 7
Kapitel 1 Heinrich Schlier (1900–1978) 9
1. Der Lebenslauf 9
2. Die akademischen Lehrer 12
3. Schlier als akademischer Lehrer 15
4. Die wichtigsten Werke 17
5. Würdigung 20

Kapitel 2 Heinrich Schlier (31.03.1900–26.12.1978) –
Zum 100. Geburtstag 23
1. Theologie – existenziell 23
2. Studieren und Dozieren in Marburg 26
3. Zeugnis und Bekenntnis in Wuppertal 27
4. Wissenschaftliche Bibelauslegung 29
5. Die Kirche als Thema 30

Kapitel 3 Gottes erster Gedanke 35
1. Biblische Zeugnisse 37
2. Echo bei den Theologen 40
3. Der Beitrag Heinrich Schliers 46
Zusammenfassung 50

Kapitel 4 Das „bleibend Denkwürdige" –
Zum Dogmenverständnis Erik Petersons
und Heinrich Schliers 51
1. Das Konzept Erik Petersons 53
2. Das Konzept Heinrich Schliers 69

Kapitel 5 Dimensionen der Auslegung des Neuen Testaments.
Zum Gespräch Heinrich Schliers mit Rudolf Bultmann 81
1. Dimension I 83
2. Dimension II 89
3. Dimension III 96

Kapitel 6 Das Werk Heinrich Schliers:
eine Theologie des Neuen Testaments 103
1. Heinrich Schliers Konzept
   einer neutestamentlichen Theologie 104

2. Heinrich Schliers neutestamentliche Theologie – entwickelt im Gespräch 107
3. Überblick über Heinrich Schliers Werk: Entfaltungen neutestamentlicher Theologie 112
4. Vier Beispiele bibeltheologischer Arbeit 113

Kapitel 7 „Gottes Wort ist unserem Fuß eine Leuchte" (Ps 119,105) – Kurze Skizze einer Theologie des Wortes Gottes 125
1. Das Wort Gottes im Ursprung 125
2. Gottes Wort als apostolisches Evangelium 133
3. Gottes Wort als Heilige Schrift 135
4. Wort Gottes als kirchliche Verkündigung und Predigt 137
5. Wort Gottes und Dogma 138
6. Wort Gottes als ewiger Logos in Gott 141

Kapitel 8 Biblische Texte zur Taufe – ausgelegt durch Heinrich Schlier . 145
1. Schliers Tauflehre im Kontext seines theologischen Denkens ... 145
2. Schliers Arbeit an tauftheologischen Bibeltexten 148
Summa summarum 172

Kapitel 9 Die Kirche aus Juden und Heiden im Denken Heinrich Schliers 175
1. Heiden und Juden auf heillosen Wegen 177
2. Die eine Kirche aus Juden und Heiden 178
3. Die Mission unter den Heiden in der Frühzeit der Kirche 181
4. Das Mysterium Israel 183
Summa summarum 189

Kapitel 10 Die ökumenische Bedeutung von Weg und Werk Heinrich Schliers 191
1. Ökumenisch bedeutsame Schwerpunkte im theologischen Denken Heinrich Schliers 192
2. Die ökumenisch bedeutsamste Entscheidung im Leben Heinrich Schliers: die Konversion 207
Anhang 208

Kapitel 11 Hermeneutik oder Kritik? Die Kontroverse zwischen Hans-Georg Gadamer und Jürgen Habermas 213
1. Der Universalitätsanspruch der Hermeneutik 214
2. Der Universalitätsanspruch der Kritik 220
3. Annäherung in der Lebenspraxis 224

Nachwort 229
Erstveröffentlichung der in diesem Band enthaltenen Aufsätze 233

Vorwort

Zu den bedeutenden Theologen des hinter uns liegenden Jahrhunderts gehört ohne Zweifel Heinrich Schlier. Mit unermüdlichem Einsatz hat er die Schriften des Neuen Testaments studiert und interpretiert. Er bediente sich der Methoden der modernen Bibelwissenschaften und stellte immer auch die Frage nach der den denkenden und glaubenden Menschen beanspruchenden Wahrheit, die ihm in den Texten der Bibel begegnete. Heinrich Schlier war Weggenosse und Gesprächspartner herausragender Persönlichkeiten der Philosophie und der Theologie; stellvertretend genannt seien hier nur Hans-Georg Gadamer und Gerhard Krüger, Rudolf Bultmann, Ernst Käsemann, Erik Peterson und Peter Brunner. Das schriftliche Werk, in dem Schliers Erbe zugänglich ist, ist überschaubar. Es handelt sich im Wesentlichen um drei umfangreiche Kommentare zu Briefen des Paulus: Römerbrief, Galaterbrief, Epheserbrief, und um in vier Bänden zugängliche Aufsätze zu bibelexegetisch erschlossenen Sachthemen. Dazu kommt eine Reihe kleinerer, geistlich anregender Schriften. Was immer Heinrich Schlier mitgeteilt oder dargelegt hat: Es ist der Sache nach ökumenisch anregend, ja herausfordernd; denn es ist immer auch als Frucht eines ganz persönlichen, in der Konversion von der lutherischen zur katholischen Kirche greifbar werdenden Lebens- und Glaubensweges zu verstehen.

Die in diesem Band noch einmal zugänglich gemachten Aufsätze sind im Laufe von vielen Jahren und aus unterschiedlichen Anlässen entstanden. Sie tragen hier und da eine persönliche Note. Die meisten Aufsätze sind bereits andernorts veröffentlicht worden. Nach einigen Überlegungen habe ich in diese Sammlung noch einen weiteren Aufsatz aufgenommen, in dem es um die Kernentscheidungen der hermeneutischen Philosophie geht – sie erschlossen sich mir schon in meinen Studienjahren beim Lesen der Werke von Hans-Georg Gadamer. Damals ergaben sich die Einsichten, die mir später das Denken Heinrich Schliers im Bereich der Theologie, konkret: der wissenschaftlichen und geistlich fruchtbaren Bibelauslegung, als besonders ergiebig erscheinen ließen. Der Titel dieses Bandes „Das Wort Gottes und die Kirche" ist aus der Zusammenfügung zweier Begriffe entstanden, die in besonderer Weise an die Themenfelder denken lassen, die Heinrich Schlier immer wieder bearbeitet hat.

Dass es bei den zum Teil bereits seit Längerem vorliegenden und hier noch einmal, im Einzelnen marginal überarbeiteten, bereits veröffentlichten Texten bisweilen zu Überschneidungen und Wiederholungen kommt, ließ sich nicht vermeiden, zumal jedes Kapitel eine in sich geschlossene Einheit bildet. Für den Leser ergibt sich daraus der Vorteil, die Kapitel unabhängig voneinander rezipieren zu können, was durch den ausführlichen Fußnotenapparat erleichtert wird. Die in den Referenzen verwendeten Abkürzungen orientieren sich an: *S. M. Schwertner*, Internationales Abkürzungsverzeichnis für Theologie und Grenzgebiete, Berlin/Boston, 3., überarb. und erw. Aufl. 2014.

Frankfurt am Main, 1. Juni 2018   Werner Löser SJ

Kapitel 1
Heinrich Schlier (1900–1978)

1. Der Lebenslauf

Heinrich (Otto Ludwig Albin) Schlier[1] wurde am 31. März 1900 in Neuburg an der Donau als Sohn des Arztes Dr. Heinrich Schlier und seiner Frau Paula, geb. Puls, geboren. Durch seine Eltern und in der bayrischen Umgebung lernte er die lutherische Frömmigkeit kennen. Er besuchte die Volksschule 1906 bis 1910 zunächst in seiner Geburtsstadt, sodann in Landau (Pfalz). Dort absolvierte er auch einen Teil der Gymnasialzeit, bevor er sie in Ingolstadt fortsetzte und 1919 dort mit dem Abitur abschloss. Von Juni bis November 1918 wurde er zum Militärdienst verpflichtet. Von 1919 bis 1924 studierte er evangelische Theologie, zunächst im WS 1919/20 und im SS 1920 in Leipzig, dann im WS 1920/21 bis zum SS 1924 in Marburg a. d. Lahn. Dort legte er im Juli 1924 das erste theologische Examen ab. 1924 bis 1926 war er wissenschaftlicher Mitarbeiter von A. Jülicher in Marburg. Zur gleichen Zeit schrieb er seine Doktorarbeit „Religionsgeschichtliche Untersuchungen zu den Ignatiusbriefen", mit der er im Februar 1926 promoviert wurde. Anschließend machte Heinrich Schlier eine halbjährige Ausbildung im Predigerseminar in Eisenach, um sich auf das Pfarramt vorzubereiten. Am 1. Oktober 1926 nahm er eine Stelle als Vikar und bald danach als Hilfspfarrer in Berga an der Elster wahr. Kurz vor seiner Ordination im November 1926 legte er in Eisenach sein zweites theologisches Examen ab. Vom 1. Oktober 1927 bis zum 30. April 1930 war er in Casekirchen (Thüringen) als Pfarrer tätig und bereitete in dieser Zeit seine Habilitation an der Universität Jena vor, die am 14. Juli 1928 durchgeführt wurde. Kurz zuvor hatte er Erna Hildegard Haas geheiratet. Aus

---

1 Biographische Informationen zu Heinrich Schliers Vita sind vor allem bei *R. von Bendemann*, Heinrich Schlier: Eine kritische Analyse seiner Interpretation paulinischer Theologie, Gütersloh 1995, 25–66, zu finden.

ihrer Ehe gingen vier Kinder hervor. Der habilitierte Neutestamentler Heinrich Schlier bot 1929 sowie im SS 1930 in Jena Lehrveranstaltungen an. Im selben SS 1930 setzte aber auch schon seine Privatdozententätigkeit an der Universität Marburg ein. Er hielt sie bis zum SS 1935 aufrecht, war aber gleichzeitig im SS 1934 und im WS 1934/35 Lehrstuhlvertreter in Halle (Saale). Eine Berufung auf den dortigen Lehrstuhl (Prof. D. E. von Dobschütz) wurde in Berlin wegen Schliers Zugehörigkeit zur Bekennenden Kirche abgelehnt. Dasselbe wiederholte sich 1935: Der im Februar von der Marburger Fakultät eingereichte Antrag auf Ernennung Schliers zum „außerplanmäßigen Professor" wurde im Juni abgelehnt. Zugleich verlor Schlier die Venia Legendi.

In Wuppertal-Elberfeld existierte seit 1927 eine durch den „Reformierten Bund" begründete reformierte „Theologische Hochschule". Die Zweite Freie Reformierte Synode in Siegen (März 1935) gab einen Anstoß zur Gründung einer „Kirchlichen Hochschule für reformatorische Theologie", an der reformierte und lutherische Theologen dozieren sollten. Der Bruderrat der Evangelischen Kirche der altpreußischen Union griff den Gedanken auf und beschloss, in kürzester Zeit den Plan zu verwirklichen. Die Eröffnung der „Kirchlichen Hochschule für reformatorische Theologie" wurde für den 1. November 1935 in Wuppertal-Elberfeld vorgesehen. Die Berufung Heinrich Schliers in das Dozententeam erging seitens des Bruderrats am 19. September 1935. Die in Wuppertal-Elberfeld schon bestehende „Theologische Hochschule" sollte in die neue „Kirchliche Hochschule" integriert werden. Das erste Semester (WS 1935/36) sollte am 1. November beginnen und am 22. Februar 1936 enden. Infolge eines polizeilichen Verbots konnte die Eröffnung der neuen Einrichtung dann doch nicht stattfinden. Deswegen setzt die bereits bestehende reformierte „Theologische Hochschule" ihre Arbeit fort. Das Studienjahr begann am 1. November 1935. 60 Studenten nahmen an den Kursen teil. Der Lehrkörper wurde verstärkt. Unter anderen trat Heinrich Schlier in ihn ein. Am 14. Dezember 1936 wurde die „Theologische Hochschule" durch die Gestapo geschlossen. Die Tätigkeit wurde fortan im Untergrund weitergeführt. Als der politische Druck immer mehr zunahm, sah sich der „Bruderrat" gezwungen, Schlier zum 1. Januar 1940 die Kündigung auszusprechen. Zusammen mit Peter Brunner war Heinrich Schlier dann bis zum 31. Oktober 1945 Pfarrer der Bekenntnisgemeinde in Elberfeld.[2] Zu Ende 1945 nahm Heinrich Schlier die Berufung an die evangelische Fakultät der Universität Bonn an. Schon bald wurde er dort Dekan. Er lehrte die neutestamentliche Exegese und die Geschichte der Alten Kirche. Zum WS 1952/53 (1. September 1952) ließ sich Heinrich Schlier vorzeitig emeritieren, weil er sich nicht länger in der Lage sah, im Rahmen einer evangelischen Fakultät Theologie zu dozieren. Seitdem galt er als „em. o. Prof." und war zugleich – vom 1. September 1952 an – Honorarprofessor in der Philosophischen Fakultät. Darüber hinaus nahm er im Fach „Geschichte der altchristlichen Literatur" einen Lehrauftrag in der katholisch-theologischen Fakultät der Bonner Universität wahr.

Am 25. Oktober 1953 vollzog Heinrich Schlier in Rom im Beisein von Erik Peterson den Übertritt in die römisch-katholische Kirche. Am 3. November desselben Jahres wurde er durch den Bischof von Regensburg gefirmt. Bis zu seinem Tod am 26. Dezember 1978 hat Heinrich Schlier unermüdlich als nun katholischer Ausleger des Neuen Testaments gewirkt: in Vorträgen, in Vorlesungen, im Erarbeiten von Aufsätzen und Büchern.

Rückblickend auf Heinrich Schliers Leben kann man sagen, dass der Übertritt zur römisch-katholischen Kirche der Fluchtpunkt seines Lebens und Wirkens war. Er war auch die innere, letztlich sogar unausweichliche persönliche Konsequenz seiner Theologie: genauer seines Verständnisses der Kirche und ihrer wesenhaften Einheit. Das wird aus der „Kurzen Rechenschaft"[3], die Schlier 1955 über seinen Schritt öffentlich ablegte, ganz deutlich. Heinrich Schliers Konversion löste bei vielen evangelischen Theologen nicht nur Verwunderung, sondern auch Unverständnis aus. Einige von ihnen äußerten sich öffentlich

---

2 Zu den Wuppertaler Jahren vgl. *H. Aschermann*, Heinrich Schlier in Wuppertal. Theologischer Lehrer der ‚Bekennenden Kirche' 1935–1939, in: *W. Löser/C. Sticher* (Hgg.), Gottes Wort ist Licht und Wahrheit. Zur Erinnerung an Heinrich Schlier, Würzburg 2003, 47–61.
3 Wiederabgedruckt in: *H. Schlier*, Der Geist und die Kirche. Exegetische Aufsätze und Vorträge IV, Freiburg i. Br. 1980, 270–289.

dazu, prüften die theologischen Gründe, die Schlier für seine Entscheidung angegeben hatte, und bewerteten sie weitgehend als nicht tragfähig. Bekannte Theologen wie Leonhard Goppelt, Walter Fürst, Ulrich Wilckens, Gerhard Ebeling, Hermann Diem, Siegfried Schulz, Ernst Käsemann und andere meldeten sich zu Wort. Reinhard von Bendemann hat sich 1995 noch einmal in einer großen Arbeit mit der Theologie Heinrich Schliers auseinandergesetzt und die skeptischen Kommentare der genannten Theologen auf seine Weise bekräftigt.[4] Stets ist jedoch die Ablehnung der theologischen Gesichtspunkte, die Schlier vorgebracht hat, gepaart mit Respekt vor der Lauterkeit und Klarheit seiner Entscheidung.

2. Die akademischen Lehrer

Der wichtigste Lehrer Heinrich Schliers war ohne Zweifel Rudolf Bultmann.[5] Schlier hat im SS 1921 zum ersten Mal an einem Seminar von Bultmann über „Hellenistisches Judentum und Urchristentum" teilgenommen und am 28. Juli ein Referat gehalten. Im darauf folgenden WS 1921/22 war Schlier erneut Teilnehmer eines Bultmann-Seminars, in dem es um „die urchristliche Missions- und Gemeindepredigt" ging. Schlier referierte am 15. Dezember. Im SS 1922 hielt Schlier in Bultmanns Seminar „Hauptprobleme der Leben-Jesu-Forschung" am 22. und am 29. Juni erneut ein Referat. Sein Thema lautete: „Das Messiasbekenntnis des Petrus". Im SS 1923 war Schlier Zuhörer in Bultmanns Seminar „Paulus und die hellenistische Mystik". Im darauf folgenden WS (1923/24) hielt Schlier am 21. Februar 1924 in Bultmanns Seminar „Die Ethik des Paulus" wieder ein Referat.[6]

Die Verbindung Heinrich Schliers mit seinem Lehrer Bultmann blieb immer eng. Wie sie sich darstellte und auswirkte, schildert Ferdinand

---

4 Vgl. *von Bendemann*, Heinrich Schlier.
5 Vgl. dazu vor allem *von Bendemann*, Heinrich Schlier, 82–102.
6 Alle diese Informationen stammen aus: *B. Jaspert* (Hg.), Sachgemässe [sic!] Exegese. Die Protokolle aus Rudolf Bultmanns Neutestamentlichen Seminaren 1921–1951, Marburg 1996.

Hahn in: „Heinrich Schlier – Rudolf Bultmann: ein Vergleich"[7]. Es sei nur erwähnt, dass Schlier Bultmann häufig in den beiden Kreisen begegnete, die Letzterer um sich versammelt hatte: die berühmte Marburger „Graeca"[8] und die „Marburger akademische Vereinigung". In der „Graeca" traf Schlier regelmäßig mit Kommilitonen wie Gerhard Krüger, Günther Bornkamm, Erich Dinkler, Hans-Georg Gadamer und andere zusammen. In der von Bultmann inspirierten und von Schlier sowie Krüger geleiteten „Marburger Akademische[n] Vereinigung" hatten Studenten und Studentinnen Bultmanns „Gelegenheit, die im Seminar erörterten Themen mit den jungen Marburger Dozenten oder auch mit auswärtigen Referenten wie z. B. Karl Barth, Friedrich Gogarten, Eduard Thurneysen, Paul Althaus und anderen auf die aktuelle theologische Diskussion zu beziehen"[9]. Heinrich Schlier ist seinem Lehrer zeitlebens verbunden geblieben. Viele Themen, denen sich Schlier zuwendete, waren auch schon von Bultmann bearbeitet worden. Die Berührungspunkte zwischen ihren thematisch vergleichbaren Arbeiten sind unübersehbar. Doch hat Schlier sich auch schon früh von seinem Lehrer befreit und eigene Wege beschritten. Immer wieder hat er darüber Rechenschaft angelegt, so z. B. in seinem Werk „Zur Exegese und Theologie des Neuen Testaments"[10]. In Schliers Kritik an Bultmanns Entmythologisierungsprogramm trat die Unterschiedlichkeit hervor in der Bestimmung dessen, was Theologie besagt. 1957 legte Schlier in seinem Aufsatz „Über Sinn und Aufgabe einer Theologie des Neuen Testaments"[11] sein eigenes Konzept dar.

Neben Rudolf Bultmann übte auch Karl Barth auf den jungen Heinrich Schlier einen starken Einfluss aus.[12] Von ihm lernte er, dass sich die Theologie nicht darauf beschränken darf, die biblischen und kirchlichen

---

7 In: *Löser/Sticher* (Hgg.), Gottes Wort, 62–82.
8 Hans-Georg Gadamer hat erzählt, wie die Abende im Hause Bultmann abzulaufen pflegten, in: *Ders.*, Philosophische Lehrjahre. Eine Rückschau, Frankfurt am Main 1977, 37f.
9 *Jaspert*, Sachgemässe Exegese, 7–8.
10 In: Die Welt der Bücher I/2 (1954) 57–65; I/3 (1955) 113–124.
11 Wiederveröffentlicht in: *H. Schlier*, Besinnung auf das Neue Testament. Exegetische Aufsätze und Vorträge II, Freiburg i. Br. 1964, 7–24.
12 Vgl. dazu *von Bendemann*, Heinrich Schlier, 68–82.

Dokumente historisch-kritisch zu erforschen, sondern dass sie wesentlich auch den Anspruch zu berücksichtigen hat, der sich mit dem sich in ihnen Zeigenden und Meldenden erhebt. Dies ist zuerst und zuletzt Gott und dann erst sind es der Mensch und die Geschichte. Die starke Herausstellung der Eschatologie, die Barths Theologie kennzeichnet, sowie die Betonung des dogmatischen Charakters der Theologie – anstelle ihrer dialektischen Ausrichtung – gehören ebenfalls zu dem, was Schlier von Barth gelernt hat. Vom Beginn des Dritten Reiches an stand Schlier auf der Seite der Bekennenden Kirche und wusste sich dabei in der Nähe zu Karl Barth.

Weiterhin ist unter denen, die Heinrich Schlier geprägt haben, Martin Heidegger zu nennen. Schlier lernte ihn in Marburg als großen Lehrer der Philosophie kennen. Heideggers hermeneutische Philosophie hat Schliers exegetisches Vorgehen grundlegend bestimmt. Das Verständnis des Menschen und der Welt und die Vorgänge der Begegnung mit der Geschichte und ihren Dokumenten, wie sie in Heideggers Denken entfaltet wurden, haben den Studenten Schlier sehr beeindruckt und stark beeinflusst.[13] Bis in seinen Sprachduktus hinein blieb der Jüngere dem Älteren verbunden. Wie viel Schlier dem Lehrer verdankt, freilich auch, wie sehr ihn sein Verhalten 1933/34 irritiert hat, ist aus einem späten Text erkennbar: „Martin Heidegger: Denken im Nachdenken".[14] In dem Heidegger gewidmeten Aufsatz aus dem Jahr 1959 „Meditationen über den Begriff der Wahrheit"[15] bestimmt Schlier die Eigenart christlichen Glaubens und Denkens aus einer sorgsamen Gegenüberstellung zu Heideggers Philosophie, wie sie in dessen berühmtem Text „Platons Lehre von der Wahrheit" vorlag.

Schließlich sei auch Erik Peterson noch genannt.[16] Schlier hat in späten Jahren selbst daran erinnert, dass er Peterson vieles verdankte.[17] Peter-

---

13 Vgl. dazu *K. Lehmann*, Heinrich Schliers Begegnung mit Martin Heidegger. Ein lehrreiches Kapitel im Verhältnis Philosophie – Theologie, in: *Löser/Sticher* (Hgg.), Gottes Wort, 22–46.
14 Abgedruckt in: *Schlier*, Der Geist und die Kirche, 202–206.
15 Wiederveröffentlicht in: *Schlier*, Besinnung auf das Neue Testament, 272–278.
16 Vgl. dazu *von Bendemann*, Heinrich Schlier,114–127.
17 *H. Schlier*, Erik Peterson, in: *Ders.*, Der Geist und die Kirche, 265–269.

son hatte in den 20er Jahren als damals noch evangelischer Theologe mit Bultmann, Barth und anderen über die Frage „Was ist Theologie?" diskutiert und darauf bestanden, dass sie schließlich nur als dogmatische, nicht aber dialektische durchführbar sei.[18] Schliers Theologie als geistliche und kirchliche Auslegung der Heiligen Schrift ist ohne Zweifel durch die Veröffentlichungen Petersons mit beeinflusst. Erik Peterson schloss sich 1930 der römisch-katholischen Kirche an – ein Schritt, den ein Vierteljahrhundert später Schlier aus ähnlichen Gründen ebenfalls setzte.

3. Schlier als akademischer Lehrer

Der Kreis der Theologen, die sich wohl als Schüler Heinrich Schliers bezeichnen würden, ist überschaubar. Das hat nicht zuletzt darin seinen Grund, dass es Schlier weitgehend verwehrt geblieben ist, auf einem akademischen Lehrstuhl für die Exegese des Neuen Testaments im Rahmen einer theologischen Fakultät über längere Zeit hin lehren und somit auch Schüler begleiten zu können.[19] Auch wer ihm dann und wann persönlich begegnen konnte, wird Schliers Einfluss auf sein Denken vorwiegend über die Lektüre seiner Schriften erfahren haben. Dass ich selbst auf Schliers Werk aufmerksam wurde und sehr schnell eine Sympathie zu seinem Denken empfand, ereignete sich während meines Promotionsstudiums in Freiburg im Breisgau. Dort lasen wir in einem Semester, wohl 1972 oder 1973, im Doktorandenkreis unter Anleitung unseres am 11. März 2018 verstorbenen Lehrers Karl Lehmann Texte Heinrich Schliers. Wir spürten, dass er sich dem Denken Schliers

---

18 Vgl. W. *Löser*, Das „bleibend Denkwürdige". Zum Dogmenverständnis Erik Petersons und Heinrich Schliers, in: *W. Löser, K. Lehmann, M. Lutz-Bachmann* (Hgg.), Dogmengeschichte und katholische Theologie, Würzburg 1985, 329–352, wiederabgedruckt in diesem Band, Kapitel 4.
19 Eine von Schlier betreute und von A. Vögtle an der Albert-Ludwigs-Universität Freiburg i. Br. ins Promotionsverfahren übernommene Dissertation sei genannt: *F. Froitzheim*, Christologie und Eschatologie bei Paulus, Würzburg 1979 (2. Aufl. 1983).

innerlich sehr verbunden wusste. Bei mir löste dies sogleich ein lebhaftes Interesse an Schliers Denken aus. In den folgenden Jahren las ich die meisten seiner Schriftkommentare und Aufsatzbände. Zu den Zeiten, in denen ich selbst als Lehrer der dogmatischen Theologie an der Philosophisch-Theologischen Hochschule Sankt Georgen in Frankfurt am Main tätig war, habe ich mehrfach Seminare angeboten, in denen ich mit Studierenden die Theologie Schliers analysierte und erörterte. Zudem verfasste ich einige Aufsätze zu Themen aus der Welt des Schlierschen Denkens. Der 1980 erschienene vierte der Aufsatzbände Schliers „Der Geist und die Kirche", herausgegeben von Veronika Kubina, einer Tochter Heinrich Schliers, und von Karl Lehmann, enthielt eine erste Bibliographie der Schriften Schliers. Ich hatte sie zusammengetragen und von Albert Raffelt ergänzen und überarbeiten lassen. Mehrere Diplomarbeiten und zwei Doktorarbeiten über Schliersche Themen sind unter meiner Anleitung erstellt worden.

Wie lässt es sich erklären, dass Karl Lehmann sich dem Denken Schliers so nahe fühlte? Wie erkläre ich mir selbst, dass ich mich für Schliers Theologie stets gern öffnen konnte? Was mich selbst betrifft, so liegt die Antwort darin, dass ich 1964 während meines Studiums der Philosophie unter Anleitung von Walter Kern SJ eine Lizenziatsarbeit über den „Weg Martin Heideggers bis ‚Sein und Zeit'" geschrieben und mir dabei die Grundeinsichten der hermeneutischen Philosophie zu eigen gemacht habe. Sie haben mein weiteres Denken entscheidend bestimmt. Als ich dann auf das Werk Heinrich Schliers traf, begegnete ich einem Denker, dessen theologisches Schriftauslegen – wie bereits erwähnt – zutiefst durch seine Rezeption der Philosophie Heideggers bestimmt war. So öffnete sich mir eine Welt, die mir gleichermaßen neu und vertraut war. Sie ist mir dann ein nahezu unerschöpflicher Quell an Anregungen für mein theologisches Arbeiten geworden und immer geblieben. Bei Karl Lehmann hat sich, davon ist auszugehen, Ähnliches ereignet. Lehmann hatte zu Anfang der 60er Jahre mit einer umfangreichen Dissertation über den frühen Heidegger promoviert und hatte in den dann folgenden Jahren noch mehrere große wissenschaftliche Aufsätze zu Heideggers Philosophie geschrieben. Den Text „Die dogmatische Denkform als hermeneutisches Problem", den Karl Lehmann 1969 als seine Antrittsvorlesung in Mainz vorgetragen hatte, durfte ich 1970 im kleinen Kreis mit ihm lesen. Darin hatte er die Einsichten der hermeneutischen Philosophie mit den Aufgaben der dogmatischen Theologie vermittelt. Es erschien mir erst viel später als ganz und gar plausibel, dass Karl Lehmann auf einem zum 100. Geburtstag von Heinrich Schlier veranstalteten Symposion ein großes Referat vortrug: „Heinrich Schliers Begegnung mit Martin Heidegger. Ein lehrreiches Kapitel im Verhältnis Philosophie – Theologie".[20]

4. Die wichtigsten Werke

Heinrich Schlier hat sich stets intensiv mit der Frage befasst, wie die Heilige Schrift sachgemäß auszulegen sei. Er war der Überzeugung, dass die Bibel selbst vorgibt, wie sie zu interpretieren ist. Deshalb müsse alle Mühe darauf verwendet werden, ihre Eigenart zu erfassen. Mehr und mehr gelangte Schlier zu der Überzeugung, dass die Bibel ihrem Interpreten auferlege, sie gleichermaßen geistlich und kirchlich auszulegen. Diese Auffassung wuchs einerseits in Schliers eigener bibelexegetischer Arbeit, die sein unbestreitbar stärkstes Charisma war, und andererseits in seiner jahrzehntelangen Auseinandersetzung mit seinem Lehrer Rudolf Bultmann, dem er einen erheblichen Teil der Themen seines Arbeitens und der Prinzipien seines Vollzugs verdankte. So setzte sich Heinrich Schlier von der existenzialen Interpretation der biblischen Texte, für die der Name Bultmann steht, ab, und vertrat stattdessen das Programm einer am Dogma der Kirche orientierten Bibelauslegung. Er betonte, dass gerade diese Weise des Umgangs mit der Heiligen Schrift von dieser selbst ermöglicht und gefordert werde. Die Einsicht in solche Zusammenhänge gehört zu den wichtigsten Gründen, die Heinrich Schlier schließlich den Schritt in die katholische Kirche setzen ließen; denn in ihr werde ein solcher Umgang mit der Bibel selbstverständlicher und unbefangener geübt. 1964 legte Heinrich Schlier von seinen bibelhermeneutischen Überzeugungen ausführlich Rechenschaft ab in

---
20 In: *Löser/Sticher* (Hgg.), Gottes Wort, 22–46.

einem seiner bedeutendsten Aufsätze, der Rudolf Bultmann zu dessen 80. Geburtstag gewidmet war.[21] Die Kernaussagen dieses Aufsatzes sagen, was die Bibel selbst ist und was dies für die Weise ihrer Auslegung nach sich zieht. Es sind drei deutlich voneinander unterschiedene Aussagen, die aber miteinander ein komplexes Ganzes ausmachen. Die drei Aussagen lassen sich wie folgt zusammenfassen: Die Bibel ist – erstens – als ein Buch auszulegen, das in einer bestimmten geschichtlichen Situation abgefasst wurde und geschichtliche Ereignisse bezeugt, in denen Gott sich der Welt geoffenbart hat. Diesem Tatbestand trägt der Auslegende dadurch Rechnung, dass er die Methoden der historisch-kritischen Philologie anwendet. Die Bibel ist – zweitens – als ein Buch auszulegen, das auf seine gegenwärtig beanspruchende Wahrheit hin befragt werden und Glauben wecken will. Das heißt: Die Bibel will nicht letztlich als Quelle historischen Wissens verstanden werden, sondern als Zeugnis der je jetzt und je hier Glauben weckenden und fordernden Offenbarung Gottes. Die Bibel ist – drittens – als ein Buch auszulegen, welches sich die Kirche als seinen Verstehensraum bildet und sich nur im Mitleben mit der Kirche und im Dialog mit ihrer Geschichte erschließt. Der im Dialog mit der Geschichte der Kirche, die eine Geschichte der Auslegung der Bibel ist, stehende Interpret stößt ebendort auf die Größe „Dogma", das nach Schlier das „bleibend Denkwürdige" birgt. Dass Heinrich Schliers Auslegungen biblischer Bücher und biblischer Texte immer geistlich und kirchlich fruchtbar sind, rührt daher, dass er seine Arbeit durch die genannten drei Prinzipien gelenkt sein ließ. Das ließe sich für die großen Bibelkommentare ebenso nachweisen wie für die theologischen Aufsätze – von ihm oft „Besinnungen" genannt – und schließlich auch für die vielen Anregungen für die Predigt und die persönliche Betrachtung.

Bibelauslegung im Beachten der Lehre der Kirche – das ließ sich verantwortlich nur durchhalten bei einem sorgfältig durchdachten Dogma-Begriff. Und so hat Heinrich Schlier ein entsprechendes Verständnis

---

21 *H. Schlier*, Was heißt Auslegung der Heiligen Schrift?, in: *Ders.*, Besinnung auf das Neue Testament, Freiburg i. Br. 1964, 35–62.

dessen, was Dogma bedeutet, nicht nur in seinem Arbeiten tatsächlich vorausgesetzt, sondern auch sprachlich fixiert:

„Die denkend-fragende Durchleuchtung des theologischen Sachverhalts, die durch die biblische Theologie als dem Ziel der Exegese inauguriert ist, muß sich fortsetzen. Sie muß nun aus dem dargebotenen Sachverhalt selbst, d.h. aus einer eigenen Besinnung aus ihm und auf ihn, gewonnen werden. Das geschieht in der dogmatischen Besinnung. Dieses muß dabei, ständig provoziert durch die Exegese, vor allem auch in das Gespräch mit dem immer schon in der Kirche auf Grund der Schrift Gedachten eintreten und dem Gedachten nachdenken, damit es Ungedachtes hergebe und das Geheimnis des Sachverhaltes weiter preisgebe. In solchem Hinausdenken auf die Sache selbst entfernt sich die Glaubensbesinnung der Kirche nicht von den Offenbarungswahrheiten, sondern kommt ihnen, die Reflexe der einen Wahrheit des Offenbarungsereignisses sind, näher. Was die Exegese im methodischen Verfahren unter hörendem Verstehen als das von der Heiligen Schrift zu denken Aufgegebene erarbeitet hat, übergibt sie dem Glaubensdenken der Kirche, damit dieses dem zu Denkenden nachdenke und den Sachverhalt durchdenke. Vielleicht, daß es dabei an diesem oder jenem Punkt auch zu einem Zu-Ende-Denken kommt. Solches Zu-Ende-Denken, welches sich im Glaubenskonsens der Kirche anzeigt, kann, sofern es die Stunde fordert und erlaubt, zur Fixierung im Dogma führen. Dieses bedeutet aber nicht das Ende des Bedenkens, sondern die Erhebung des Gedachten, Nachgedachten, Durchgedachten und jetzt und hier Zu-Ende-Gedachten in das unbestreitbar und unverlierbar Denkwürdige. Für die Exegese bedeutet das nicht die Suspendierung des Vollzugs im Umkreis dieses oder jenes Textes, sondern die Anweisung des entschiedenen Denkens an seinen Beginn zu neuem Bedenken. Der Exegese wird gerade am Dogma [...] klar, daß sie im immer neuen und innerhalb der Geschichte unendlichen Vollzug ihr Wesen hat."[22]

Die geistliche und kirchliche Dimension aller Schriftauslegungen Heinrich Schliers ist die innere Folge des Auslegungsvollzugs, der sich an dieses Auslegungsprogramm gebunden weiß.

---

22 *Schlier*, Was heißt Auslegung der Heiligen Schrift?, 60f.

5. Würdigung

Heinrich Schliers schriftliche Hinterlassenschaft weist Texte unterschiedlicher Art auf: Schriftkommentare, Aufsätze, Lexikonartikel, Predigten und Meditationen, kleinere und größere Monographien. Bei allen Unterschieden in Anlass, Art und Umfang besteht ihre Gemeinsamkeit darin, dass sie Auslegungen neutestamentlicher Texte sind. Viele der Texte sind Beiträge zur exegetischen Forschung, andere dienen der geistlichen Erbauung. Stets hat Heinrich Schlier an sich selbst die höchsten wissenschaftlichen Ansprüche gestellt. In Gehalt und Gestalt sind alle seine Texte von hoher Qualität. Und doch ist es – jedenfalls in der Welt der theologischen Wissenschaft – um Heinrich Schlier immer recht still geblieben. In den 50er Jahren waren einige Stimmen aus dem Bereich der evangelischen Theologie zu vernehmen, die ihr Befremden über den Übertritt Heinrich Schliers zur katholischen Kirche zum Ausdruck brachten. Sie zeigten eine Form von Betroffenheit, die sich nur dadurch erklären lässt, dass mit ihm ein unter ihnen hohes Ansehen genießender Kollege diesen Schritt getan hatte.

Die 1995 aus der Feder von Reinhard von Bendemann erschienene Studie zu Schliers Paulusexegese ist eine Fundgrube an biographischen Informationen und exegetischen Analysen. Sie lässt freilich auch erkennen, dass Schliers Auslegungskonzept in der zeitgenössischen, zumal evangelischen Theologie als nicht unumstritten galt. Über diese Studie hinaus gibt es noch eine Reihe von Aufsätzen, in denen Themen der Schlierschen Theologie erörtert werden. In der Summe besagt dies: Die Beachtung, die Schliers theologisches Werk gefunden hat, ist auffallend gering geblieben.

Wie lässt sich dieser angesichts der unbestreitbar hohen Qualität von Schliers Werk auffallende Sachverhalt erklären? Vielleicht dadurch, dass Heinrich Schlier einen recht eigenen Weg gegangen ist, der nicht leicht in bekannten Kategorien fassbar ist. Er hat die evangelische Kirche verlassen und wurde daraufhin seitens der evangelischen Theologenkollegen weitgehend gemieden. Er ist in die katholische Kirche eingetreten, hat jedoch keinen Lehrstuhl an einer theologischen Fakultät erhalten. Man wusste nicht recht, wie man mit diesem ehemaligen Bultmann-Schüler umgehen sollte. In wichtigen Aspekten ist Schliers Theologie ja auch von Optionen geprägt geblieben, die er sich als evangelischer Theologie angeeignet hatte. Dabei ist zum Beispiel daran zu denken, dass sich sein gesamtes Denken auch nach der Konversion im Schema Gesetz und Evangelium beziehungsweise Sünde und Rechtfertigung bewegte, während katholisches Denken üblicherweise innerhalb des Schemas Natur und Gnade verläuft. Dies gibt allen Äußerungen Schliers eine für die katholische Theologie ungewohnte Färbung. Schlier ist zwar aus innerer Überzeugung katholischer Christ und Theologe geworden, aber er hat sein evangelisches Denken nicht in der evangelischen Kirche zurückgelassen, sondern in wesentlichen Bereichen in die katholische Kirche mit hinübergenommen. So war er mehr, als das im Allgemeinen gesehen und gesagt wird, ein Grenzgänger zwischen den Kirchen und ihren Theologien. Den Grenzgänger meinten offenbar beide etablierten Seiten ignorieren zu können. Dass in seinem Denken noch unentdeckte Anregungen für die ökumenischen Fragestellungen zwischen der katholischen und der lutherischen Theologie bereitliegen, lässt sich von daher vermuten.[23]

Grenzgänger war er auch in einer anderen Hinsicht: Er war ein Exeget, der die modernen Methoden zu handhaben wusste. Aber er war auch ein Dogmatiker, der den heutigen Wahrheitsanspruch des biblischen Zeugnisses und seiner Auslegung in der Lehre der Kirche zur Sprache zu bringen trachtete. Die Brücke zwischen beidem trägt den Namen Hermeneutik, die er in der Gestalt, die sie in der Philosophie von Martin Heidegger und Hans-Georg Gadamer sowie in der Theologie von Rudolf Bultmann gefunden hatte, kennengelernt und weitgehend übernommen hatte. In dieser Schule hat Heinrich Schlier wesentliche Züge seines Denkens und auch seines Sprechens gelernt. All dies hat nun Schlier auch für viele heutige Theologen fremd bleiben lassen, da sie nicht in den Bahnen der hermeneutischen Philosophie und Theologie denken. Für die Dogmatiker ist Schlier zu sehr Exeget; für die Exe-

---

23 Vgl. dazu W. Löser, Die ökumenische Bedeutung von Weg und Werk Heinrich Schliers, in: Löser/Sticher (Hgg.), Gottes Wort, 125–147, wiederabgedruckt in diesem Band, Kapitel 10.

geten ist er zu sehr Dogmatiker. Also gilt auch hier: Den Wanderer zwischen den Welten lassen die in ihren je eigenen Welten Lebenden und Bleibenden außer Acht.

Ein weiterer Gesichtspunkt mag noch hinzukommen: Heinrich Schlier stammte aus der frühen „Religionsgeschichtlichen Schule" um Wilhelm Bousset, Richard Reitzenstein, Rudolf Bultmann und ging mit diesen und anderen lange davon aus, dass der gnostische Mythos vom Urmenschen-Erlöser von den Verfassern der neutestamentlichen Schriften kritisch rezipiert worden sei. Diese Annahme wurde in Schliers unbestreitbar meisterhaftem Epheserbriefkommentar leitend für die Interpretationsperspektive. Inzwischen geht die neutestamentliche Exegese davon aus, dass dieser Ansatz nicht tragfähig und also preiszugeben sei. Schlier selbst hat diese Einsicht schon in den 60er Jahren durch ein faktisch anderes Vorangehen in seinen exegetischen Arbeiten zur Geltung kommen lassen. Dies ist aber von seinen Kritikern nicht oder zu wenig gewürdigt worden, und so wird die Kritik, die dem Epheserbriefkommentar verständlicherweise entgegengebracht wird, zu Unrecht auch weithin auf Schliers ganzes Denken ausgedehnt. So meinen solche Kritiker, Schliers Denken dann auch auf sich beruhen lassen zu können. Aus all dem erklärt sich, dass Schliers exegetisches und theologisches Werk weitgehend unbeachtet geblieben und im Ausland bis heute sogar fast zur Gänze unbekannt ist.

Kapitel 2
Heinrich Schlier (31.03.1900– 26.12.1978) – Zum 100. Geburtstag

Am 31. März 2000 jährte sich zum 100. Mal der Geburtstag von Heinrich Schlier, der zu den bedeutendsten Gestalten der evangelischen und der katholischen Theologie des 20. Jahrhunderts zählte. Wer ihm noch begegnet ist, wird sich daran erinnern, dass er ein Mensch von vornehmer und unaufdringlicher Art war. Er war ein stiller Mensch. Und es ist um ihn auch immer still geblieben. Dies trifft bis heute zu. Die Kreise, in denen man seines 100. Geburtstags gedachte, die Zeitungen, die einen Artikel zu seinem Gedächtnis veröffentlichten, waren wahrlich nicht zahlreich.

1. Theologie – existenziell

Die Kirche und ihre Einheit waren ein Heinrich Schlier existenziell tief bewegendes Thema, das sich schließlich in der Form seines Übertritts in die katholische Kirche folgenreich in seine Lebensbahn einschrieb. Sein gesamtes theologisches Denken wurde von dieser Lebenswende mitbestimmt. In der Mitte der 1950er-Jahre hat Heinrich Schlier in seiner „Kurzen Rechenschaft" dargestellt, wie er in seinem Leben und Denken auf den Schritt der Konversion zur katholischen Kirche hingeführt wurde. Für eine Biographie Heinrich Schliers ist dieser Text die wichtigste Quelle, die ergänzt werden kann durch die von Reinhard von Bendemann[1] vor wenigen Jahren sorgfältig zusammengetragenen weiteren Informationen. Etwa 10 Jahre später, am 10. März 1967, hielt

---
1 R. vonBendemann, Heinrich Schlier. Eine kritische Analyse seiner Interpretation paulinischer Theologie, Gütersloh 1995; vgl. auch die biographische Zeittafel und die Bibliographie in: H. Schlier, Der Geist und die Kirche. Exegetische Vorträge und Aufsätze IV, Freiburg i.Br. 1980, 290–306.

Heinrich Schlier den anschließend lebhaft diskutierten Vortrag „Das bleibend Katholische. Ein Versuch über ein Prinzip des Katholischen" und hat dabei das, was ihn erst-und letztlich in seinem Christenleben und in seinem Theologendenken erfüllt und bewegt hat, auf den Punkt gebracht.[2] Der wichtigste Satz lautete:

> „Der Glaube weiß, daß der ewige und allmächtige Gott sich für die Welt, die seine Schöpfung ist, was sie freilich in ihrer Geschichte bestreitet, endgültig entschieden hat in Jesus Christus, und daß in ihm und seiner Geschichte alles ein für allemal konkret entschieden ist."[3]

Aus diesem Kernsatz ergibt sich für die Theologie, dass sie nicht dialektische Theologie sein kann, sondern dogmatische Theologie zu sein hat. Und nur als sakramentale Kirche entspricht die Gemeinde der Glaubenden der entschiedenen Entscheidung Gottes. Die Kirche „in ihrer Leibhaftigkeit als Leib Christi ist durch ihre konstitutiven Elemente und durch alles, was diese aufgreifen und gestalten, die Exposition der gefallenen Entscheidung Gottes, der Erweis und Ausweis ihrer äußersten und konkreten Entschiedenheit."[4] Solche Aussagen erinnern an die fundamentaltheologischen und ekklesiologischen Auffassungen, zu denen sich Erik Peterson im Disput mit Karl Barth, Rudolf Bultmann und anderen in den 1920er-Jahren durchgerungen hatte.[5] Gerade dessen Ausführungen zu Grundfragen der Liturgie hatte der Student Heinrich Schlier in dem ersten in seiner Bibliographie aufgeführten Aufsatz aus dem Jahr 1925 noch entschieden abgelehnt: „Eine Bemerkung zum Verhältnis von Glauben und Mystik".[6] Und doch wird wohl auch bei Heinrich Schlier schon in diesen frühen Jahren das Ringen um eine Abkehr von der dialektischen Theologie und das heißt: um ein persönliches Ja zu der im Glauben erkannten entschiedenen Entscheidung Got-

---

2 In: Cath 24 (1970) 1–21; wiederabgedruckt in: *H. Schlier*, Das Ende der Zeit. Exegetische Aufsätze und Vorträge III, Freiburg i. Br. 1971, 297–320.
3 Ebd. 300.
4 Ebd. 302.
5 Über Erik Peterson und seine Beziehungen zu ihm hat H. Schlier nach dessen Tod berichtet: *H. Schlier*, Erik Peterson, in: *Ders.* Der Geist und die Kirche, 265–269.
6 In: ZZ 3 (1925) 410–414.

tes zu seiner Welt und damit zu der Kirche, die ihr zu entsprechen da ist, begonnen haben. Dieses Ringen währte lange und reichte wohl auch über den Vollzug des Übertritts zur katholischen Kirche im Jahr 1953 hinaus.[7] Am Ende seines Lebens hat Heinrich Schlier in dieses Ringen und in den Frieden, den ihm das von Gott geschenkte Ja zu seinem Evangelium und zu seiner Kirche schließlich gewährte, Einblick nehmen lassen; denn dass er sich selbst meinte, als er das Abendlied John Henry Newmans[8] niederschrieb, ist unverkennbar:

„Getrost Abschied nehmen.

– Abendlied John Henry Newmans –

Nun wird es Abend, nun ist es genug,
O Herr, nun birg mich mild in Deine Hände.
Es war so schwer, als ich mich selber trug,
Nun trägst Du mich, trag mich doch bis ans Ende.

Der Tag war lang, der Weg war weit,
Von Ferne nur erglühte ein verhülltes Licht.
In Angst und Trübsal dieser Einsamkeit
Verlor ich's nie.
Nein: Du verlorst mich nicht.

Du locktest mich, ich tat nur zögernd Schritte.
Wie hängt das Herz an allen Dingen.
Doch nah umfleht von Deiner treuen Bitte
Bin ich entflohen meinen eigenen Schlingen.

Des Geistes Hochmut neigt gehorsam sich.
Geschlagen sind des Zwiespalts schwache Zungen.
Der eitle Kranz auf meiner Stirn verblich,
Der Schwermut Lied ist tröstlich ausgeklungen."

---

7 Über die Gründe für den Übertritt hat Schlier berichtet in: *Ders.* Kurze Rechenschaft, in: *Ders.*, Der Geist und die Kirche, 270–289.
8 Veröffentlicht in: *K. Rahner/B. Welte* (Hgg.), Mut zur Tugend. Über die Fähigkeit, menschlicher zu leben, Freiburg i. Br. 1979, 212.

2. Studieren und Dozieren in Marburg

Es gäbe aus Heinrich Schliers Leben vieles zu berichten. Zwei Lebens- und Erlebnisfelder, die Schliers Denken und Wirken stark beeinflusst haben, seien exemplarisch herausgegriffen. Das eine ist mit dem Namen Marburg verbunden, das andere mit dem Namen Wuppertal. Marburg lässt an Schliers Studieren, Dozieren, Diskutieren an der theologischen Fakultät im Kreis um Martin Heidegger sowie Rudolf Bultmann und zusammen mit Hans-Georg Gadamer, Gerhard Krüger und anderen denken. Das spielte sich einerseits in den Vorlesungen und Seminaren, andererseits in verschiedenen Zirkeln ab. Schlier selbst hat darüber mehrfach berichtet.[9] Nachfolgend sei nun ein Stück aus Hans-Georg Gadamers „Philosophische[n] Lehrjahre[n]" zitiert, das einen Eindruck von der Lebendigkeit des geistigen Lebens in den Marburger Philosophen- und Theologenkreisen vermittelt:

> „Bultmann war nicht nur ein scharfer Theologe, sondern auch ein leidenschaftlicher Humanist, und das führte uns schon früh in anderer Weise zusammen. Es ist die berühmte Bultmannsche Graeca [...]. Sie fand jeden Donnerstag, wenn ich mich nicht irre, in Bultmanns Wohnung statt. Heinrich Schlier, Gerhard Krüger, ich selber, später Günter Bornkamm und Erich Dinkler bildeten die kleine Gruppe, die mit Rudolf Bultmann die Klassiker der griechischen Literatur las. Es war keine gelehrte Arbeit. Einer wurde verurteilt, eine deutsche Übersetzung vorzulesen, und die anderen folgten am griechischen Text. Tausende von Seiten haben wir auf diese Weise gelesen. Manchmal entwickelte sich eine Diskussion, die weitere Ausblicke ergab. Aber Bultmann rief uns immer wieder zur Ordnung und zum Fortfahren in der Lektüre. Ob es nun die griechische Tragödie oder die Komödie war, ob ein Kirchenvater oder Homer, ob ein Historiker oder ein Redner, wir durcheilten die ganze antike Welt, 15 Jahre lang wöchentlich einen Abend. Das wurde von Bultmann mit Strenge und mit Beharrlichkeit festgehalten, Woche für Woche. Pünktlich um 8.15 Uhr begannen wir und lasen bis Schlag elf Uhr. Bultmann war ein strenger Mann. Dann erst begann die Nachsitzung. Rauchen durfte man vorher, nur dass Bultmann keine Zigaretten

---

9 Zum Beispiel *H. Schlier*, Martin Heidegger. Denken im Nachdenken, in: *Ders.*, Der Geist und die Kirche, 202–206.

liebte, sondern schwarze Brasil oder Pfeife, und nur für Schlier hatte er aus besonderer Nachsicht die sogenannten Schwächlingszigarren, wenn die mit einem blonden Deckblatt versehen waren. Aber, wie gesagt, um 11 Uhr gab es etwas zu trinken, meist Wein. Man vergaß nie, daß man in einem sparsamen Hause war: wenn die Flasche rundherum ausgeschenkt war, legte sie Bultmann noch einmal hin und goß sich nach einigen Minuten nachträglich noch die wenigen Tropfen ein, die sich dann in der Beuge der Flasche gesammelt hatten [...].[10]

Schlier hat dieser Bultmannschen „Graeca" von 1930 bis 1935 angehört, war aber den meisten, die dabei mitmachten, schon viele Jahre zuvor bekannt und blieb ihnen auch noch verbunden, als er längst in Wuppertal lebte und später in Bonn.

3. Zeugnis und Bekenntnis in Wuppertal

Wuppertal – diese Stadt war der für Heinrich Schlier wichtigste Platz und Ausgangspunkt seiner Aktivitäten in der Bekennenden Kirche. Schon vorher, noch in Marburg, hatte sich Heinrich Schlier mit Rudolf Bultmann, Hans Freiherr von Soden und einigen anderen öffentlich und unzweideutig gegen die Entwicklungen in der Deutschen Evangelischen Kirche gewandt. Sein Name steht unter dem Marburger „Gutachten zum Arierparagraphen in der Kirche" (1933) und unter der Erklärung „Neues Testament und Rassenfrage" (1933). Sein offenkundiger Widerstand gegen das nationalsozialistische Reich und gegen die kirchlichen Tendenzen, sich ihm zu überlassen, führten dazu, dass er aufgrund seiner Zugehörigkeit zur Bekennenden Kirche weder in Marburg noch in Königsberg noch in Halle einen Ruf auf einen theologischen Lehrstuhl erhielt. Daraufhin zog er im Herbst 1935 nach Wuppertal, wo er die Leitung der neu gegründeten „Kirchlichen Hochschule" übernehmen sollte und wollte. Die Eröffnung der Hochschule war für den 1. November 1935 vorgesehen, kam aber infolge eines polizeilichen Verbots nicht zustande. Die bereits bestehende reformierte „Theologi-

---

10 *H.-G. Gadamer*, Philosophische Lehrjahre. Eine Rückschau, Frankfurt am Main 1977, 37f.

sche Schule" in Elberfeld konnte jedoch einstweilen ihre Arbeit fortsetzen und übernahm einige Aufgaben der nicht zustande gekommenen „Kirchlichen Hochschule". Heinrich Schlier trat als Dozent für neutestamentliche Exegese in ihren Lehrkörper ein. 1936 kam Peter Brunner hinzu, mit dem er enge Freundschaft schloss. Am 14. Dezember 1936 wurde auch diese Einrichtung durch die Gestapo geschlossen. Fortan wurde der theologische Unterricht illegal im Untergrund „in Form von Freizeiten an verschiedenen Orten, im Barmer neuen Missionshaus, im Neandertal, in Bethel – oder auch in Sakristeien, Privatwohnungen und Dachstuben, unter ständiger Bedrohung [...]."[11] und für eine nur kleine Studentengruppe weitergeführt. Hartmut Aschermann und Wolfgang Schneider haben all dies und darin auch die Rolle Heinrich Schliers dargestellt: „Studium im Auftrag der Kirche".[12] In diesen Jahren betätigte sich Heinrich Schlier energisch und wirksam für die Bekennende Kirche – und zwar auf den verschiedensten Ebenen und in den verschiedensten Formen. Gutachten und Stellungnahmen, die er verfasste und die uns noch heute vorliegen, beweisen dies ebenso wie Mitgliedschaften in den unterschiedlichsten Gremien der Bekennenden Kirche. Seine Position im Widerstand gegen den nationalsozialistischen Staat und gegen die kirchlichen Trends, sich ihm anzuschließen, war immer klar und eindeutig. Seine Absicht zielte stets darauf ab, das bekenntnisbestimmte lutherische Verständnis der Kirche und ihrer Lehre sowie ihres Handelns zur Geltung zu bringen.

Heinrich Schlier wurde am 1. Februar 1940 zusammen mit Peter Brunner Pfarrer der lutherischen Bekenntnisgemeinde in Elberfeld. Die Erfahrungen, die er dort machte, müssen etwas für ihn ganz und gar Zermürbendes gehabt haben. In einem Brief an Rudolf Bultmann vom 23. Juni 1940 berichtet Schlier, er habe „mit P. Brunner zusammen die hiesige Luther-Bekenntnisgemeinde übernehmen" müssen. Dann fährt er fort:

> „Das ist, wenn man von der regelmäßigen Predigt, Bibelstunde und den Sitzungen, die ich allerdings als Präses sehr beschränkt habe, absieht, ja nicht viel Arbeit. Aber alles in allem habe ich in der Woche kaum mehr als 3–4 Halbtage

---

11 H. *Vorländer*, Kirchenkampf in Elberfeld 1933–1945, Göttingen 1968, 351.
12 H. *Aschermann/W. Schneider*, Studium im Auftrag der Kirche, Köln 1985.

für die theologische Wissenschaft frei. Doch ist das an anderen gemessen noch sehr viel, und so bin ich froh, einstweilen eine solche Stelle bekommen zu haben. Sie ist in vieler Beziehung ‚vorläufig', aber in der ev. Kirche und in der Kirche überhaupt ist ja alles in einem unguten Sinn vorläufig geworden. Doch was sollte ich tun? Nachdem die Ausbildungsarbeit zu einem Ende kam, blieb nur noch die vage Möglichkeit, mich in ein legales Pfarramt zu retten. Aber abgesehen davon, daß es sich um eine sehr allgemeine Möglichkeit handelt, – denn der Krieg erschwert auch die Stellenbesetzung –, bringe ich es nur schwer über mich, bei dieser absoluten Diktatur einer mittelmäßigen, ungeistlichen und jedes Haltes entbehrenden Bürokratie in der Kirche ein Pfarramt anzunehmen. Man muß erst auf dem Standpunkt angelangt sein, daß das Kirchenregiment völlig gleichgültig ist für eine Kirche – den ich damals in Thüringen naiv praktizierte, der aber heute nur einem Akte tiefer Resignation entspränge –, um in irgendeinem Kirchengebiet unterzukommen. [...] Ich wünschte daher, es böte sich noch einmal die Gelegenheit, zur Dozentur zurückzukehren. Denn der ‚Staat' ist für einen Theologen immer noch eher ein Adiaphoron als die Kirche. Aber dazu wird es ja nun nicht mehr kommen [...]."[13]

Die Erfahrungen, die hier zum Ausdruck kommen und in Schliers eigener Sicht nicht den Charakter des situationsbedingt Zufälligen hatten, wurden später unter den Gründen für die Konversion erwähnt. Es mag noch von Interesse sein zu erwähnen und zu würdigen, dass Schlier sich in diesen Jahren bei allen täglichen Anforderungen noch zurückziehen konnte, um an seinem Galaterbriefkommentar zu arbeiten.

4. Wissenschaftliche Bibelauslegung

Eine besonders eindrucksvolle und bleibende Beachtung verdienende Lebensleistung Heinrich Schliers war die wissenschaftliche Auslegung biblischer Texte. Dabei ist vor allem an die umfangreiche Kommentierung einiger der großen paulinischen Briefe zu denken. Unter schwierigen, weil kriegsbedingten Umständen erarbeitete er den Kommentar

---

13 Zitiert bei *von Bendemann*, Heinrich Schlier, Anm. 118.

zum Galaterbrief. Dieser erschien 1949 in erster Auflage unter dem Titel „Der Brief an die Galater"[14]. Im Laufe der folgenden Jahre wurden mehrere neue Auflagen dieses Kommentars herausgegeben. Der zweite große Schriftkommentar galt dem Epheserbrief. Schlier hat ihn in den 1950er-Jahren erarbeitet und 1957 erstmals veröffentlicht: „Der Brief an die Epheser. Ein Kommentar"[15]. Weitere Auflagen dieses Kommentars, der eine breite Diskussion hervorrief, folgten. In den 60er- und frühen 70er-Jahren befasste sich Heinrich Schlier eingehend mit dem Römerbrief, den er ebenfalls wissenschaftlich auslegte. Das Resultat war der Kommentar „Der Römerbrief", der 1977 erschien.[16] Unter der Überschrift „Der Apostel und seine Gemeinde" brachte Heinrich Schlier 1972 noch eine kurze Auslegung des 1. Thessalonicherbriefs heraus.[17]

Heinrich Schlier hat sich also zeit seines Lebens mit einer enormen wissenschaftlichen Kompetenz und Energie der Theologie des Paulus gewidmet und die Erkenntnisse in seinen vielbeachteten Kommentarwerken festgehalten. Schließlich hat er das, was sich ihm auf diesen Wegen gezeigt hatte, noch einmal in einer nach sachlichen Gesichtspunkten geordneten Weise nachgezeichnet und als zusammenfassende, abschließende Reflexion veröffentlicht als „Grundzüge einer paulinischen Theologie"[18].

5. Die Kirche als Thema

Heinrich Schlier hat sich – wie bereits gezeigt wurde – im Laufe seines Lebens mit einer Reihe unterschiedlicher theologischer Themen befasst. Dabei ging es ihm immer um die Wahrnehmung dessen, was die Bibel dazu vorgibt. Ein besonders häufig und nachdrücklich bearbeitetes Thema war – wie schon angedeutet – die Kirche. Bereits 1927 veröffentlichte er einen ersten Aufsatz dazu: „Zum Begriff der Kirche

---

14 Göttingen 1949.
15 Düsseldorf 1957.
16 Freiburg i. Br. 1977.
17 Freiburg i. Br. 1972.
18 Freiburg i. Br. 1978.

im Epheserbrief"[19]. Wenige Jahre später habilitierte er sich in Jena mit einer Arbeit zu „Christus und die Kirche im Epheserbrief"[20]. Auch in späteren Jahren hat sich Schlier immer wieder zum Thema Kirche geäußert. Dabei ging es oft um eine von der Bibel her sich ergebende Deutung ihrer Einheit. So hat er beispielsweise 1951 einen Aufsatz veröffentlicht unter dem Titel: „Die Einheit der Kirche"[21]. Das Kirchenthema war für Heinrich Schlier ständig von großem Interesse, weil es ihn theologisch auf seinem Weg zur Konversion zur katholischen Kirche begleitete, ja bestimmte.

Die Kirche in ihrer Gestalt und in ihrem Auftrag war ein zentrales Thema des II. Vatikanischen Konzils: 1962–1965. Die wesentlichen Aussagen dazu finden sich in der Dogmatischen Konstitution „Lumen gentium". Was dort an Akzenten gesetzt wurde, trifft sich durchgehend mit den Auffassungen, die Schlier bei seiner Auslegung der kirchenbezogenen Aussagen der Bibel vertreten hat. Als in den nachkonziliaren Jahren im Verlag Benziger eine Gesamtdarstellung der katholischen Dogmatik erschien – „Mysterium Salutis" (Bände 1–5) –, vertraute man Heinrich Schlier die ausführliche Darlegung der biblischen Inhalte zum Thema Kirche an. Und so steuerte er den großen Beitrag „Ekklesiologie des Neuen Testaments"[22] bei. Dabei ging er so voran, dass er die Kirchenkonzepte der neutestamentlichen Autoren chronologisch vorstellte. Was sich dabei an gemeinsamen Auffassungen abzeichnete, hat er in einem ausführlichen „Rückblick" quasi-systematisch zusammengefasst.[23] Dabei ergaben sich zwölf Abschnitte, in denen jeweils ein Teilthema behandelt wurde. Jeder dieser Abschnitte wird durch einen thesenartigen Satz eröffnet. Diese Sätze, die in ihrer Summe das Gesamtbild der neutestamentlichen Ekklesiologie erkennen lassen, haben den folgenden Wortlaut:

---

19 In: ThBl 6 (1927) 12–17.
20 Tübingen 1930.
21 In: Hochl. 44 (1951/52) 289–300.
22 H. *Schlier*, Ekklesiologie des Neuen Testaments, in: *J. Feiner [u. a.]* (Hgg.), Mysterium Salutis 4/1, Einsiedeln 1972, 101–221.
23 Ebd. 207–221.

„1. Wenn das Neue Testament direkt oder indirekt von Kirche spricht, meint es immer die konkrete Gesamtkirche oder die konkrete einzelne Kirche am Ort, in der die Gesamtkirche sich jeweils einfindet.

2. Die Kirche ist nach dem NT Gottes geheimnisvolles Werk. Sie ruht in seinem ewigen Willen und d. h. in seiner ewigen Vorsehung und Vorbestimmung.

3. Ist die Kirche Gottes ewig vorgesehenes und vorbestimmtes Werk, so gründet sie in der Hingabe Jesu Christi, der als der Gekreuzigte auferstanden ist und als Auferstandener erschien und in seiner Erhöhung gegenwärtig ist.

4. Freilich geht der Kirche, die ihr Wesen im ewigen Willen Gottes hat und die Intention des Schöpfers ist, der seine Schöpfung auf sie hin anlegt, die ihren Ursprung in dem ‚Für uns' des Kreuzes und der Auferstehung Jesu Christi hat und ihm ihr Sein und ihre Existenz samt aller Frucht verdankt, Israel voraus.

5. Die Kirche des NT hat aber noch eine andere Voraussetzung, nämlich die Jüngerschar des irdischen Jesus. In ihr ist die Kirche in vorläufiger und verborgener Weise schon da.

6. Die Auferstehung und Erhöhung Jesu Christi, des Gekreuzigten, sind auch der Ursprung des Geistes. Der Erhöhte sendet den Geist oder Gott sendet ihn durch den Erhöhten.

7. Diese Kirche ist [...] als trinitarische Größe, als die Kirche Gottes, Jesu Christi und des Heiligen Geistes, die apostolische, universale und eine.

8. Die allumfassende eine apostolische Kirche ist die Kirche des Wortes und der sakramentalen Zeichen.

9. Solche allumfassende, einige, apostolische Kirche, die sich um die grundlegenden Heilselemente des Wortes und der Eucharistie versammelt und die Liturgie ihrer heiligen Festversammlung vollzieht, ist auch eine von Anfang an geordnete Kirche.

10. Was die Glieder der Kirche betrifft, so sind sie auf Grund ihrer ‚Umkehr' im Glauben durch die Taufe ihr eingegliedert.

11. Diese Kirche ist Kirche in der Welt.

12. Alles in allem ist die Kirche des NT ein ‚eschatologisches' Phänomen."

Was Heinrich Schlier sonst thematisch erarbeitet hat, hat weitgehend mit der Auslegung neutestamentlicher Texte zu tun, in denen es um die Dimensionen des christlichen Lebensvollzugs geht. 1960 hat Schlier einen Aufsatz zum Thema „Über die christliche Existenz"[24] veröffentlicht. Und immer wieder kam er auf die paulinische Trias „Glaube, Hoffnung, Liebe" zu sprechen. 1971 brachte er eine zusammenfassende Darstellung dieser christlichen Haltungen heraus: „Nun aber bleiben diese Drei. Grundriß des christlichen Lebensvollzugs"[25].

Blicken wir auf das biblische und theologische Werk Heinrich Schliers zurück, das hier nur in einigen Hinsichten in Erinnerung gerufen werden kann, so zeigt sich uns ein eindrucksvolles Erbe, das er uns hinterlassen hat. Insofern schulden wir es Heinrich Schlier, dass wir aus Anlass seines 100. Geburtstags noch einmal an ihn erinnern. Wir haben allen Grund, Gott für ihn, der uns als Forscher und Lehrer in der Theologie und mehr noch als ein Bruder im Glauben und in der Kirche nahe war und noch ist, zu danken.

---

24 In: GuL 33 (1960) 434–443.
25 Einsiedeln 1971.

Kapitel 3
Gottes erster Gedanke

Wir Menschen sind damit vertraut, nach vorn zu blicken, Ziele zu verfolgen, Pläne zu machen, Werke zu gründen und Einrichtungen zu stiften. Dabei lassen wir uns von einer Vision bestimmen und von einer Leitidee bewegen. Ist das Leitbild lebendig und stimmig, so entfaltet es eine starke anziehende Kraft. Es setzt Energien frei, lässt aufbrechen und Schritte gehen. Solches Entwerfen, Planen und Umsetzen kennen wir im kleinen Maßstab des Alltags, aber es ist auch vorstellbar, dass es sich bewusst oder unbewusst ereignet, wenn jemand auf der Suche nach einer alles bestimmenden Mitte in seinem Leben ist. Zeigt sich ihm sein Lebensthema und entscheidet er sich, diesem wirksam Raum zu geben, so kommt es zu einer entsprechenden Ausrichtung der vielen Schritte, die er auf den Wegen seines Lebens geht. Und er ist zufrieden, wenn sein erster Gedanke sich im erreichten Ziel tatsächlich erfüllt.

Dürfen wir das, was sich solcherart im Bereich unserer menschlichen Erfahrung zeigt, auf Gott übertragen? Wir dürfen es, haben dabei aber wohl zu beachten, dass zwischen dem, was uns natürlicherweise zugänglich ist, und dem, was wir über Gott auszusagen versuchen, eine je größere Unähnlichkeit – „maior dissimilitudo" – waltet. Es gibt also auch im ewigen Gott einen „ersten Gedanken". Er lenkte sein göttliches Wollen und Wirken, als er die Welt erschuf. Er tat dies nicht, weil er es musste, sondern in Freiheit. Und der Vollzug dieser Freiheit trug nicht die Züge einer blinden Spielerei, sondern war „von Anfang an" von diesem „ersten Gedanken" bestimmt. Gott hatte ein Ziel vor Augen, als er die Schöpfung ins Sein rief. Es war seine göttliche Absicht, der Welt und den Menschen seine Liebe zu schenken, mit der Welt und den Menschen in ein Gespräch einzutreten. Er wollte ihnen sein Wort schenken und ihre Antwort darauf erwarten.

Anders und deutlicher gesagt – Gott hat die Welt und die Menschen geschaffen, um schließlich mit ihr/mit ihnen einen Bund einzugehen. Dieser Bund sollte in der Erwählung Israels seinen Auftakt haben und sich in Jesus von Nazareth, dem Sohn Davids und dem menschgewordenen Sohn Gottes, und in der Kirche, der lebendigen Gemeinschaft derer, die sich Jesus anschließen und auch den Heiden offensteht, vollenden. Er war die ursprüngliche Intention des ewigen Gottes, als er sich entschloss, „den Himmel und die Erde zu schaffen" (Gen 1,1). Das heißt: Wenn sich Menschen dem sich mitteilenden Gott öffnen, wenn sie seine Gaben entgegennehmen und ihm danken, ihn loben und ein neues Leben im Sinn des Evangeliums zu leben wagen, dann ereignet sich, was in Gottes „erstem Gedanken" angelegt war, als er die Schöpfung ins Sein rief. Die Menschen geben ihrer Entscheidung Gestalt und Dauer dadurch, dass sie sich als Glaubende und Getaufte der Kirche, dem Volk Gottes, dem Leib Christi und dem Tempel des Heiligen Geistes, anvertrauen und einfügen lassen. Sie leben nun in dem Bund, der die Mitte und das Ziel der von Gott gewollten und gewirkten Welt ist. So unermesslich die Welt räumlich und zeitlich ist und so überbordend an Gestalten sie ist: Ihr wohnt nach Gottes ursprünglichem und wirksamem Willen ein letzter Sinn inne. Und sie hat mit dem Bund eine Mitte, auf die hin und von der her sie in gottgewollter und -gestifteter Weise ein Kosmos ist, dessen Konturen sich freilich nur den Augen des Glaubens erschließen.

Doch ist das Bild, das sich auf diese Weise zeigt, nicht allzu harmonisch? Was würde geschehen, wenn Menschen sich der Zuneigung Gottes zu ihnen nicht öffneten, sondern ihr Leben im Sinne selbstentworfener Welt- und Menschenbilder einrichteten? Wie würden Menschen vor ihrem Gott bestehen können, wenn sie Schuld auf sich geladen hätten? Würden sich Gottes Zusagen nicht als kraftlos erweisen, wenn Leid und Not in das Leben der Menschen einbrächen? Hat Gott, als er seinen „ersten Gedanken" fasste, diese Möglichkeiten des Scheiterns seiner hehren Pläne übersehen? Nein, er wusste um sie. Wir brauchen, ja wir dürfen unsere Augen vor den dunklen Schatten, die über der Geschichte der Welt und der Menschen liegen, nicht verschließen. Zugleich jedoch dürfen wir uns im Glauben der biblischen Botschaft öffnen. Sie spricht auch von der in Gottes „erstem Gedanken" enthaltenen Entscheidung, der Schöpfung und in ihr den Menschen auch dann nahe bleiben und ihre Lasten tragen zu wollen, wenn sie sich gottfern auf Um- oder Abwegen befinden.

Belehrt durch das Evangelium dürfen wir er- und bekennen, dass Gottes Nähe zu seiner Schöpfung sich in der die Versöhnung der Welt erwirkenden Hingabe Jesu Christi am Kreuz vollendet hat. In Jesu Tod auf Golgatha, aus dem er zum österlichen Leben erweckt wurde, kam zur Erfüllung und Vollendung, was Gott mit seinem Bund, mit seiner Schöpfung, von Beginn an im Sinn gehabt hatte. In der und durch die Kirche sollte die erlösende und heilende Versöhnungstat Jesu Christi aller Welt zugetragen werden. Die Kirche ist von daher auch der Weg und die Weise der Vergegenwärtigung der im Leben und Sterben und Auferweckt-Werden Jesu Christi geschenkten Versöhnung der sündigen Welt. In der lebendig vollzogenen Zugehörigkeit zu dieser Kirche nimmt der Mensch Gottes rechtfertigende Gnade auf und entgegen. In diesem Sinne umfasst Gottes „erster Gedanke" auch die Kirche als die Weise, wie der Bund Gottes mit seiner Schöpfung sich entfalten und dann auch vollenden sollte. Dass nicht nur der Weg und das Werk Jesu Christi, sondern auch die Kirche, in der und durch die die durch Jesus Christus gekommene Versöhnung in der Welt gegenwärtig bleibt, in Gottes ursprünglicher Absicht gründet, ist in der Geschichte des christlichen Nachdenkens zwar nicht übersehen, aber doch nicht allzu ausgiebig thematisiert worden. Darum soll im Folgenden die Aufmerksamkeit in besonderer Weise darauf gelenkt werden.

1. Biblische Zeugnisse

Im Neuen Testament findet sich eine Reihe von Texten, in denen mehr oder weniger deutlich davon gesprochen wird, dass sich Gottes vorzeitlicher Entschluss in Jesus Christus erfüllt hat. Es kommt den Menschen zugute, die ihm folgen und verbunden sind und somit die Kirche bilden und durch ihr Leben in und mit ihr Gottes versöhnende Gnade empfangen. Es handelt sich im Wesentlichen um die im Folgenden aufgeführten Texte.

Im Johannesevangelium ist Gottes ewiger Ratschluss zweimal ein Motiv des Betens Jesu zu seinem Vater. In Joh 17,5 heißt es: „Vater, verherrliche du mich jetzt bei dir mit der Herrlichkeit, die ich bei dir hatte, bevor die

Welt war". Und kurz danach, in Joh 17,24, kann man lesen: „Vater, ich will, dass alle, die du mir gegeben hast, dort bei mir sind, wo ich bin. Sie sollen meine Herrlichkeit sehen, die du mir gegeben hast, weil du mich schon geliebt hast vor der Erschaffung der Welt."
Paulus erinnert im Römerbrief und im 1. Korintherbrief mehrfach daran, dass Gottes erster Gedanke geschichtliche Wirklichkeit wird, wenn Christen sich in die Gemeinschaft mit Jesus Christus rufen lassen. So heißt es in Röm 8,28ff.:

> „Wir wissen, dass Gott bei denen, die ihn lieben, alles zum Guten führt, bei denen, die nach seinem ewigen Plan berufen sind; denn alle, die er im voraus erkannt hat, hat er auch im voraus dazu bestimmt, an Wesen und Gestalt seines Sohnes teilzuhaben, damit dieser der Erstgeborene von vielen Brüdern sei. Die aber, die er vorausbestimmt hat, hat er auch berufen, und die er berufen hat, hat er auch gerecht gemacht; die er aber gerecht gemacht hat, die hat er auch verherrlicht."

In 1 Kor 2,7 formuliert Paulus:

> „Wir verkündigen das Geheimnis der verborgenen Weisheit Gottes, die Gott vor allen Zeiten vorausbestimmt hat zu unserer Verherrlichung."

Schließlich sei an 1 Kor 8,6 erinnert:

> „Wir haben doch nur einen Gott, den Vater. Von ihm stammt alles, und wir leben auf ihn hin. Und einer ist der Herr: Jesus Christus. Durch ihn ist alles, und wir sind durch ihn."

In besonders deutlicher Weise ist in zwei Hymnen von Gottes ewigem Ratschluss die Rede. Darin wird deutlich, dass das, was in Gottes erstem Gedanken zum Wohl seiner Schöpfung und im Blick auf uns Menschen konzipiert wurde, allen Lobes würdig ist. In Eph 1,3–12 heißt es:

> „Gepriesen sei der Gott und Vater unseres Herrn Jesus Christus: Er hat uns mit allem Segen seines Geistes gesegnet durch unsere Gemeinschaft mit Christus im Himmel. Denn in ihm hat er uns erwählt vor der Erschaffung der Welt, damit wir heilig und untadelig leben vor Gott; er hat uns aus Liebe im Voraus dazu bestimmt, seine Söhne zu werden durch Jesus Christus und nach seinem

gnädigen Willen zu ihm zu gelangen, zum Lob seiner herrlichen Gnade. Er hat sie uns geschenkt in seinem geliebten Sohn; durch sein Blut haben wir die Erlösung, die Vergebung der Sünden nach dem Reichtum seiner Gnade. Durch sie hat er uns mit aller Weisheit und Einsicht reich beschenkt und hat uns das Geheimnis seines Willens kundgetan, wie er es gnädig im Voraus bestimmt hat: Er hat beschlossen, die Fülle der Zeiten herauf-zuführen, in Christus alles zu vereinen, alles, was im Himmel und auf Erden ist. Durch ihn sind wir auch als Erben vorherbestimmt und eingesetzt nach dem Plan dessen, der alles so verwirklicht, wie er es in seinem Willen beschließt; wir sind zum Lob seiner Herrlichkeit bestimmt, die wir schon früher auf Christus gehofft haben."

Der zweite Hymnus steht in Kol 1,15–20. Dort heißt es:

„Er ist das Ebenbild des unsichtbaren Gottes, der Erstgeborene der ganzen Schöpfung. Denn in ihm wurde alles erschaffen im Himmel und auf Erden, das Sichtbare und das Unsichtbare, Throne und Herrschaften, Mächte und Gewalten; alles ist durch ihn und auf ihn hin geschaffen. Er ist vor aller Schöpfung, in ihm hat alles Bestand. Er ist das Haupt des Leibes, der Leib aber ist die Kirche. Er ist der Ursprung, der Erstgeborene der Toten; so hat er in allem den Vorrang. Denn Gott wollte mit seiner ganzen Fülle in ihm wohnen, um durch ihn alles zu versöhnen. Alles im Himmel und auf Erden wollte er zu Christus führen, der Friede gestiftet hat am Kreuz durch sein Blut."

Es gibt noch einige weitere kurze biblische Texte, in denen es erneut um Gottes ewigen Ratschluss geht. So kann man in Eph 3,8f. lesen:

„Ich soll den Heiden als Evangelium den unergründlichen Reichtum Christi verkündigen und enthüllen, wie jenes Geheimnis Wirklichkeit geworden ist, das von Ewigkeit her in Gott, dem Schöpfer des Alls, verborgen war."

Diese Verse enthalten ein Echo der im 2. Kapitel des Epheserbriefs herausgestellten Aussage, dass es für das Wirken Jesu wesentlich war, dass er den Heiden den Zugang zu dem, was Israel schon anvertraut gewesen war, geöffnet hat. In Hebr 1,2f. findet sich die folgende Formulierung:

„In dieser Endzeit hat Gott zu uns gesprochen durch den Sohn, den er zum Erben des Alls eingesetzt und durch den er auch die Welt erschaffen hat; er ist der Abglanz seiner Herrlichkeit und das Abbild seines Wesens; er trägt das All durch sein machtvolles Wort, hat die Reinigung von den Sünden bewirkt und sich dann zur Rechten der Majestät in der Höhe gesetzt."

1 Petr 1,20 enthält die Aussage: „Christus war schon vor der Erschaffung der Welt dazu ausersehen, und euretwegen ist er am Ende der Zeiten erschienen." Und dann sei noch Apk 3,14 erwähnt: „An den Engel der Gemeinde in Laodizea schreibe: So spricht Er, der ‚Amen' heißt, der treue und zuverlässige Zeuge, der Anfang der Schöpfung Gottes." Die Zahl und das Gewicht der neutestamentlichen Texte, in denen das Motiv der ursprünglichsten Intention Gottes bezüglich der Schöpfung und ihrer in Jesus Christus und der ihm zugestalteten Kirche gipfelnden Geschichte zur Sprache kommt, ist beachtlich. Das mag als Hinweis darauf gelten, dass es für das gläubige Bewusstsein eine große Bereicherung bedeutet, sich für die weiteste der möglichen Aufmerksamkeitsperspektiven zu öffnen und Gottes „erstem Gedanken" nachzusinnen.

2. Echo bei den Theologen

Des ewigen Gottes Entscheidung, eine endliche Welt als seine Schöpfung ins Sein zu rufen und sie auf eine Mitte auszurichten, in der sich das Kommunizieren von Gott und Welt vollendet – im Weg und Werk Jesu Christi und im Leib Christi, der Kirche –, war immer und ist bis heute ein anspruchsvolles und zugleich Vieles erhellendes Thema des theologischen Nachdenkens. Immer wieder legten Theologen die biblischen Texte aus, in denen über Gottes „ersten Gedanken" gesprochen wird. Sie stellten dabei verständlicherweise oftmals auch heraus, dass sich das Urteil Gottes, das Werk seiner Hände sei „sehr gut" (Gen 1), erst im Blick auf Jesus von Nazareth, in dessen Tod am Kreuz sich die Versöhnung der Welt ereignete, ganz bewahrheitete. Sie sahen und sagten, dass Gottes erster Gedanke auch schon durch den Willen Gottes mitbestimmt sei, die Lasten der Menschen auch dann zu tragen und zu wandeln, wenn sie sich auf den Wegen der Sünde und des Leids bewegten. Aus den zahlreichen Texten, die Theologen in dieser Hinsicht verfasst haben, seien stellvertretend einige wenige zitiert. Der erste findet sich in dem Brief, den Hildegard von Bingen an Bischof Eberhard von Bamberg geschrieben hat:

> „Alle Geschöpfe waren vor der Zeit im Vater, er ordnete sie in sich, danach schuf sie der Sohn im Werk. Wie ist das zu verstehen? Es ist ähnlich wie beim Menschen, der das Wissen um ein großes Werk in sich trägt, das er hernach durch sein Wort an den Tag bringt, so daß es unter Beifall in die Welt tritt. Der Vater ordnet, der Sohn wirkt. Denn der Vater hat alles in sich geordnet, und der Sohn hat es im Werk vollendet. Er ist das Licht vom Licht, das im Anfang war, vor aller Zeit, in der Ewigkeit. Dieses Licht ist der Sohn, der aus dem Vater aufglänzt. Und der Sohn zog das zuvor nicht leibhaft erschienene Gewand der Menschennatur an, die er aus Lehm gebildet hatte. So hatte Gott alle seine Werke im Blick vor sich als ‚Licht' (als Abbilder des Sohnes), und als er sprach: ‚Es werde!', zog jegliches das seiner Art gemäße Gewand an."[1]

Karl Rahner hat 1959 in einem Vortrag über die „Erlösungswirklichkeit in der Schöpfungswirklichkeit" ausgeführt:

> „Es gibt in der Schöpfung Gottes nicht nur die Konstitution von Seiendem, das aus dem Nichts als das unendlich von Gott verschiedene Andere durch Gott geschaffen wurde, sondern in dieser Welt ereignet sich als Wunder der göttlichen Liebe die übernatürliche Selbstmitteilung Gottes an das Geschaffene derart, dass Gott selbst – auch in Person heraustretend – eine geschaffene Wirklichkeit als seine eigene in der hypostatischen Union annimmt, sich so wahrhaft entäußert und Geschöpf wird. Wenn man unter Schöpfung all das begreift, was außerhalb des innergöttlichen Lebens selbst existiert, dann ist die Selbstaussage Gottes in der Fleischwerdung des Wortes Gottes in das andere von Gott hinein die höchste Schöpfungstat Gottes. Von ihr muss also gesagt werden, daß alles andere um ihretwillen da ist in dieser einen und hierarchisch gestuften Welt."[2]

Bei Hans Urs von Balthasar finden sich viele Texte, die von der Gründung der Schöpfung in Gottes ewigem Ratschluss handeln. Stellvertretend für die zahlreichen Beispiele sei hier lediglich ein Text wiedergegeben:

---

1 *Hildegard von Bingen*, Physica (PL 197), 168f.
2 *K. Rahner [u. a.]*, Erlösungswirklichkeit in der Schöpfungswirklichkeit, in: *F. X. Arnold*, Handbuch der Pastoraltheologie II/2, Freiburg i. Br. 1966, 217f.

„Im Sohn, als dem ‚Abstrahl der Herrlichkeit‘ Gottes und der ‚Ausprägung seiner Wirklichkeit‘, ist das Weltall geschaffen (Hebr 1,3). Sofern ‚wir‘ (die Menschheit, Juden und Heiden) ‚schon vor Grundlegung der Welt in ihm erwählt‘, ‚durch Jesus Christus zu seinen (Gottes) Kindern vorherbestimmt wurden‘ (Eph 1,4f.), und am Ende alles in ihm als dem Haupt zusammengefasst werden soll (ebd 1,10), damit er ‚in allem den Vorrang habe‘, ‚an der Spitze von allem stehe und alles in ihm seinen Bestand habe, der das Ebenbild Gottes des Unsichtbaren, der Erstgeborene aller Schöpfung ist‘ (Kol 1,14ff.), kann er als die eine, alles andere umgreifende, ermöglichende und erfüllende ‚Idee‘ bezeichnet werden."[3]

Gisbert Greshake äußert sich in ganz ähnlicher Weise, indem er schreibt:

„Die Schöpfung, die in und durch Christus erschaffen ist und auf ihn als Fülle, die alles erfüllt (Eph 1,23), hinzielt, ist faktisch apriori geprägt, getragen und umfangen von der Gnade Gottes in Jesus Christus. Denn Gott konnte es nur ‚wagen‘, ein freies Geschöpf, das sich womöglich gegen ihn entscheiden würde, ins Werk zu setzen, weil er von vornherein dazu entschlossen war, durch sein eigenes ‚Engagement‘ dessen Selbstzerstörung und selbstverschuldete Todesverfallenheit zu heilen."[4]

Für den Bereich der reformatorischen Theologie mag hier stellvertretend Karl Barth herangezogen werden. Er hat in seiner „Kirchliche[n] Dogmatik", Bd. III/1, in einer sehr ausführlichen Studie Gottes Schöpfung und Gottes Bund aufeinander bezogen und so, der Sache nach, Gottes ersten auf Jesus Christus gerichteten Gedanken thematisiert. Die die Erörterungen vorweg zusammenfassende These lautet:

„Die Schöpfung ist das erste in der Reihe der Werke des dreieinigen Gottes und damit der Anfang aller von Gott selbst verschiedenen Dinge. Indem sie auch den Beginn der Zeit in sich schließt, entzieht sich ihre geschichtliche Wirklichkeit aller historischen Beobachtung und Berichterstattung und kann sie auch in den biblischen Schöpfungsgeschichten nur in Form reiner Sage bezeugt werden.

---

3 H. U. von Balthasar, Theodramatik II/1, Einsiedeln 1976, 242.
4 G. Greshake, Maria-Ecclesia. Perspektiven einer marianisch grundierten Theologie und Kirchenpraxis, Regensburg 2014, 270f.

Die Absicht und also auch der Sinn der Schöpfung ist aber nach diesem Zeugnis die Ermöglichung der Geschichte des Bundes Gottes mit dem Menschen, die in Jesus Christus ihren Anfang, ihre Mitte und ihr Ende hat: Die Geschichte dieses Bundes ist ebenso das Ziel der Schöpfung wie die Schöpfung selbst der Anfang dieser Geschichte ist."[5]

Dies bedeutet: Die Schöpfung ist der äußere Grund des Bundes, während der Bund der innere Grund der Schöpfung ist.
In „Kirchliche Dogmatik", Bd. IV/2, findet sich ein Text, in dem Barth an 2 Thess 2,13 erinnert,

„wo Paulus Gott dankt: dass er die Leser ‚vom Anfang her […] erwählt hat zur Errettung in der Heiligung durch den Geist und im Glauben an die Wahrheit' und Eph 1,4, wo die große Eingangshymne einsetzt mit den Worten: ‚In Ihm hat er uns vor der Grundlegung der Welt erwählt zum Sein als Heilige und Untadelige vor ihm'. So weit oben also ist die Entscheidung über des Menschen Heiligung beschlossen, ja, weil es sich doch um Gottes Beschluss handelt, schon gefallen! So tief ist es begründet, dass Jesus Christus, auch was unsere eigene Umkehr zu Gott hin betrifft, als unser Herr und Haupt für uns ist und handelt! Die Geschichte des in seinem Tod auf Golgatha gekrönten königlichen Menschen Jesus hat, indem das ihr Sinn und Inhalt ist, diese Dimension von der Ewigkeit des Willens Gottes her, der in ihm auf Erden, in der Zeit, geschehen ist."[6]

Dass der Bund der innere Sinn der Schöpfung ist, ist eine auch im Judentum bekannte Einsicht. Joseph Ratzinger hat in seinem zweiten Jesusbuch daran erinnert. Dort heißt es einmal:

„Nach rabbinischer Theologie geht die Idee des Bundes, die Idee, ein heiliges Volk als Gegenüber zu Gott und in Einheit mit ihm zu schaffen, der Idee der Weltschöpfung voraus, ist ihr innerer Grund. Der Kosmos wird geschaffen, nicht damit es vielerlei Gestirne und Dinge gebe, sondern damit ein Raum sei

---

5 K. *Barth*, Kirchliche Dogmatik, Bd. III/1: Die Lehre von der Schöpfung, Zollikon-Zürich 1947, hier: 44.
6 *Ders.*, Kirchliche Dogmatik IV/2, Zollikon-Zürich 1955, 586.

für den ‚Bund', für das Ja der Liebe zwischen Gott und dem ihm antwortenden Menschen."[7]

Im Folgenden sei, wie bereits angekündigt, das Augenmerk noch ausdrücklicher, als es bisher schon geschehen ist, auf das Motiv gelenkt, welches das bisher Dargelegte noch zu ergänzen vermag und in der älteren ebenso wie in der neueren Geschichte der christlichen Theologie in der Regel eher unbetont bedacht wurde: Gemeint ist, dass auch in der Kirche, die Gottes Volk, der Leib Christi und der Tempel des Heiligen Geistes ist, Gottes aller Schöpfung vorausliegender Ratschluss in Erscheinung tritt. Trifft dies zu, so kommt der Kirche in all ihrer Geschichtlichkeit und damit Begrenztheit, ja Läuterungsbedürftigkeit, eine einzigartige Stellung und Bedeutung in Gottes Schöpfung zu. Auch in sie hinein entfaltet sich Gottes erster Gedanke; denn in ihr tritt die Sinnmitte von Gottes Schöpfung als Werk und Frucht des Lebens und Wirkens Jesu Christi hervor. Dieses Motiv wurde in der Geschichte der christlichen Theologie nur vereinzelt beachtet und gedanklich entfaltet. Hier aber soll es besonders herausgestellt werden.

In der frühesten nachbiblischen Theologie ist die Verankerung der Kirche in Gottes vor aller Zeit gefasstem Ratschluss immerhin mehrfach bedacht worden. Die Texte, die davon zeugen, finden sich insbesondere im „Hirten des Hermas" sowie im II. Klemensbrief, in der Didache und in den Ignatiusbriefen sowie, ein wenig später, im Werk des Origenes.[8] Stellvertretend für die Zeugnisse, die aus den genannten Schriften angeführt werden könnten, sei ein Text des Origenes zitiert:

> „Du sollst nicht glauben, dass sie erst seit der Ankunft des Erlösers im Fleische Braut oder Kirche genannt wird, sondern sie besteht seit Beginn des Menschen-

---

[7] *J. Ratzinger*, Jesus von Nazareth. Zweiter Teil: Vom Einzug in Jerusalem bis zur Auferstehung, Freiburg i. Br. 2010, 96; vgl. auch *D. Krochmalnik*, Variationen zum Anfang in der jüdischen Tradition, in: Zeitschrift für Ideengeschichte I/2 (2007) 45–61.
[8] Zur Einordnung und Deutung dieser Zeugnisse vgl. *A. Frank*, Studien zur Ekklesiologie des Hirten, II. Klemens, der Didache und der Ignatiusbriefe unter besonderer Berücksichtigung der Idee einer präexistenten Kirche, Diss. Universität München 1975; *J. Beumer*, Die altchristliche Idee einer präexistierenden Kirche und ihre theologische Auswertung, in: WW 9 (1942) 13–22.

geschlechts und seit der Grundlegung der Welt, oder vielmehr, um unter Führung von Paulus den Ursprung dieses Mysteriums noch früher zu suchen, ‚vor Grundlegung der Welt' […] Aber auch in den Psalmen steht geschrieben: ‚Gedenke deiner Versammlung, Herr, die du von Anfang an versammelt.' Denn die ersten Grundlagen der ‚Versammlung' der Kirche wurden gleich ‚am Anfang' gelegt."[9]

Bezüglich der Verankerung der Kirche in Gottes vor aller Zeit gefasstem Ratschluss sei nun ein Sprung gemacht – von der frühchristlichen Epoche in die neuere Zeit. Es ist bemerkenswert, dass das II. Vatikanische Konzil in einem Abschnitt darüber gehandelt hat. In der Kirchenkonstitution „Lumen gentium" (Nr. 2) kann man lesen:

> „Der ewige Vater hat die ganze Welt nach dem völlig freien, verborgenen Ratschluß seiner Weisheit und Güte erschaffen. Er hat auch beschlossen, die Menschen zur Teilhabe an dem göttlichen Leben zu erheben. Und als sie in Adam gefallen waren, verließ er sie nicht, sondern gewährte ihnen jederzeit Hilfen zum Heil um Christi, des Erlösers, willen, ‚der das Bild des unsichtbaren Gottes ist, der Erstgeborene der Schöpfung' (Kol 1,15). Alle Erwählten aber hat der Vater vor aller Zeit ‚vorhergekannt und vorherbestimmt, gleichförmig zu werden dem Bild seines Sohnes, auf daß dieser der Erstgeborene sei unter vielen Brüdern' (Röm 8,29). Die aber an Christus glauben, beschloß er in der heiligen Kirche zusammenzurufen. Sie war schon seit dem Anfang der Welt vorausbedeutet; in der Geschichte des Volkes Israel und im Alten Bund wurde sie auf wunderbare Weise vorbereitet, in den letzten Zeiten gestiftet, durch die Ausgießung des Heiligen Geistes offenbart, und am Ende der Weltzeiten wird sie in Herrlichkeit vollendet werden. Dann werden, wie bei den heiligen Vätern zu lesen ist, alle Gerechten von Adam an, ‚von dem gerechten Abel bis zum letzten Erwählten', in der allumfassenden Kirche beim Vater versammelt werden."

---

9 *Origenes*, Hohelied-Kommentar II, übers. von *H. U. von Balthasar*, in: *Ders.*, Geist und Feuer, Salzburg 1938, 210f. Vgl. auch *H. de Lubac*, Die Kirche. Eine Betrachtung, Einsiedeln 1968, 49–54.

3. Der Beitrag Heinrich Schliers

Zu den Theologen, die im 20. Jahrhundert gelebt und gewirkt haben und die über die Verankerung der Kirche in „Gottes erstem Gedanken" nachgedacht und geschrieben haben, gehört Heinrich Schlier. Seine Einsichten gründeten vor allem in der Auslegung des Epheserbriefes, als dessen Verfasser er Paulus annahm. Einer der letzten Texte, in denen Schlier über den Ursprung der Kirche in Gottes ewigem Ratschluss handelte, hat den folgenden Wortlaut:

> „Für den Paulus des Eph hat die Kirche ihren Ursprung im Geheimnis der Vorsehung und Vorbestimmung Gottes. Gott hat die Kirche immer schon vor sich gesehen und immer schon gewollt. In ihr kommt Gottes ewige Weisheit und ewiger Wille zur Erfahrung. Dieser ewige Wille geht dahin: ‚das All in Christus wieder aufzurichten, das, was im Himmel und auf Erden ist', Eph 1,10. Und jetzt, in der erfüllten Zeit, wirkt das Mysterium dieser Weisheit und dieses Willens im Anwesen der Kirche. Allem zuvor, sagt der Apostel einmal, sind die Äonen, die Zeiträume, auf das Erscheinen der Weisheit Gottes festgelegt, Eph 3,11. Und als sie erschien, siehe, da hatte sie, die Vielfältige, die Gestalt der Kirche, Eph 3,10. Die Kirche verdankt also Wesen und Dasein nach dem Apostel Paulus nicht der Welt und ihrer Geschichte. Ihr Wesen ist das Wesen des unergründlichen Heilswillens Gottes, der allem Wesen zuvor ist und sie ins Dasein rief. […] So ist es nicht verwunderlich, daß dieses Wesen schon in der Schöpfung mitspricht, wiewohl es zugleich in ihr noch verborgen ist, weil es noch im Schöpfer verborgen ist, Eph 3,9. Die Schöpfung ist geschaffen im Blick auf das ihr vorgängige Geheimnis der Kirche, oder sagen wir vielleicht besser: auf dieses Geheimnis hin, so, daß es verborgen schon in ihr waltet. ‚Alles' ist nach Kol 1,16f. ‚in', ‚durch' und ‚zu Christus hin' geschaffen und hat ‚in ihm Bestand'. Freilich müssen wir zum Verständnis dieser Aussage uns erst über das Verhältnis von Christus und Kirche etwas klarer werden. Aber daß die Kirche für Paulus nicht nur die Schöpfung voraussetzt, sondern umgekehrt auch und zuerst die Schöpfung die Kirche als ihre, der Schöpfung, göttliche Intention, das muß man festhalten."[10]

---

10 H. *Schlier*, Ekklesiologie des Neuen Testaments, in: *J. Feiner [u.a.]* (Hgg.), Mysterium Salutis 4/1, Einsiedeln 1972, 101–221, hier: 163f.

Die Einsichten, die Schlier hier im Blick auf Gottes ewigen Ratschluss, seine Schöpfung auf das Geheimnis der Kirche auszurichten, entfaltet hat, finden sich in weitgehend gleicher Weise in mehreren anderen von ihm verfassten Texten. Drei dieser Texte sind besonders wichtig. Der erste wurde 1949 veröffentlicht und trägt den Titel „Die Kirche nach dem Brief an die Epheser"[11]. Ein zweiter geht auf das Jahr 1955 zurück – „Die Kirche als Geheimnis Christi nach dem Epheserbrief"[12]. Im Jahr 1962 folgte die Veröffentlichung eines Vortrags mit dem Titel „Wesen und Erbauung der Kirche nach dem Apostel Paulus"[13].
Der Hymnus, mit dem der Epheserbrief beginnt, und der Vers 9 im 3. Kapitel desselben Briefes, enthalten die Aussagen, die Schlier zu den Einsichten über das, was am Anfang war, geführt haben. Im Zentrum dieser Texte steht die Erinnerung an das „Geheimnis" des gnädigen Ursprungswillens Gottes. Paulus weiß sich als gesandt, dieses Geheimnis zu verkünden. Woran ist im Sinn des Epheserbriefes zu denken, wenn es um Gottes Geheimnis geht? Es war von Ewigkeit her in Gott verborgen. Aber nun ist es in der Menschwerdung Jesu Christi und im Ereignis seines Kreuzessterbens „für uns" und in seiner Auferweckung inmitten der Schöpfung zur Erscheinung gekommen. Und zu diesem Geheimnis gehörte wesentlich, dass es sich in den Leib Christi, der die Kirche ist, hinein entfaltete. Dies ereignete sich durch das Wirken des Geistes Gottes in der Verkündigung des Evangeliums, in der Spendung und dem Empfang der Taufe und in der Feier des Herrenmahles. Gottes Geist bediente sich dabei der Menschen, die mit den apostolischen Ämtern betraut worden waren. So ist es für das Geheimnis, das am Anfang in Gott verborgen war, kennzeichnend, dass es sich in der Geschichte enthüllte – in Jesus Christus und seiner Kirche.
Heinrich Schlier hat die innere Zusammengehörigkeit des Kreuzesleibes Jesu Christi und des „mystischen" Leibes der Kirche immer wieder dargestellt, so auch in seinem Vortrag „Wesen und Erbauung der Kirche nach dem Apostel Paulus", in dem man lesen kann:

---

11 Wiederabgedruckt in: *H. Schlier, Das Ende der Zeit. Exegetische Aufsätze und Vorträge III*, Freiburg i. Br. 1971, 159–186.
12 Ebenfalls wiederabgedruckt in: Ebd. 299–307.
13 In: HumC Nr. 12 (1962) 11–21 (= Werkblatt des Collegium Marianum Neuss).

„Ist so [...] der Leib Jesu Christi am Kreuz – und zwar der konkrete Leib Christi Jesu, ‚der da von vier Nägeln eingeschlossen ist', wie Paul Claudel sagt – das Geheimnis Gottes, auf das hin seine Schöpfung geschaffen ist und das seine Vorsehung schon im Auge hatte, ist so Jesus Christus in seinem Leib, in dem wir alle als ‚ein neuer Mensch' und ‚Gott versöhnt durch das Kreuz' (Eph 2,15f.), von neuem offen sind für das Leben, das Geheimnis Gottes, wie kann dieses dann auch der ‚Leib Christi', die Kirche, sein? Wie kann überhaupt der Leib Christi am Kreuz, den Gott von den Toten erweckte, der Leib Christi im Sinn der Kirche werden? Denn die Rede des Apostels von der Kirche als dem Leib Christi ist ja nicht eine bild- oder gleichnishafte. Zwischen dem Leib Christi am Kreuz, der das neue Fundament unseres Lebens geworden ist, und dem Leib Christi, der Kirche, sieht der Apostel eine reale Beziehung, ja – in einem gewissen Sinne – eine freilich zu differenzierende Selbigkeit. Doch in welchem Sinn? In dem Sinn, können wir mit dem Apostel Paulus antworten, daß die alle Welt meinende, alle Welt sühnende, alle Welt tragende, aller Welt das Leben wieder eröffnende Wesenheit des Leibes Christi am Kreuz aufgebaut und ausgebaut wird zur Heilsdimension der Kirche. Das geschieht aber durch den Heiligen Geist, der der Geist Gottes und Jesu Christi ist. Er erschließt und vergegenwärtigt die mit dem Leib Christi am Kreuz Ereignis gewordene Wirklichkeit. Durch ihn wird das Geheimnis des Kreuzesleibes Christi in dem Geheimnis des, wie wir gewohnt sind zu sagen: ‚mystischen' Leibes Christi zugängig."[14]

Gottes erster Gedanke zielte auf seine Schöpfung, der er selbst nahe sein und bleiben wollte bis an die Grenzen von allem – im Tod und in der Weckung neuen, österlichen Lebens. Diese ewige Intention kam geschichtlich zum Tragen im Leben, Sterben und im Auferstehen Jesu Christi. Indem sich dieser Weg und dieses Werk zum Wohl der Menschen ereigneten, öffneten sich durch das Wirken des Geistes Gottes eine neue Lebenszeit und ein neuer Lebensraum für die Menschen: die Kirche. Menschen, die sich ihr anvertrauen und anschließen, werden ihre Glieder durch die Taufe und vollziehen miteinander ihre Zugehörigkeit zu ihr in der Feier des Herrenmahles. Die Kirche weist ihr Gegründet-Sein im Weg und Werk Jesu Christi und ihr bleibendes Ver-

---

14 Ebd. 14.

wiesen-Sein auf ihn als ihren Herrn in ihrer sichtbaren Gestalt aus – sie ist durch ihre bischöfliche Verfasstheit bestimmt. Die Glieder der Kirche vollziehen ihr neues Sein, wo immer und wie immer sie leben, auf neuen Wegen – im Glauben, im Hoffen, im Lieben. Die Kirche, wie wir sie in ihrer Geschichte und gegenwärtig wahrnehmen, weist viele Grenzen auf. Dies ist nicht anders zu erwarten, weil sie ihren Weg in der irdischen Welt geht. Zugleich ist ihr, wie gezeigt werden sollte, eine einmalige, freilich nur mit den Augen des Glaubens wahrnehmbare Berufung und Bedeutung eigen: Sie ist in Gottes ursprünglichem Plan das Woraufhin und Worumwillen des Werks seiner Schöpfung. Auf sie zielte Gottes „erster Gedanke". Heinrich Schlier hat es – zusammenfassend – so dargestellt:

„Das Geheimnis der Kirche reicht zurück bis in das Geheimnis des ewigen Heilswillens Gottes. Die Kirche auf Erden ist die Erfüllung und Erinnerung seiner ewigen Weisheit. Ihr Geheimnis spricht auch schon in der Schöpfung mit. Deshalb kommt in ihr, der Kirche, auch die Schöpfung wieder ans Licht, die auf sie und ihr Geheimnis angelegt ist. Nachdem die Menschen sich ihrer Geschöpflichkeit und der in ihr waltenden Weisheit versagt haben, hat Gott sein Geheimnis an den Tag gebracht in dem törichten und seligen Geheimnis des gekreuzigten und von den Toten erweckten Jesus Christus. In ihm ist das Geheimnis des Heilswillens Gottes endgültig zustande gekommen. Aus ihm aber ersteht die Kirche. Sie hat dieses Geheimnis nicht nur in ihrer Mitte und gibt es nicht nur weiter. Sie selbst erwächst in der Kraft des Heiligen Geistes aus ihm und bezeugt es schon mit ihrem Dasein. Sie ist es in der Vorläufigkeit der Welt ihrem Wesen nach. Sie ist in der Kraft des erschließenden Heiligen Geistes die sichtbare Auswirkung und Ausgestaltung des Geheimnisses Gottes auf Erden, das in Jesus Christus endgültig erschienen ist."[15]

---

15 *Schlier*, Ekklesiologie des Neuen Testaments, 166.

Zusammenfassung

Gottes erster Gedanke meint das Woraufhin und Worumwillen seiner Urentscheidung, sich eine Schöpfung gegenüberzustellen, die schließlich im Menschen zu sich selbst kam und zu ihrem Schöpfer in Beziehung treten konnte, nachdem sich Gott selbst, ihr Schöpfer, ihr in Wort und Werk zugewandt hatte und immerzu zuwendet. Dieses Kommunizieren hatte seine Mitte und sein Ziel in der Gestalt und in der Geschichte Jesu Christi, die sich im Geheimnis der Kirche, des Leibes Christi, enthüllen und entfalten sollte. Die Kirche aber ist konkret die Gemeinschaft der Menschen, die in den Leib Christi aufgenommen sind und in seinem Bereich ihr Leben teilen und gestalten. Die Kirche, die Gottes Volk aus Juden und Heiden, der Leib Christi und der Tempel des Heiligen Geistes ist, geht ihren Weg durch die Zeiten und Räume. Sie ist ungezählten Menschen, die ihr durch den Glauben und aufgrund ihres Getauft-Seins zugehören, geistige und geistliche Heimat. In ihr hat unsere Welt, die Gottes Schöpfung ist, ihre wahre, wenngleich sehr unauffällige, übersehbare, aber den Augen des Glaubens doch erschlossene Sinnmitte. In ihr hat die Welt nach Gottes ewigem Ratschluss, der sich in der Geschichte erfüllt, einen Sinn, den sie sich nicht selbst erdenken und erwirken konnte, der ihr gleichwohl zutiefst innewohnt, weil er ihr durch den eingestiftet ist, der sie aus dem Nichts ins Sein gerufen hat. Er wurzelt in Gottes, des Schöpfers, „erstem Gedanken". Wo immer christliches Leben gelebt wird, ereignet es sich, dass das verborgene Geheimnis der Schöpfung und ihrer Ausrichtung auf Jesus Christus und die Kirche hervortritt und erfahrbar wird. Und wenn Christen zur Feier der Eucharistie zusammenkommen, öffnen sie sich für das in Wort und Sakrament vergegenwärtigte und gefeierte Geheimnis. Sie bestätigen und vertiefen ihre Verortung in ihm, nachdem sie sich ihm schon überlassen haben im Bekenntnis des Glaubens und im Empfang der Taufe.

Kapitel 4
Das „bleibend Denkwürdige" –
Zum Dogmenverständnis
Erik Petersons und Heinrich Schliers

„**D**ogmengeschichte" – dieser Begriff hat eine dreifache Bedeutung: 1., die Vor-, Verlaufs- und Nachgeschichte einer dogmatischen Entscheidung, die in der Kirche getroffen wird; 2., die Geschichte, die ein Dogma durch die Zeiten hin durchläuft (das Verständnis von ihm wandelt sich; es wird in neuen dogmatischen Entscheidungen vertieft, ergänzt, weiterentfaltet); 3., das je aktuelle Unternehmen einer Erforschung der unter 1. und 2. genannten Sachverhalte. Solches Forschen hat es in den letzten Jahrzehnten auf breiter Ebene gegeben. Uber der Faszination, die der sich dabei immer wieder einstellende Erkenntniszuwachs hervorrief, haben die Theologen dem Eigensinn dessen, was „Dogma" heißt, weniger Beachtung geschenkt. Andererseits bezeichnet der Begriff „Dogmengeschichte" (in all seinen möglichen Bedeutungen) nur dann sinnvolle Sachverhalte, wenn es „das Dogma" als eine Größe sui generis tatsächlich gibt. Doch welcher Art ist sie?
Wir gehen dieser Frage nach, indem wir uns mit den diesbezüglichen Gedanken zweier Theologen befassen, die sich in unserem Jahrhundert dieses Themas besonders angenommen haben: Erik Peterson und Heinrich Schlier. Es legt sich nahe, an beide gemeinsam zu erinnern. Die Gesprächszusammenhänge, in denen sie standen, die theologischen Überzeugungen, zu denen sie geführt wurden, die Lebensentscheidungen, die sie fällten, weisen eine bemerkenswerte Verwandtschaft auf. Peterson, 1890 geboren, ging voran, Schlier, 1900 geboren, folgte. Schlier führte differenziert das aus, was bei Peterson in kräftigen Strichen skizziert worden war.[1] Sowohl Peterson als auch Schlier gelangten zu ihren Ein-

---

1 Informationen zu Petersons Biographie und Bibliographie finden sich in: *A. Schindler* (Hg.), Monotheismus als politisches Problem?, Gütersloh 1978, 76–120.229–234.

sichten im Zusammenhang mit den Bemühungen, die es nach dem Ersten Weltkrieg im evangelischen Raum gab und die der Entfaltung einer Alternative zur liberalen Theologie galten. Diese Bemühungen lassen sich unter dem Begriff „Theologie des Wortes Gottes" zusammenfassen. Beide stießen von dieser Basis her ganz neu auf die Phänomene Kirche, Amt und Dogma, sahen diese in der römisch-katholischen Kirche entschiedener als in der evangelischen beachtet und festgehalten, und traten nach langem inneren Ringen in die römisch-katholische Kirche über – bezeichnenderweise in Rom: Peterson 1930, Schlier 1953. Dieser von beiden vollzogene Schritt beleuchtet scharf, dass die Frage, was ein Dogma sei, in den verschiedenen Kirchen und ihren Theologien nicht ganz gleich beantwortet wurde und vielleicht noch wird. Es ist nicht zu vermeiden und mag sogar letztlich einen ökumenisch positiven Sinn haben, dass in den folgenden Ausführungen die konfessionell geprägten Gesichtspunkte mit zur Sprache kommen.

Sowohl Peterson als auch Schlier haben auf den Feldern der historisch-kritischen Bibelexegese und der religions- und theologiegeschichtlichen Forschung gearbeitet und kannten von daher aus eigener Erfahrung die Methoden und Implikationen der historischen Forschung. Es darf als sicher angenommen werden, dass beide auch um die Methoden und die wesentlichen Erträge der dogmengeschichtlichen Forschung ihrer Zeit wussten. Die wenigen Äußerungen, die es aus ihrer Feder zum Thema „Dogmengeschichte" gibt,[2] lassen erkennen, dass sie diese wissenschaftliche Bemühung für sinnvoll gehalten haben. Für sie sich einzusetzen, hätte in den Kreisen, in denen sie sich bewegten, ein „Eulen-nach-Athen-Tragen" bedeutet. Hier war, wie sie auf je ihre Weise einzusehen lernten, etwas anderes wichtig: der Aufweis der Unentbehrlichkeit des Dogmas für die Theologie und der dogmatischen Theologie für die Kirche. Wir erinnern im Folgenden an die einschlägigen Texte zunächst Petersons und dann Schliers. Die wichtigsten Argumentationslinien werden nachgezeichnet. Außerdem wird der Zusammenhang des Gesprächs, an dem

---

2 Vgl. z. B. *E. Peterson*, Über die Forderung einer Theologie des Glaubens, in: ZZ 3 (1925) 281–302, hier: 298, Anm.; und 300, Anm.; vgl. auch *H. Schlier*, Über Sinn und Aufgabe einer Theologie des Neuen Testaments, in: *Ders.*, Besinnung auf das Neue Testament, Freiburg i. Br. 1964, 7–24, hier: 22.

bedeutende evangelische Theologen sich beteiligten und zu dem Petersons und Schliers Texte gehören, zur Sprache gebracht.

1. Das Konzept Erik Petersons

Petersons Äußerungen zum Thema Theologie und Dogma datieren aus den zwanziger Jahren. Damals stand Peterson mit Persönlichkeiten wie Karl Barth und Rudolf Bultmann in Verbindung.[3] Sie waren die Häupter einer Bewegung, die darauf aus war, die christliche Theologie auf eine neue Grundlage zu stellen. Diese Basis sollte keine andere als Gottes Selbstoffenbarung in seinem Worte sein. Peterson, der an dieser Bemühung teilnahm, gelangte zu der Erkenntnis: Wird die Theologie des Wortes Gottes sachgerecht und folgerichtig durchgeführt, so stößt sie unausweichlich auf die Größe „Dogma". Wann sich ihm diese Erkenntnis aufgedrängt hat, lässt sich nicht genau ausmachen. Erstmals greifbar ist sie in einer Bemerkung am Ende der Studie „Das Problem der Bibelauslegung im Pietismus des 18. Jahrhunderts"[4], wo Peterson angesichts der pietistischen Missverständnisse des Wortes Gottes an die tragfähigeren Auffassungen der altprotestantischen Orthodoxie erinnert, die um die Bedeutung der Kirche und des Dogmas für die Vermittlung des Wortes Gottes noch wusste. Dort heißt es:

„Wenn die Orthodoxie das Bibelwort als Lehre, Zeugnis, Urkunde, Gnadenmittel usw. gefasst hatte, so entsprang eine solche Auffassung nicht einfach einem intellektualistischen Missverständnis des christlichen Glaubens, sondern ist vielmehr in dem Sachverhalt gegründet, daß Christus als das Wort Gottes von der Bibel als dem Worte Gottes zu unterscheiden ist. Das Verständnis für das Dogma und die autoritative Geltung der Kirche wirkten beide in der Richtung, daß dieser Unterschied gewahrt blieb."[5]

---

3 Vgl. dazu *B. Jaspert* (Hg.), Karl Barth – Rudolf Bultmann. Briefwechsel 1922–1966, Zürich 1971 (s. Register); *W. Trillhaas*, Perspektiven und Gestalten des neuzeitlichen Christentums, Göttingen 1975, 172; *ders.*, Aufgehobene Vergangenheit – aus meinem Leben, Göttingen 1976, 98.
4 In: ZSTh 1 (1923) 468–481.
5 Ebd. 481.

Peterson hat diesen Aufsatz mit einem Zitat aus einer Schrift des Thomas von Aquin abgeschlossen. Damit hat er schon damals angedeutet, dass er nicht nur von der Beachtung der altprotestantischen Orthodoxie, sondern auch von der Hinwendung zur römisch-katholischen Theologie Hilfen für die Lösung seiner Fragen erwartete.

Ausführlicher hat Peterson sich mit der Rolle des Dogmas im Kontext seiner Auseinandersetzung mit der Studie von Paul Althaus „Theologie des Glaubens"[6] befasst. Sie ist in seinem Aufsatz „Über die Forderung einer Theologie des Glaubens"[7] enthalten. Althaus hatte das reformatorische sola fide als „kritisches Prinzip" bezeichnet, das es erlaube, erstens die Eigenart des biblisch-reformatorischen Christentums zu erfassen, und zweitens die Eigenständigkeit des theologischen Erkennens gegenüber einem System metaphysischer Wahrheiten auszudrücken. Den zweiten Gedanken ausführend, hatte Althaus geschrieben, der Glaube, verstanden als je neuer Glaubensakt, sei innerhalb der Dogmatik als „Prinzip der Erkenntnis und der Darstellungsmethode" zur Geltung zu bringen. Diese Auffassung weist Peterson mit Entschiedenheit zurück. Er hält Althaus vor, dieser verwechsle den Dogmatiker mit dem Prediger. Dieser bezeuge seinen Glauben, jener lege die Lehre der Kirche dar. Das Dogma sei nicht *Ausdruck*, sondern *Gegenstand* des Glaubens, vorgelegt durch die Kirche. „Der Dogmatiker kann nur das Dogma voraussetzen, aber er kann es nicht erzeugen."[8] Was der Einzelne im Vollzug seines Glaubensaktes realisiere, könne in eine „theologische Formulierung" eingehen, die ihrerseits nicht mit dem Dogma verwechselt werden dürfe.

> „Das Dogma fällt [...] seinem Wesen nach ‚von oben' in die Kirche hinein. Die theologische Formulierung geht dagegen im Horizontalen vor sich, da, wo es auch die Intentionalität des Erkenntnisaktes gibt. Man kann selbstverständlich als Historiker eine Menge Vorstadien eines Dogmas konstatieren, man kann auch auf die Mannigfaltigkeit theologischer Formulierungen hinweisen, die das Dogma voraussetzt, trotzdem bleibt es wahr, daß in dem Augenblick, wo ein

---

6 In: ZSTh 2 (1924) 281–322.
7 In: ZZ 3 (1925) 281–302.
8 Ebd. 297.

Dogma kreiert wird, das Dogma keine theologische Formulierung mehr ist, die erkannt werden soll, sondern – und damit ist der stärkste Gegensatz zum Ausdruck gebracht, – etwas ist, was geglaubt werden muß. Die theologische Formulierung bleibt daher auch immer in der erkenntnismäßigen Sphäre, das Dogma liegt dagegen in der religiösen Sphäre, da, wo es sowohl Wort und Sakrament wie auch Glauben gibt."[9]

Während die theologische Formulierung in der Erkenntnis des aktuell Glaubenden gründet, wurzelt das Dogma im Erkennen der Kirche, wie es sich in der Vielfalt ihrer Vollzüge darstellt.

„Darin unterscheidet sich [...] das Dogma von der theologischen Formulierung, daß, während die theologische Formulierung ausgebreitet in der Zeit vor sich geht, das Dogma nur in einem bestimmten Augenblick, da, wo die Zeit zusammengerafft erscheint, kreiert werden kann. Daraus ergibt sich aber, daß, während es für die theologische Formulierung wesentlich ist, daß sie unabgeschlossen und unfertig ist, für das Dogma gerade wesentlich ist, daß es abgeschlossen und vollendet ist."[10]

Das so verstandene Dogma hat nach Peterson das Formprinzip der Dogmatik zu sein, nicht aber der Glaube des Theologen. Dogmatisch ist die der Lehre der Kirche zugeordnete Wissenschaft. Peterson greift, um sie näher zu charakterisieren, auf den Begriff „Scholastik" zurück und fügt hinzu „[...] das Wort Scholastik in dem Sinne verwendet, daß die Dogmatik eine Wissenschaft ist, die im Dogma und nicht im einzelnen Theologen gründet"[11]. Schließlich bringt Peterson die so verstandene Dogmatik auch noch mit der antiken θεωρία in Verbindung, die auf die Wesenheiten der geistigen Welt bezogen ist. Dieser Aufsatz Petersons ist eine Auseinandersetzung mit der Konzeption einer Glaubenstheologie, wie sie der lutherische Theologe Paul Althaus vorgelegt hatte. Peterson argumentiert von den Erfahrungen her, die er als (noch) evangelischer Theologe mit der Theologie der altprotestantischen Orthodoxie und der (katholischen) Scholastik gemacht hat. Eine Rückführung des Dogmas

---

9 Ebd. 298.
10 Ebd. 299f.
11 Ebd. 300.

und der durch das Dogma bestimmten Theologie auf das geoffenbarte Wort Gottes geschah ausdrücklich erst später – in der Auseinandersetzung mit den schon genannten Theologen Barth und Bultmann, und zwar in der Schrift „Was ist Theologie?", die 1925 veröffentlicht wurde.[12] Peterson geht in dieser Schrift auf zwei programmatische Aufsätze ein, in denen der Neuansatz der Theologie des Wortes Gottes erörtert wird. Der eine stammt von Karl Barth und trägt den Titel „Das Wort Gottes als Aufgabe der Theologie"[13]. Der andere ist von Bultmann: „Welchen Sinn hat es, von Gott zu reden?"[14]. Beide Aufsätze sind Programmtexte der „dialektischen Theologie".

Sowohl Barth als auch Bultmann gehen davon aus, dass Gottes Wort nur von Gott gesagt werden kann. Aber wie kann es dann Theologie als das Sagen des Wortes Gottes durch Menschen geben? Das ist nur möglich, wenn und weil Gottes Wort als Antwort auf die Frage, die der Mensch ist, selbst die Frage geworden ist. Das ist nach K. Barth in der Menschwerdung des Wortes Gottes in Jesus Christus und nach R. Bultmann in der Rechtfertigung des Sünders durch Gottes Wort geschehen. Dieser Sachverhalt, dass die Antwort die Frage geworden ist, kann vom Menschen bezeugt werden, freilich nur in einer dialektischen Weise, das heißt so, dass jedem Ja ein Nein beigeordnet ist. Weder Barth noch Bultmann halten es für angemessen, es bei dem Ja ohne ein Nein zu belassen; das heißt, die dialektische Theologie kann durch eine dogmatische Theologie nicht ersetzt oder überboten werden. Der entscheidende Grund dafür liegt in der Nicht-Objektivierbarkeit Gottes und seines Wortes. Dogmatisches Reden über Gott würde indes seine Vergegenständlichung implizieren. Barth bejaht den „sogenannt supranaturalistischen Inhalt" der Bibel und des Dogmas, hält es jedoch zugleich für eine „Schwäche",

---

12 Bonn 1925; wiederabgedruckt in: *E. Peterson*, Theologische Traktate, München 1951, 9–43 (nach diesem Text wird im Folgenden zitiert).
13 In: Christliche Wissenschaft 36 (1922) 858–873; wiederabgedruckt in: *J. Moltmann* (Hg.), Anfänge der dialektischen Theologie, Bd. 1, München, 2. Aufl. 1966, 197–218 (nach diesem Text wird im Folgenden zitiert).
14 ThBl 4 (1925) 129–135 (nach diesem Text wird im Folgenden zitiert); wiederabgedruckt. In: *R. Bultmann*, Glauben und Verstehen I, Tübingen 1933, 26–37.

„daß wir, sofern wir alle ein wenig Dogmatiker sind, nicht darüber hinauskommen, diesen Inhalt, und wäre es auch nur das Wort ‚Gott', dinglich, gegenständlich, mythologisch-pragmatisch uns selbst und den Menschen gegenüberstellen: da, das glaube nun!"[15]

Schließlich fährt Barth fort:

„Bloß Gott ist nicht Gott. Er könnte auch etwas Anderes sein. Der Gott, der sich offenbart, ist Gott. Der Gott, der Mensch wird, ist Gott. Und der Dogmatiker redet nicht von diesem Gott."[16]

Bultmann legt dar, dass der Gottesgedanke zweierlei besage: einmal, dass Gott die „alles bestimmende Wirklichkeit" sei, zum anderen, dass Gott der „ganz Andere" sei. Die erste Bestimmung habe zur Folge, dass man von Gott nicht rede, wenn man „über" ihn rede; denn dann sehe man von der eigenen Situation ab und verdingliche Gott. Genau dies sei die Sünde. Wolle man von Gott reden, so müsse man von sich selbst reden. Dass Gott der „ganz Andere" sei: Die zweite Bestimmung gelte im Blick auf den Menschen, der Sünder ist. Wie lassen sich beide Bestimmungen zusammen denken? Offenbar – so Bultmann – nur so, dass Gott als der ausgesagt werde, der sich angesichts der Sünde des Menschen als der allmächtige erweise, das heißt als der, der dem Menschen die Sünde vergebe, ihn rechtfertige. Dies geschehe dadurch, dass Gott dem Menschen die Freiheit gibt, von seinem an den Menschen gerichteten Wort, „aus Gott" zu reden. Dieses Wort könne nur im Glauben ergriffen werden, und außerhalb dieses Ereignisses habe es keinen Sinn, von Gott zu reden. Wer Gott als ein Objekt des Denkens ansehe und meine, über ihn in allgemeinen Sätzen, allgemeinen Wahrheiten reden zu können, der rede über ein Phantom. Das Dogma als allgemeiner Satz, der wahr ist ohne Beziehung auf die konkrete Situation des Redenden, ist darum keine legitime Weise des Redens von Gott. Peterson war sich mit Barth und Bultmann darin einig, dass die liberale Theologie des 19. und des beginnenden 20. Jahrhunderts an ihr Ende gelangt und durch eine Theologie des Wortes Gottes abzulösen war. Gleichzeitig setzte er

---
15 Barth, Das Wort Gottes als Aufgabe der Theologie, 209.
16 Ebd.

sich jedoch von beiden insofern ab, als er die Auffassung vertrat, die Theologie des Wortes Gottes müsse sich konkret in einer dogmatischen Theologie darstellen und dürfe nicht – als „dialektische Theologie" – vor den Konsequenzen des richtig gewählten Ansatzes zurückscheuen. Barth treibe in Wahrheit nicht Theologie, sondern Mythologie, bei der letztlich alles offen bleibe; Bultmann jedoch verwechsle den glaubenden Menschen mit Christus, für den allein zutreffe, dass „von Gott reden" heißt, „von uns reden".

Doch welches Verständnis von Theologie hält Peterson den Vertretern der dialektischen Theologie entgegen? Definitionsartig formuliert er: „Die Theologie ist die in Formen konkreter Argumentation sich vollziehende Fortsetzung dessen, dass sich die Logos-Offenbarung ins Dogma hinein ausgeprägt hat."[17] Theologie gibt es nur, wenn zwei Komplexe von Voraussetzungen erfüllt sind. Der erste Komplex umfasst die drei Elemente Offenbarung, Glaube, Gehorsam. Der zweite Komplex betrifft die der Kirche von Christus übergebene Lehrautorität, kraft derer sie die Logos-Offenbarung im Dogma konkret darbietet.

Theologie ist erst daraufhin möglich, dass Gott sein Wort vernehmbar gesprochen hat und damit das menschliche Suchen und Fragen nicht durch ein „Ja und Nein", sondern durch ein „Ja" beantwortet hat. Auf diese Weise gewährt er eine wirkliche Teilhabe an der Scientia Divina. Das Wort Gottes wurde gesprochen in der Menschwerdung Gottes in Jesus Christus. Dem so ergangenen Worte Gottes entspricht der Mensch durch den Glauben, zu dem wesentlich der Gehorsam gehört.

> „Es gibt Theologie nur dann, wenn Offenbarung auch eine relative Erkennbarkeit in sich birgt. Wenn die Offenbarung dagegen paradox ist, dann gibt es auch keine Theologie. Wobei dann auf der anderen Seite zu beachten ist, daß, wenn die Offenbarung paradox ist, es auch keine Offenbarung gibt. Denn eine Offenbarung, die nicht in einem gewissen Umfange erkannt werden kann, ist eben keine Offenbarung. Aber auch der Glaube, wenn er nur ein blindes Fühlen, ein vages Vertrauen oder ein dunkles Erleben wäre, kann niemals eine wirksame Voraussetzung für Theologie sein. Der Glaube kann gar nicht anders als

---

17 *Peterson*, Was ist Theologie?, 27.

in einem relativen Umfange Erkennen sein [...] Aber auch Gehorsam ist in der Theologie nur *so* wirksam vorausgesetzt, daß er im Bereich des göttlichen Logos bleibt, daß konkrete Autorität dabei vorausgesetzt ist."[18]

Das Motiv „konkrete Autorität" leitet zur Betrachtung des schon erwähnten zweiten Voraussetzungskomplexes über. Wo, nach Peterson, begegnet die „konkrete Autorität"? Seine Antwort lautet: im Dogma. Andernorts begegnet diese konkrete Autorität nicht. Sie begegnet nicht in der Exegese und nicht in der Predigt, die Formen der prophetischen Schriftauslegung sind. Sie gehören in den Bereich der Vorbereitung der Theologie.

„Warum hat der Biblizismus nicht recht, wenn er die Bibel zur einzigen Grundlage und Norm der Theologie machen will? Warum gibt es neben der Autorität der Bibel noch die Autorität der Dogmen, neben der Exegese noch die Dogmatik? Weil Exegese und weil Predigt nur die gradlinige Fortsetzung alttestamentlichen Prophetentums sind, aber nicht die Fortsetzung dessen, daß der fleischgewordene Logos von Gott geredet hat."[19]

Das Dogma liegt in der Elongatur der Logos-Offenbarung. Auch für das Sakrament gilt das. Im Sakrament prägt sich aus, dass der Logos Gottes Fleisch geworden ist, während sich im Dogma ausprägt, dass der fleischgewordene Logos gesprochen hat.

„Dogma und Sakrament sind ebenso Fortsetzung der Inkarnation und des Redens des Logos von Gott, wie Exegese und Predigt Fortsetzung der Prophetie sind. Und zwar stehen nun an *der* Stelle, wo sich die prophetische Rede in der Exegese fortgesetzt hat, bei der Rede des fleischgewordenen Logos das Dogma und das Sakrament, während dann andererseits der Fortsetzung der Exegese in die Predigt hinein die Fortsetzung von Dogma und Sakrament in die Theologie hinein entspricht."[20]

Weil das Dogma in der Verlängerung des Redens Christi – des fleischgewordenen Wortes Gottes – von Gott liegt, darum kann es nicht als

---

18 Ebd. 18f.
19 Ebd. 26.
20 Ebd. 29.

Verlängerung und Verdichtung des menschlichen Glaubensaktes und -bekenntnisses verstanden werden. Die Autorität, die im Dogma konkret begegnet, ist von daher nicht die Autorität irgendeines Menschen. Sie ist aber auch nicht unmittelbar die Autorität Christi, sondern es ist die der Kirche übertragene, von Christus abgeleitete Autorität. So, wie das Sakrament nur als eingesetztes die Fleischwerdung des Logos fortsetzt, so setzt das Dogma das Reden Christi von Gott nur als von der Kirche zu glauben Vorgelegtes fort. Die Übertragung der Lehrvollmacht an die Kirche ist nach Peterson in der Himmelfahrt Christi geschehen.

„Als Christus auf Erden wandelte und predigte, da hatte er Autorität in der Weise, daß die Leute von ihm sagten, er rede wie einer, der Autorität habe. Als der Auferstandene zu seinen Jüngern sprach, da sagte er von sich: Mir ist gegeben alle Gewalt im Himmel und auf Erden. Als er aber zum Himmel aufgefahren war, da sprachen weder die anderen noch er selber von seiner Autorität, da hat er seine Gewalt der Kirche verliehen, die ihn seit seiner Himmelfahrt zu repräsentieren hat."[21]

Die Kirche, die bevollmächtigt und beauftragt ist, das Reden Christi von Gott zu vergegenwärtigen, legt das Dogma als ihre verbindliche Lehre vor.[22] Die konkrete Autorität, welcher der Gottes Wort im Glauben annehmende Mensch konkreten Gehorsam zu leisten hat, ist das Dogma, in dem Gottes Offenbarung dem Menschen „auf den Leib gerückt ist", so dass er sich ihm nicht mehr entziehen kann. Entweder geht er im glaubenden Gehorsam auf es ein und wird so „vom Gesetz menschlicher Lehrmeinungen und Schulüberzeugungen"[23] befreit, oder er lehnt sich als Ketzer gegen es auf und bekommt dafür die Strafe an seinem Leibe zu spüren. Die Ausgangsfrage, der Petersons Überlegungen galten, lautete: Was ist Theologie? Die Antwort: Sie ist in Wahrheit Theologie nur als dogmatische Theologie. „Eine Theologie, die nicht *wesentlich* vom

---

21 Ebd. 31.
22 E. Peterson hat den Gedanken der Vollmachtsübertragung an die Kirche, die in der Himmelfahrt Christi geschehen ist, noch einmal aufgegriffen und begründet in seiner Schrift: *Ders.*, Die Kirche, München 1929; wiederveröffentlicht in: *Ders.*, Theologische Traktate, 409–429.
23 Ebd. 33.

Dogma bestimmt ist, ist [...] Phantasterei, weil in ihr die Offenbarung in Christus nicht konkret zum Ausdruck kommt."[24]

Petersons Schrift „Was ist Theologie?" rief die lebhaftesten und unterschiedlichsten Stellungnahmen hervor. Einige katholische Rezensenten begrüßten die Schrift – so August Deneffe[25], Hugo Lang[26], Thaddäus Soiron[27], Karl Eschweiler[28], Fernand de Lanversin[29] –, einige evangelische Rezensenten lehnten sie strikt ab, – so Paul Althaus[30], Friedrich Gogarten[31]. In differenzierter und höchst beachtenswerter Weise reagierten die beiden von Peterson attackierten Theologen Bultmann und Barth. Bevor beide in ausführlichen Stellungnahmen auf Petersons Schrift eingingen, veröffentlichte Bultmann[32] eine erste, kurze Reaktion, in der es unter anderem hieß:

> „Ich bin der Meinung, daß sich hier zum ersten Male für uns, die wir uns zum Kreise Barth/Gogarten rechnen, eine Diskussion eröffnet, die weiß, worum es geht, und die um so fruchtbarer sein kann, je mehr bei einem Gegensatz, der bis ins Leben geht, eine gemeinsame Basis zur Aussprache vorhanden ist. Und dies nicht nur deshalb, weil unser Gegensatz gegen Rationalismus, Historismus und Psychologismus der gleiche ist, sondern vor allem deshalb, weil hier das positive Interesse das gleiche ist, nämlich eben die Frage nach echter theologischer Begriffsbildung. *So* ist uns bisher noch keiner auf den Leib gerückt, und deshalb muss in dieser Diskussion zur Klarheit kommen, was auf dem Spiele steht."[33]

1926 veröffentlichten Barth und Bultmann in „Zwischen den Zeiten" ihre Auseinandersetzungen mit Peterson, der erstgenannte Autor unter

---

24 *Peterson*, Was ist Theologie?, 32.
25 In: Schol. 1 (1926) 446.
26 In: Hochl. 23 (1926) 725.
27 In: ThRv 25 (1926) 61.
28 *K. Eschweiler*, Die zwei Wege der Theologie, Augsburg 1926, 325.
29 In: Viel 2 (1929) 219–226.
30 In: TLB 48 (1925) 174f.
31 In: ThBl 5 (1926) 81–84.
32 In: ChW 39 (1925) 1061f.
33 In: Ebd. 1062.

dem Titel „Kirche und Theologie"[34], der zweite unter dem Titel „Die Frage der dialektischem Theologie"[35]. Barth hat sich, wie seine Replik zeigt, auf Peterson und sein Konzept von Kirche, Theologie und Dogma zubewegt, ohne freilich in entscheidenden Punkten die Distanz zu ihm aufzugeben. Er stimmt Peterson darin zu, dass sich Theologie in konkretem Gehorsam gegenüber konkreter Autorität zu vollziehen habe. Freilich sei damit nur die Hälfte gesagt. Weil Gottes Wort ihr nicht nur mittelbar – in der Gestalt der konkreten Autorität – begegne, sondern immer auch unmittelbar durch Gottes ewiges allgegenwärtiges Wort und durch Gottes Geist, darum sei sie immer auch frei und gehe also nicht in ihrer Bindung an die konkrete Autorität auf. Barth stimmt Peterson insofern zu, dass die konkrete Autorität, der die Theologie zu entsprechen hat, im von der Kirche gesetzten Dogma begegnet. Aber das Dogma sei nicht die einzige Form, wie Gottes Wort gegenwärtig vermittelt werde. Daneben gebe es die Festlegungen der Kirche über den Text und den Kanon der Bibel, die kirchlichen Bekenntnisse, die Stimme der in der Kirche anerkannten Lehrer und die je aktuelle Situation, die fordernd und bestimmend in die theologische Arbeit eingehe. Barth sagt mit Peterson, dass im Dogma die Autorität der Kirche zum Tragen komme; freilich müsse diese richtig bestimmt werden. Auf jeden Fall handelt es sich nach Barth um von Christus verliehene Autorität. Aber indem Christus die Autorität verleiht, dankt er nicht als Haupt und Herr der Kirche ab. Darum bleibt die der Kirche von Christus verliehene Autorität grundsätzlich begrenzt durch Christi Wort und Geist, in denen er unmittelbar gegenwärtig bleibt. Die der Kirche anvertraute Autorität ist von daher nicht unfehlbar, ihre Entscheidungen sind nicht unveränderlich. Das Dogma, das von solcher verliehener und darum begrenzter Autorität gesetzt wird,

> „ist nicht von der Art, daß die Kirche es etwa unterlassen könnte, *vor und nach* ihren Entscheidungen nach dem Wort zu forschen und um den Heiligen Geist zu bitten, der sie *allein* in alle Wahrheit leitet"[36].

---

34 In: ZZ 4 (1926) 18–40.
35 In: Ebd. 40–59.
36 In: ZZ 4 (1926) 18–40, hier: 27.

Doch wie hat Christus die Autorität an die Kirche übertragen? Zum einen

„in Form der Einsetzung des singulären, unwiederholbaren und unüberbietbaren Amts des *Offenbarungszeugnisses*, nämlich in Form der Bestätigung des alttestamentlichen prophetischen und der Inkraftsetzung des neutestamentlichen apostolischen *Wortes*"[37],

zum anderen „durch die Gabe des Heiligen Geistes, durch den das alte Propheten- und das neue Apostelwort zum wirksamen Zeugnis Christi an die Völker und Generationen wird."[38] „*Wort* und *Geist* zusammen also [...] bilden den kritischen Punkt, wo die unmittelbare Autorität Christi der mittelbaren Autorität der Kirche begründend und begrenzend gegenüber tritt."[39] Eine Unterscheidung aufgreifend, die Peterson selbst getroffen hatte – in seiner Stellungnahme zu Althaus' „Über die Forderung einer Theologie des Glaubens"[40] –, betont Barth, dass das Dogma und die anderen Formen konkreter Autorität zwar nicht im Vollzug des Glaubens, wohl aber im Akt des Glaubens begründet seien. Der Glaubensakt sei das Werk des Heiligen Geistes in den Herzen der Sünder. Im Glaubensakt träfen „die Infallibilität des von Gott Gegebenen und die Fallibilität des von den Menschen Empfangenen"[41] aufeinander. Dort gründet auch das autoritative Sprechen der Kirche im Dogma, das von daher „in der Tat auch in der Verlängerung des menschlichen Glaubensaktes liegt, auch Glaubensbekenntnis ist"[42]. Barth räumt ein, dass sich das Reden, Schreiben, Verkündigen, Argumentieren der Theologen zwar nicht nur, aber doch auch auf das Dogma beziehen. Gottes Offenbarung ist nicht dialektisch, kein Paradox. Aber das Treiben der Theologie ist menschliches, ja sündiges Tun und darum dialektisch. Solche Theologie erhält ihren Ernst dadurch, dass sie sich als „Dienst am Wort" der kirchlichen Verkündigung versteht und vollzieht. Hin-

---

37 In: Ebd. 28.
38 In: Ebd.
39 In: Ebd. 29.
40 Vgl. Anm. 2 im aktuellen Kapitel 4.
41 In: ZZ 4 (1926) 30.
42 In: Ebd. 30.

ter Barths eindrucksvoller Replik auf Petersons Schrift stehen die Optionen reformierter Theologie, deren Impetus es ist, Gottes unverfügbare Souveränität zu bezeugen.

> „Ist es doch im Begriff der Offenbarung begründet, daß das souveräne Tun Gottes ganz allein es ist, was die Kirche inmitten der großen Zweideutigkeit der Religionsgeschichte und trotz ihrer eigenen Magdgestalt zur wahren Kirche und den Christen inmitten der massa perditionis, der auch er verfallen ist, zum Erwählten und Heiligen macht. Dieser Regel folgt auch die Theologie."[43]

Bultmann hat Petersons Schrift in seiner Stellungnahme „Die Frage der ‚dialektischen' Theologie"[44] – ähnlich wie Barth es getan hatte, – zum Teil bejaht und zum (größten) Teil abgelehnt. Sein Text umfasst zwei Teile. Im ersten Teil trifft er die Unterscheidung zwischen dialektischer Philosophie und dialektischer Theologie und nimmt für sein Konzept in Anspruch, es sei die Verwirklichung dialektischer Theologie, während Peterson gegen seine Intention in Wirklichkeit über eine dialektische Philosophie, wie sie grundsätzlich schon bei Sokrates vorlag, nicht hinauskomme. Peterson bleibe im Bereich der Philosophie, weil er nicht vom geoffenbarten Wort Gottes, sondern von der Teilhabe am Logos ausgehe. Diese Teilhabe aber stehe dem Menschen grundsätzlich offen. Der Logos sei nicht Gott, sondern die Voraussetzung, die der denkende Mensch im Vollzug seines Denkens setze. Demgegenüber entwirft Bultmann noch einmal den Grundgedanken der dialektischen Theologie. Sie setzt beim Geschehen des Wortes Gottes an. Es ist gegeben immer dann und nur dann, wenn das Wunder geschieht, dass der Sünder gerechtfertigt wird. Dieses Geschehen ist ein „ewiges",

> „das nicht als die ewige Bewegung des λόγος einsichtig wäre, sondern das nur wirklich ist, sofern es von Gott aus geschieht und in unserer Zeitlichkeit eben durch das Wunder des Heiligen Geistes Ereignis wird"[45].

---

43 In: Ebd. 34.
44 In: Ebd. 40–59.
45 In: Ebd. 43.

Dieses ewige Geschehen fordert den dialektischen Charakter der Theologie,

„[…] dieser Begriff des ewigen Geschehens läßt das dialektische Verfahren […] als die angemessene Redeweise der Theologie erscheinen. Denn indem ich von diesem ewigen Geschehen rede, als hielte es gleichsam auch nur einen Moment still für die Betrachtung und Fixierung in der Aussage, habe ich es schon verfälscht, und nur der beständige Vorbehalt, daß es *so* nicht gemeint sei, kann meinen Aussagen ihr Recht geben. Und dieser Vorbehalt wird praktisch, indem ich zum Satz den Gegensatz stelle."[46]

Als dialektisch ist die Theologie in ihrem Reden vom Reden Gottes unterschieden. Gerade als dialektische hat die Theologie den Ernst, der ihr zusteht, nicht aber den Ernst, der allein Gott zukommt. Bultmann lehnt Petersons Auffassung von der „einfachen und undialektischen Kontinuität der Offenbarungsgeschichte mit der Kirchengeschichte" ab.

Im zweiten Teil seiner Stellungnahme geht Bultmann auf einzelne Elemente der Petersonschen Gedankenführung ein. Wir beleuchten hier nur die Ausführungen, die sich auf den Sinn des Dogmas beziehen. Zunächst kritisiert Bultmann, dass Peterson immer nur von „dem Dogma" spreche, ohne doch zu sagen, in welcher bestimmten Gestalt es vorkomme. Bultmann kennt Dogmen, aber sieht in ihnen nicht mehr als „die jeweiligen Ergebnisse der theologischen Arbeit"[47]. „Die Dogmen fixieren jeweils einen Stand der theologischen Arbeit und nehmen damit am zweideutigen Charakter aller Theologie und theologischen Autorität teil."[48] Nach Bultmann ist Gegenstand der Theologie allein die Offenbarung Gottes, die das „ewige Geschehen" der Rechtfertigung des Sünders ist und über die nur dialektisch gesprochen werden kann.

„In gewissem Sinne sind freilich auch die Dogmen Gegenstand der Theologie, insofern zu ihr die kritische Besinnung über ihre eigene Arbeit gehört, da alle

---
46 In: Ebd.
47 In: Ebd. 57.
48 In: Ebd. 56.

ihre Ergebnisse nur die relative Geltung beanspruchen können, die sich durch die Beziehung auf die Schrift ausweist."⁴⁹

Bultmann bemängelt, dass Peterson in seiner Konzeption die Heilige Schrift hintanstelle und den Heiligen Geist ausschalte, da er das ganze Augenmerk auf die Kirche und das von ihr gesetzte Dogma richte. Man wird in Bultmanns Konzept der Theologie und in seiner Zurückweisung des Petersonschen Theologie- und Dogmaverständnisses insofern einen lutherischen Hintergrund ausmachen können, als alles im Blick auf das Ereignis der Rechtfertigung des Sünders, in dem die Antwort die Frage ist und umgekehrt, entfaltet wird. Kritisch ist der Stellungnahme Bultmanns entgegenzuhalten, dass sie sich nicht auf den Argumentationsgang in Petersons Schrift „Was ist Theologie?", den eine innere Geschlossenheit kennzeichnet und der bei der Logos-Offenbarung in Christus ansetzt, beschränkt, sondern im Blick auf Petersons Mystikstudie „Der Lobgesang der Engel und der mystische Lobpreis"⁵⁰ das Wort von der Partizipation am göttlichen Logos⁵¹ einseitig im Sinn der philosophischen Metaphysik interpretiert und nicht im Sinne christozentrischer Ontologie, was allein der Intention Petersons entsprochen hätte. So kann Bultmann diesen darauf festlegen, im Bereich dialektischer Philosophie zu verbleiben, während er für sich in Anspruch nimmt, zu einem Konzept authentisch christlicher (dialektischer) Theologie vorgedrungen zu sein. Im Übrigen fällt auf, dass in Bultmanns Entwurf eines Konzepts christlicher Theologie zwar vom ewigen Geschehen der als Rechtfertigung des Sünders sich ereignenden Offenbarung Gottes ausführlich die Rede ist, dafür aber überhaupt nicht von Jesus Christus als dem fleischgewordenen Logos Gottes.

Erik Peterson ist auf die Diskussion, die es zwischen ihm sowie Barth und Bultmann gegeben hat, später nicht mehr ausdrücklich zurückgekommen. Wohl aber hat er seine Erkenntnisse über die Entscheidungsvollmacht der Kirche und über die Bedeutung des Dogmas für

---
49 In: Ebd. 57.
50 In: ZZ 3 (1925) 141–153. Vgl. dazu die kritische Stellungnahme von *H. Schlier*, Eine Bemerkung zum Verhältnis von Glauben und Mystik, in: ZZ.3 (1925) 410–414.
51 Vgl. *Peterson,* Was ist Theologie?, 18.

die Kirche in verschiedenen Zusammenhängen noch einmal zur Geltung gebracht. Unter ihnen ist die Auseinandersetzung mit Adolf von Harnack von besonderem Interesse. Sie fand 1928 in Form eines Briefwechsels statt, der 1932 zusammen mit einem „Epilog" Petersons in der Zeitschrift „Hochland" veröffentlicht wurde.[52] In diesem Briefwechsel waren sich von Harnack und Peterson darin einig, dass es eine öffentlich wirksame Kirche ohne Autorität und Dogma nicht geben könne. Sie unterscheiden sich jedoch bei der Antwort auf die Frage, ob es Kirche, Autorität und Dogma heute noch gebe (und geben könne). Peterson antwortet: Ja, in der römisch-katholischen Kirche. Von Harnack erwidert: Nein; denn „mit dem alten Begriff der Kirche ist […] auch der alte Begriff des ‚Dogmas' und damit das ‚Dogma' überhaupt dahin; denn ein Dogma ohne Unfehlbarkeit bedeutet nichts."[53] Für die protestantischen Kirchen führt von Harnack aus:

> „[…] ihre Neigung, sich selbst zu Dubletten der katholischen Kirche zu gestalten, muß vor allem bekämpft werden. Der Protestantismus muß rund bekennen, daß er eine Kirche wie die katholische nicht sein will und nicht sein kann, daß er alle formalen Autoritäten ablehnt und daß er ausschließlich auf den Eindruck rechnet, welchen die Botschaft von Gott und dem Vater Jesu Christi und unserem Vater hervorruft."[54]

> „Was aus den Evangelischen Kirchen werden wird, weiß ich nicht; aber […] *begrüßen* kann ich nur die Entwicklung, die immer mehr zum Independentismus und der reinen Gesinnungsgemeinschaft im Sinne – ich scheue mich nicht – des Quäkertums und des Kongregationalismus führt […] Natürlich leben wir jetzt noch stark von den Resten des katholischen Kirchentums unter uns, sozusagen von dem Duft einer leeren Flasche, und ich bin auch nicht der Meinung, daß man die Dinge absichtlich beschleunigen soll. Langsam soll und wird die Entwicklung vor sich gehen."[55]

---

52 Vgl. Hochl. 30 (1932/33), 111–124; wiederabgedruckt in: *Peterson*, Theologische Traktate, 293–321. (Aus diesem Text wird im Folgenden zitiert.)
53 In: Ebd. 303.
54 In: Ebd. 298f.
55 In: Ebd. 305.

Peterson sieht in den Thesen von Harnacks den theologischen Nachvollzug von Entwicklungen im evangelischen Raum, die sich aus der Auflösung des landesherrlichen Kirchenregiments ergeben haben. Einen Öffentlichkeitscharakter könne die Kirche nun nur noch aus der Bindung an das Dogma wiedergewinnen.

„Nimmt man" – so formuliert Peterson – „seine Zuflucht zu dem Begriff einer spezifisch *kirchlichen* Öffentlichkeit, dann erhebt sich notwendigerweise die Forderung nach einer Dogmenbildung im Sinne des Katholizismus und nach einer dogmatischen Lehrautorität in der Kirche, was doch durch die protestantischen Voraussetzungen wiederum ausgeschlossen ist. Wenn es nun aber kein Dogma im echten Sinne in der protestantischen Kirche gibt, dann ist auch keine Theologie möglich. Denn es gibt keine Theologie ohne Dogmatik und keine Dogmatik ohne Dogma."[56]

Eine Kirche ohne Theologie und Dogma ist kraft- und haltlos. Peterson sah später in den Geschehnissen des Jahres 1933, da sich ungezählte evangelische Christen als nunmehr „Deutsche Christen" auf eine Synthese von Kreuz und Hakenkreuz einließen, eine Bestätigung seiner Diagnose der evangelischen Kirche.[57]

Peterson hat aus seinen Erkenntnissen über die Kirche, das Amt und das Dogma für sich selbst die Entscheidung abgeleitet, in die katholische Kirche überzutreten. Aber auch seine Gesprächspartner sind nicht unverändert aus der Auseinandersetzung mit Peterson hervorgegangen. Besonders deutlich erkennbar ist dies bei Karl Barth, der die Phase der dialektischen Theologie hinter sich ließ und auf die „Kirchliche Dogmatik" zuzugehen begann. Dass Petersons Schrift „Was ist Theologie?" ein wichtiger Anstoß zu dieser Wende Barths gewesen ist, wurde durch Eberhard Jüngel bestätigt.[58] Welche Veränderungen sich bei Rudolf Bultmann aufgrund des Gesprächs mit Peterson ergaben, ist nicht zweifelsfrei nachzuvollziehen. Für den Einfluss Schliers, der zu den engsten

---

56 In: Ebd. 309f.
57 Vgl. E. *Peterson*, Die neueste Entwicklung der protestantischen Kirche in Deutschland, in: Hochl. 31 (1933/34) 63–79.144–166.
58 Vgl. E. *Jüngel*, Von der Dialektik zur Analogie. Die Schule Kierkegaards und der Einspruch Petersons, in: *Ders.*, Barth-Studien, Einsiedeln/Gütersloh 1982, 127–179.

Vertrauten Bultmanns schon in den 1920er Jahren gehörte und durch ihn tief geprägt worden ist, trifft dies jedoch umso mehr zu. Schlier hat – wie er in seiner „Kurze[n] Rechenschaft" berichtet[59] – die Aufsätze Petersons gelesen und aus ihnen Impulse für seinen Lebensweg empfangen.

2. Das Konzept Heinrich Schliers

Heinrich Schlier hat die Frage nach dem Wesen und der Bedeutung des Dogmas gut zwanzig Jahre nach dem Gespräch, das Peterson mit Barth und Bultmann geführt hat, noch einmal ausdrücklich und öffentlich aufgegriffen. Er vertiefte dabei die Einsichten sowie Absichten Petersons und berücksichtigte die Anfragen, die dessen Konzept ausgelöst hatten. Der erste größere Text, den Schlier zum Thema „Dogma" veröffentlichte, stammt aus dem Jahr 1948 und trägt den Titel „Das Hauptanliegen des ersten Korintherbriefes."[60] In ihm kommt bereits zum Tragen, was in den späteren einschlägigen Texten differenzierter vorliegt. Das Entscheidende ist, dass Schlier das Dogma im Raum des Neuen Testaments sucht und entdeckt. Paulus wird als Gewährsmann für die Behauptung in Anspruch genommen, Gottes Offenbarung begegne im Dogma, dem im gehorsamen Glauben entsprochen werden müsse. In 1 Kor 1,21; 2,4 und 15,14 spreche Paulus vom „Kerygma", das er der „Sophia" der Korinther gegenüberstellt. Das Kerygma könne im Wesentlichen mit dem, was man später „Dogma" nannte, gleichgesetzt werden. Schlier erkennt in der Theologie des Paulus Parallelen zwischen der Annahme des Wortes Gottes in der Gestalt des „törichten Kerygmas" und der Annahme der rechtfertigenden Gnade. Zugleich stellt er eine Verwandtschaft zwischen der Selbstrechtfertigung des Menschen aus seinen Gesetzeswerken einerseits und der Selbstrühmung des Menschen aufgrund seines Geist- und Weisheitsbesitzes andererseits fest. Vorsichtig, aber doch deutlich wahrnehmbar, weist Schlier auf eine Verbindung

---
59 *Schlier*, Der Geist und die Kirche, 270–289, hier: 272.
60 *Ders.*, Die Zeit der Kirche. Freiburg i. Br. 1955, 147–159.

hin zwischen der Weisheit der Korinther, der Paulus das Kerygma gegenüberstellt, und dem „enthusiastischen" (und „dialektischen") Offenbarungs- und Existenzverständnis, welches in der evangelischen Theologie lebendig sei und das die Art und Weise verständlich mache, wie die evangelische Kirche sich darstelle.

Was Schlier in „Das Hauptanliegen des ersten Korintherbriefes" nur ansatzweise vorgetragen hatte, hat er 1950 in dem Aufsatz „Kerygma und Sophia – zur neutestamentlichen Grundlegung des Dogmas"[61] noch einmal, nun freilich ausführlicher und besser begründet, dargelegt. Auch in diesem Text nimmt Schlier auf 1 Kor 1 und 2 Bezug. Im Zentrum des Aufsatzes steht der Abschnitt 4, in dem Schlier erneut das Wesen des Kerygmas erörtert. Er tut dies so, dass sich dabei alle Elemente einstellen, die das Dogma im Prinzip ausmachen. Das Kerygma ist als „Wort des Kreuzes" die Alternative zur Weisheit der Korinther, die letztlich eine Gestalt griechischer Philosophie ist. Das Kerygma ist im Sinne des 1. Korintherbriefes die Proklamation Jesu Christi als des gekreuzigten und auferstandenen Herrn durch den Apostel. Der Logos dieses Kerygmas drängt zu eindeutiger Formulierung. 1 Kor 15,3–5 kann als Prototyp des Gemeinten gelten. Grund und Gehalt des Kerygmas ist die Auferweckung des gekreuzigten Christus. Der auferstandene und erhöhte Christus „erscheint" vor den Zeugen. Was sie entgegengenommen haben, legen sie in ihrem Zeugnis aus. Darüber kommt es zur sprachlichen Fixierung des Kerygmas.

> „So muß man sagen, daß die Selbstbezeugung des Auferstandenen in seiner Erscheinung ein Eingehen und Offenbarwerden in die Sprache und in das Wort der Zeugen hinein wird. Der Auferstandene überliefert sich durch seine Erscheinung vor den Zeugen an das Wort und damit an die Sprache und an den Satz."[62]

Die Begegnung der Apostel mit dem sich zu sehen gebenden auferstandenen Herrn ist das ursprüngliche Ereignis der Offenbarung und des Offenbarungsempfangs. Als dieses Ereignis ruft es ein Wort hervor. Dieses ist das Wort der apostolischen Paradosis.

---

61 Ebd. 206–232.
62 Ebd. 215.

„Diese Paradosis ist eigentlich das Evangelium. Denn sie ist der Wesens-Kern des Evangeliums. Und nicht nur das. Sie ist auch die Norm des Evangeliums. In ihr verwahrt sich, aus ihr lebt und nährt sich das Evangelium und seine Verkündigung. Wenn der Apostel der korinthischen Gemeinde sozusagen den Wortlaut des Evangeliums in Erinnerung bringen will, um sie vor Irrtümern zu bewahren, dann legt er ihnen diese von ihm selbst empfangenen und weitergegebenen, formulierten Sätze gemeinsamer apostolischer Überlieferung vor, das Kerygma der Tradition als Inbegriff und Summe der christlichen Verkündigung. Das Kerygma in diesem Sinn und also das daraus erwachsende Symbol ist nicht ein aus dem ‚lebendigen' Evangelium zu einer Formel zusammengedrängter und erstarrter sekundärer Auszug aus dem Evangelium, es ist nicht, wie meist behauptet wird, ein Extrakt des Evangeliums oder gar der Schrift, sondern es entläßt vielmehr selbst aus sich das Evangelium, das seinerseits als Verkündigung das Kerygma und damit die in ihm zu Wort gekommene Offenbarung entfaltet. Kerygma als normative apostolische Paradosis geht zeitlich und zuletzt auch sachlich dem Evangelium als Verkündigung voraus."[63]

Was Schlier anhand von 1 Kor 15,3–5 über die Paradosis beziehungsweise das Kerygma ausgeführt hat, lässt sich auch in den vielen „Glaubensformeln", die in den Texten des Neuen Testament verstreut aufbewahrt sind, wiederentdecken. In ihnen ist das Kerygma fixiert; sie selbst liegen als „Praesymbola" allen Schriften des Neuen Testaments voraus und zugrunde. An welchen Stellen und in welchen Formen sich derartige Glaubensformeln beziehungsweise „Praesymbola" finden, hat Schlier nirgends so ausführlich und geordnet dargestellt wie in seiner Studie „Die Anfänge des christologischen Credo"[64]. Die Weise des Zugangs zu einer der bedeutendsten Glaubensformeln des Neuen Testaments – Röm 1,3f. –, und ihren Sinn hat Schlier exemplarisch erörtert in der Studie „Eine christologische Credo-Formel der römischen Gemeinde. Zu Röm 1,3f."[65].
Doch diese Arbeiten sind später entstanden als der Aufsatz „Kerygma und Sophia", in welchem für die späteren Darlegungen die Basis geschaf-

---

63 Ebd. 216.
64 In: *B. Welte* (Hg.), Zur Frühgeschichte der Christologie, Freiburg i. Br. 1970, 13–58.
65 In: *Schlier*, Der Geist und die Kirche, 56–69.

fen wurde. Dort findet sich auch folgende Charakterisierung der neutestamentlichen Glaubensformeln beziehungsweise „Praesymbola", die im Prinzip das darstellen, was die Theologie später „Dogma" nannte:

„Es gehören zur Ausbildung der Glaubensformeln folgende konstitutive Momente: der Kyrios selbst als der seine Auferweckung von den Toten in seiner Erscheinung vor den Zeugen Bezeugende, die Zeugen dieser Selbstoffenbarung des Auferstandenen in ihrem authentischen und gebotenen Zeugnis, die Kirche, die dieses Zeugnis im Heiligen Geist annimmt, ausformt und wiederholt. Die Glaubensformeln haben also gemäß und kraft ihres Ursprungs die Dignität von Offenbarungssätzen, die im Konsens der Kirche durch den Heiligen Geist erfaßt, fixiert und ausgesprochen werden. Sie enthalten also von ihrem Ursprung her ein Doppeltes in der Einheit: im Blick auf ihre Wesensherkunft sind sie sich selbst setzender Logos des Auferstandenen. Im Blick auf ihre Wesensauskunft sind sie gewährter Logos seines Pneuma. Diese Doppelheit ihres Wesens hält sich auch in ihrer Entfaltung durch. Immer handelt es sich bei der Entwicklung der Glaubensformeln einmal um die Elongatur der Offenbarung des Auferstandenen in einem sich fortsetzenden apostolischen Wort des Herrn, und zweitens um eine vom Pneuma gewirkte Homologia der Kirche, die dieses Wort zu dem ihren macht. Man darf daher die Glaubensformeln der Kirche nicht nur vom ‚Bekenntnis' her verstehen. Das würde ihren vom Ursprung her gegebenen und im Neuen Testament durchaus anerkannten Offenbarungscharakter übersehen. Man darf aber die Glaubensformeln erst recht nicht als ‚Formeln' im Sinne einer nachträglichen und ziemlich beliebigen Inhaltszusammenfassung der Offenbarung zu pädagogischen Zwecken verstehen. Sie sind vielmehr jederzeit der ursprüngliche Wesenskern des Kerygma."[66]

Die verschiedenen Textgruppen und -schichten des Neuen Testaments sind situationsbezogene Entfaltungen der Glaubensformeln beziehungsweise „Praesymbola" und sind Teil von deren dogmatischem Charakter. Das bindet sie auf der Textebene zu einer Einheit zusammen. Der Vorteil des Rückgriffs auf die neutestamentlichen Glaubensformeln liegt darin, dass in ihm einem Bedenken Rechnung getragen wird, das Peterson von seinen Kontrahenten vorgehalten worden war: Er vertrete ein Konzept

---

66 *Schlier*, Kerygma und Sophia, 217.

von Theologie, bei dem die Bibelexegese neben der Dogmatik in Wahrheit entbehrlich sei. Das ist nun anders. Wer das Neue Testament auslegt, stößt dort auf das Phänomen Kerygma beziehungsweise Dogma. Für den Aufsatz „Kerygma und Sophia" ist über das schon Dargelegte hinaus aber noch etwas anderes charakteristisch: die Art und Weise nämlich, wie Kerygma und Sophia genauer in Beziehung zueinander gesetzt werden. Bisher wurde lediglich ihre Gegensätzlichkeit herausgestellt. Das entspricht dem paulinischen Vorgehen in den ersten Kapiteln des 1. Korintherbriefes. Doch Schlier sieht und sagt noch mehr und anderes. Die Weisheit ist ihrem Ursprung nach Gottes, des Schöpfers, gute Gabe. So ist sie der Weg zur und die Weise der Gemeinschaft mit Gott. Doch von dieser „ursprünglichen" Weisheit ist die „geschichtlich vorkommende" zu unterscheiden. Sie vollzieht sich im Zeichen der Selbstrechtfertigung des Menschen, also der Sünde. Die bei Paulus und – im Nachvollzug – bei Schlier sich findende Gegenüberstellung von Kerygma und Sophia betrifft die Weisheit nicht, sofern sie die dem Menschen von Gott ursprünglich geschenkte Gabe ist, sondern nur dann, wenn sie eine sich selbst rühmende und sich nicht mehr Gott verdanken wollende ist. Die Weisheit, wie sie geschichtlich vorkommt, ist allerdings nicht eine derart sündige, dass es nicht gleichzeitig auch noch Elemente und Fragmente ursprünglicher Weisheit gäbe.

Doch im Ganzen gilt: Die Weisheit dieser Welt steht im Bann der Sünde. Das Kerygma beziehungsweise Dogma ist angesichts dieser Situation die neugeschenkte Zugänglichkeit der Wahrheit, die „schon" der ursprünglichen und unverdunkelten Weisheit offenstand;

> „[...] mit der Ankunft dieser geistigen Größe gibt es wieder einen Zugang zur unverborgenen Wirklichkeit der Dinge. Im Kerygma und seiner legitimen jeweiligen präzisen Entfaltung, dem Dogma, überliefert sich die Wahrheit wieder dem Erkennen. Diese Erkenntnis ist freilich [...] eine eigentümliche. Sie ist die Erkenntnis des Glaubens."[67]

Die in „Kerygma und Sophia" herausgestellten kerygmatischen beziehungsweise dogmatischen „Praesymbola" haben auch in den späteren

---

67 Ebd. 231.

Schriften Schliers stets eine zentrale Bedeutung eingenommen. Ein Beleg dafür ist der Aufsatz „Über Sinn und Aufgabe einer Theologie des Neuen Testaments"[68] aus dem Jahr 1957. In ihm setzt sich Schlier unter anderem mit verschiedenen Auffassungen über den sachgerechten Aufbau einer Theologie des Neuen Testaments auseinander und legt einen eigenen aufschlussreichen Aufriss vor. Dieser umfasst fünf Kapitel. Das erste enthält die Darstellung der Geschichte Jesu. Mit Bultmann legt Schlier Wert auf die Feststellung, dass diese Darstellung noch nicht Teil der neutestamentlichen Theologie ist, sondern nur ihre Voraussetzung. Diese beginnt im zweiten Kapitel im eigentlichen Sinne mit der Darlegung der „Praesymbola fidei", also der kerygmatischen beziehungsweise dogmatischen Glaubensformeln. Über sie heißt es in diesem Zusammenhang:

> „Gibt es nicht, wenn man das Neue Testament befragt, vor allen seinen Schriften und ihrer Theologie konkrete Zeugnisse, die selbst schon theologische Aussagen enthalten, und zwar solche, die für die ganze in den Schriften des Neuen Testaments sich explizierende Theologie bestimmend sind? Hat sich das ‚Wort' der Geschichte Jesu Christi nicht schon vor den neutestamentlichen Schriften zu Formulierungen verdichtet und in Form der Homología der Urkirche den neutestamentlichen Schriften in verschiedener Weise auferlegt? Bergen diese Formulierungen als das Urwort der sich zur Sprache bringenden Offenbarung Jesu Christi und als die Urantwort der sich ihm öffnenden Gemeinde nicht die primäre Explikation der Heilstat Gottes in Jesus Christus in sich, die dann in den neutestamentlichen Schriften und ihrer Verkündigung und also in ihrer Theologie entfaltet wird?"[69]

Im Sinne des Schlierschen Gliederungsvorschlags für eine Theologie des Neuen Testaments folgt im dritten Kapitel die Charakterisierung der neutestamentlichen Schriften(-gruppen), insoweit sie Entfaltungen der „Praesymbola fidei" sind. Anschließend folgt – im vierten Kapitel – die Darlegung der neutestamentlichen Theologie in ihrer Einheit. Diese ergibt sich letztlich angesichts der unleugbaren Vielfalt der Motive, Ansätze, Tendenzen, die es in den neutestamentlichen Schriften

---

68 *H. Schlier*, Besinnung auf das Neue Testament, Freiburg i. Br. 1964, 7–24.
69 Ebd. 15.

auch gibt, aus deren Rückbindung an die Glaubensformeln. Schließlich wird im fünften Kapitel der Zusammenhang der neutestamentlichen mit der alttestamentlichen Theologie erörtert. Welchen Sinn kann eine „dogmatische", von und in der Kirche auf ihrem Weg durch die Zeiten zu vollziehende Theologie über eine biblische hinaus noch haben? Schlier antwortet: Sie hat die Aufgabe, die von der biblischen Theologie dargebotenen Sachverhalte im Dialog mit der gesamten kirchlichen Auslegungs- und Überlieferungsgeschichte und im Rückbezug auf die in den Dogmen aufbewahrte kirchliche Lehre auf ihren je heute beanspruchenden Sinn hin zu durchdenken.[70] In der Geschichte der Kirche kam es zur Fixierung theologischer Erkenntnisse in Dogmen hinein. Wie war das möglich? Ist dies überhaupt ein legitimer Vorgang? Schlier hat auf diese Frage so geantwortet:

> „Was die Exegese im methodischen Verfahren unter hörendem Verstehen als das von der Heiligen Schrift zu denken Aufgegebene erarbeitet hat, übergibt sie dem Glaubensdenken der Kirche, damit dieses dem zu Denkenden nachdenke und den Sachverhalt durchdenke. Vielleicht, daß es dabei an diesem oder jenem Punkt auch zu einem Zu-Ende-Denken kommt. Solches Zu-Ende-Denken, welches sich im Glaubenskonsens der Kirche anzeigt, kann, sofern es die Stunde fordert und erlaubt, zur Fixierung im Dogma führen. Dieses bedeutet aber nicht das Ende des Bedenkens, sondern die Erhebung des Gedachten, Nachgedachten, Durchgedachten und jetzt noch hier Zu-Ende-Gedachten in das unbestreitbar und unverlierbar Denkwürdige."[71]

Theologie als Schriftauslegung im Dialog mit der kirchlichen Auslegungsgeschichte, wie sie sich nicht nur, aber doch auch in den Dogmen der Kirche darstellt: Dies ist das Programm, welches sich schließlich aus Schliers Reflexionen über das Wesen und den Sinn eines Dogmas und der auf es bezogenen Theologie ergeben hat.[72]

---

70 Vgl. *Schlier*, Biblische und dogmatische Theologie, in: Ebd. 25–34; hier: 31; weiterhin: *Ders.*, Was heißt Auslegung der Heiligen Schrift?, in: Ebd. 35–62, hier: 60.
71 In: Ebd. 61.
72 Vgl. dazu W. *Löser*, Dimensionen der Auslegung des Neuen Testaments. Zum Gespräch Heinrich Schliers mit Rudolf Bultmanns, in: ThPh 57 (1982) 481–497; wiederaufgenommen in diesen Band, Kapitel 5.

Wie hat die theologische Fachwelt auf Schliers Dogmen- und Theologieverständnis reagiert? Auf katholischer Seite gibt es auffallend wenige Theologen, die es ernsthaft beachtet und aufgegriffen haben. Immerhin haben Walter Kasper[73] und Karl Lehmann[74] auf Schliers Überlegungen hingewiesen. Im Raum der evangelischen Theologie fand Schliers Verständnis des Dogmas mehr Beachtung, freilich fast durchgehend im Sinne einer Ablehnung. Die bei Weitem gründlichste Stellungnahme zu Schliers Arbeit „Kerygma und Sophia" stammt aus der Feder von Ulrich Wilckens: „Kreuz und Weisheit"[75]. Andere haben sich bei ihren Äußerungen zu Schlier in der Regel mehr oder weniger ausdrücklich auf Wilckens berufen; so vor allem Walter Fürst[76].

Wilckens wendet gegen Schlier mehreres ein: 1. Die Torheit des der korinthischen Wahrheitsrede gegenübergestellten Kerygmas bestehe in seinem Inhalt, nicht in der Tatsache seines Gekommen-Seins und in seinen formalen Aspekten. Der Inhalt aber ist zentral das Kreuz Christi. 2. Die korinthische Sophia sei nicht die griechische Philosophia, sondern eine falsche Christologie, der gemäß Christus die Inkarnation der Sophia sei, mit der der Christ eins zu werden trachte, um sich so zu vergöttlichen. In dieser Christologie spiele Christi Kreuz keine Rolle. Dagegen beharre Paulus darauf, dass Christus, der Gekreuzigte, die einzige Weisheit sei, neben der es nicht noch andere Formen von Weisheit gebe – auch nicht die von Schlier gemeinte, an das Kerygma rückgebundene, wieder unbefangen gewordene ursprüngliche Weisheit. 3. Erst in den Pastoralbriefen

---

73 W. *Kasper*, Dogma unter dem Wort Gottes, Mainz 1965.
74 K. *Lehmann*, Die dogmatische Denkform als hermeneutisches Problem, in: *Ders.*, Gegenwart des Glaubens, Mainz 1974, 35–53; *ders.*, Der hermeneutische Horizont der historisch-kritischen Exegese, ebd. 54–93.
75 In: KuD 3 (1957) 77–108.
76 W. *Fürst*, Kirche oder Gnosis? Heinrich Schliers Absage an den Protestantismus, München 1961; vgl. auch *ders.*, Ist das Neue Testament doch katholisch? Zu den Anfragen Heinrich Schliers, in: *E. Wolf* (Hg.), Verkündigung und Forschung. München 1960/1962, 57–67. Beachtenswerte Stellungnahmen zu Schliers „Kerygma und Sophia" finden sich auch bei *H. Diem*, Dogmatik, Bd. II: Theologie als kirchliche Wissenschaft, München 1955, 40–49 u. 98–101; *E. Fuchs*, Das entmythologisierte Glaubensverständnis (1952), in: *Ders.*, Zum hermeneutischen Problem in der Theologie. Gesammelte Aufsätze I, Tübingen 1959, 211–236, hier: 216–219; *G. Ebeling*, Theologie und Verkündigung. Ein Gespräch mit Rudolf Bultmann, Tübingen 1963, 116–119.

gebe es Glaubensformeln, die auf Christus selbst zurückgeführt werden und darum als „heilige Sätze" unantastbar seien. Paulus kenne derartige Sätze nicht. Paulus habe Formeln wie 1 Kor 15,3–5 als Summarien des Glaubens an den Auferstandenen verstanden, nicht als sprachliche Fixierungen der Selbstbezeugung des Auferstandenen. 4. Schließlich habe Schlier die paulinischen Aussagen zu undifferenziert im Horizont und in den Kategorien der Heideggerschen Seinsphilosophie ausgelegt. Gerade einer solchen Philosophie gegenüber sei das Wort vom Kreuz als törichtes Kerygma zur Geltung zu bringen.[77]

Schon bevor Wilckens 1957 seinen Aufsatz veröffentlichte, hat Schlier im Nachwort zu „Die Zeit der Kirche"[78] geschrieben, er sei sich nicht mehr sicher, ob er immer die Sophia der Korinther historisch richtig gezeichnet habe. Aber das tue der These keinen Abbruch,

---

77 Wilckens trifft mit dieser Kritik Richtiges. Mehr als das in seinen anderen Arbeiten der Fall ist, hat Schlier sich in „Kerygma und Sophia" bei der Erklärung dessen, was er unter der ursprünglichen, „unbefangenen" und der geschichtlich vorkommenden „befangenen" Weisheit versteht, der Sprache und der Verstehensweise Martin Heideggers angepasst. Er spricht über die ursprüngliche Weisheit so: „Erkennen ist hier nichts anderes als ein verstehendes Inne-werden Gottes durch die lichte Weisung des Seienden aus dem Sein selbst" (Kerygma und Sophia, 210 und 225). Demgegenüber wird das Wesen der verfallenen Weisheit so charakterisiert: „Der Mensch läßt sich in seinem Erkennen vorgängig nicht mehr aus dem Seienden von Gott auf Gott verweisen, sondern er läßt sich nur noch von dem Seienden auf das Seiende verweisen" (ebd.). So charakterisiert Schlier schließlich die durch das Kerygma bzw. Dogma wieder zugänglich gewordene Weisheit: „Die Sophia, die der Apostel meint, die als Gabe sich am Kerygma entzündet, ist die Weisheit der Liebe. Aber was ist sie damit anderes als die wiedererwachte Weisheit der Schöpfung, in der das Geschöpf im Ansehen des Schöpfers ehrfürchtig und dankbar der liebenden Weisung der Schöpfung nach-dachte? Was ist sie anderes als wieder ursprüngliches Nach-denken und Nach-sagen des lichtend-versammelnden Wortes der Liebe?" (ebd. 228). Betrachtet man diese Formulierungen, so mag sich der Eindruck aufdrängen, Schlier habe im Anklang an Heidegger folgende Gleichsetzungen vorgenommen: Gott und das Sein; der ursprüngliche (und dann wieder der glaubende) und der das Sein selbst wahrnehmende Mensch; schließlich der sündige und der auf das Seiende verwiesene Mensch. In seinen späteren Arbeiten hat Schlier diese an Heideggers Seins- und Existenzverständnis erinnernden Gleichsetzungen nicht mehr vorgenommen. Damit ist er auf die Kritik eingegangen, die vor allem im Blick auf sie erhoben worden war (vgl. neben Wilckens vor allem Diem und Fürst).
78 Schlier, Die Zeit der Kirche, 308–314, hier: 313.

„daß der Apostel in seinem Gegensatz gegen eine individuelle und aus dem Selbstverständnis des Menschen erwachsende Glaubensgnosis, die die Korinther als Grundlage und Inhalt des Christlichen verstanden, das Prinzip des Dogmas vertritt und so den Grund seiner Entfaltung in der Kirche legte. Das apostolische Kerygma trägt schon die formalen Züge des Dogmas an sich und teilt dessen eschatologischen Charakter, in der Zeit zwischen Christi erster und zweiter Ankunft die notwendige und nicht mehr ablösbare Grundlage *aller ‚Weisheit'* zu sein."[79]

Die von Wilckens bestrittene Auffassung, Paulus habe auf der Grundlage des vorausgesetzten Kerygmas eine eigene „Weisheitsrede" (1 Kor 2,6) gekannt, wurde von Schlier später ausdrücklich festgehalten und noch einmal begründet.[80] Die Anklänge an Heideggersche Gedankengänge und Sprachelemente, die sich in „Kerygma und Sophia" deutlich wahrnehmbar fanden und Wilckens' (sowie anderer) Kritik hervorriefen, finden sich in Schliers späteren Arbeiten nicht mehr, was nicht bedeutet, dass er später nicht an der Unterscheidung zwischen dem „ursprünglichen" und dem „geschichtlich vorkommenden" Menschen festgehalten habe.[81] Sich auf Gal 1,15 und 2 Kor 4,6 berufend, hat Schlier, auch nachdem Wilckens (ebenso wie andere) die Glaubensformeln als Zusammenfassungen des Glaubens an den Auferstandenen bezeichnet hatte, festgehalten, dass sie durch den „erscheinenden", auferstandenen und erhöhten Herrn hervorgerufen seien. So formuliert er beispielsweise einmal:

„Gott offenbart also – in der Enthüllung des Geheimnisses Jesus Christus – dem auserwählten Zeugen seinen Sohn. Er läßt ihn im Herzen des Apostels, also im Zentralen seiner Existenz, so aufscheinen, daß in Ihm Gottes Herrlichkeit sichtbar wird und die Erkenntnis bewirkt, welche eingeht in das Evangelium, oder besser: welche sich ausspricht in dem Evangelium."[82]

---

79 Ebd. 313.
80 Vgl. *Schlier*, Die Erkenntnis Gottes nach den Briefen des Apostels Paulus, in: *Ders.*, Besinnung auf das Neue Testament, 319–339, hier: 327–332.
81 Vgl. z. B. *H. Schlier*, Grundzüge einer paulinischen Theologie, Freiburg i. Br. 1978.
82 *H. Schlier*, Über die Auferstehung Jesu Christi, Einsiedeln 1968, 44.

Die sich in diesen Formulierungen findende Vorstellung unterscheidet sich nur in Nuancen von dem in „Kerygma und Sophia" Dargelegten. Der „Beitrag" des apostolischen Zeugen zum Aufkommen der apostolischen Paradosis beziehungsweise des Kerygmas ist ein wenig stärker als früher betont. Gleichwohl bleibt es dabei: Es ist der auferstandene Christus, der sich kraft seiner Erscheinung in das Wort des Evangeliums hineingibt.

Ein Vierteljahrhundert später – 1981 – hat sich noch einmal ein evangelischer Theologe zu Schliers Weg und Werk geäußert: Karl Adolf Bauer erinnert unter dem Titel „Kerygma und Kirche" an die Fragen, die Schlier gestellt hat und die – so Bauer – immer noch nicht befriedigend beantwortet seien.[83] Bauer meint, man mache es sich zu einfach, wenn man Schlier „ein Missverständnis des Protestantismus" vorwerfe, wie Fürst dies getan habe.[84] Bauer bringt seine Sorge darüber zum Ausdruck, dass in der evangelischen Kirche nicht wenig von dem, was vor einem halben Jahrhundert von Harnack begrüßt und von Peterson beklagt worden war, Wirklichkeit sei. Demgegenüber müsse heute die evangelische Kirche, so sie Kirche weiterhin zu sein und zu bleiben beanspruchen wolle, die Frage nach den Dogmen und nach der kirchlichen Lehrautorität neu aufgreifen. Bauer sieht in dem Übertritt Heinrich Schliers zur römisch-katholischen Kirche und in dessen Auffassungen zu Kirche, Amt, Dogma und Verkündigung eine auch heute noch aktuelle Anfrage an die evangelische Kirche. Sie habe – ähnlich wie auf ihre Weise die katholische Kirche – die Frage nach den Bedingungen einer amtlichen Glaubensentscheidung neu zu stellen.

> „Die evangelische Kirche und ihre Theologie werden sich an der Diskussion und Lösung dieser inzwischen wahrhaft ökumenischen Frage allerdings nur dann glaubwürdig beteiligen können, wenn sie sich ihrerseits – vielleicht in einem noch fälligen Gespräch mit Heinrich Schlier – der Frage nach der Notwendigkeit und den Bedingungen verbindlicher Sätze für den Glauben aussetzen."[85]

---

83 EvTh 41 (1981) 401–423.
84 Ebd. 409.
85 Ebd. 422f.

Das Gespräch mit Schlier steht auch seitens der katholischen Kirche und ihrer Theologie weitgehend noch aus. Von ihm hätte sie vor allem zu lernen, welche wesentlichen Züge eine Theologie des Wortes Gottes aufweisen müsste. Eine solche Theologie hat bei ihr bislang immer noch keine genügend gute „Konjunktur". Andererseits lässt sich die Bedeutung des Dogmas, die bekanntlich in der katholischen Kirche hoch angesetzt wird, wohl kaum befriedigend darlegen, es sei denn auf der Grundlage einer Theologie des Wortes Gottes. Dogmengeschichtliches Forschen muss nicht zur Auflösung der Geltung der Dogmen führen. Es kann auch ein neues Verständnis für ihre Geltung zeitigen, sofern es ihren gemeinten Sinn genauer zu erfassen lehrt und dieser einen die Gemeinschaft der Glaubenden bindenden (und so befreienden) Anspruch enthält. Es kann der dogmengeschichtlichen Arbeit, die einen beträchtlichen Teil des heutigen theologischen Forschens ausmacht, nur helfen, wenn auch die Bedeutung des Phänomens „Dogma" immer wieder geklärt wird.

Kapitel 5
Dimensionen der Auslegung des Neuen Testaments. Zum Gespräch Heinrich Schliers mit Rudolf Bultmann

Nicht allein für den Exegeten, sondern auch für den Dogmatiker ist es von hohem Interesse zu wissen, wie die Hl. Schrift sachgemäß ausgelegt wird. Er hat ja die Aussage des letzten Konzils gehört, dass das Studium der Hl. Schrift die Seele der ganzen Theologie sei. Zu denen, die in Theorie und Praxis der Auslegung des Neuen Testaments besonders wegweisend waren und mit denen sich auseinanderzusetzen auch heute noch hilfreich ist, gehört Rudolf Bultmann. Freilich ist auch selten eine Konzeption so umstritten gewesen wie die seine. Viele haben sich explizit oder implizit, zustimmend oder ablehnend zu Bultmann geäußert, und zwar über alle Konfessionsgrenzen hinweg. Einer von ihnen war der Ende 1978 verstorbene Heinrich Schlier. Er war Bultmann, seinem 16 Jahre älteren Lehrer, Jahrzehnte hindurch freundschaftlich verbunden. Das beeinträchtigte aber die Unbefangenheit nicht, mit der er sich durchaus auch kritisch mit Bultmanns Theologie auseinandergesetzt hat. Schliers gesamtes theologisches Werk kann als Reflex und Resultat dieses Ringens mit Bultmanns Schriftauslegung gelesen werden. Schliers Denken ist einerseits durch die Übernahme grundlegender Optionen der Bultmannschen Theologie geprägt. Andererseits hat sich Schlier schon in den 20er Jahren und im Verlauf seines Lebens mit zunehmender Entschiedenheit auch von Bultmann distanziert. Wir wollen im Folgenden die Prinzipien der Auslegung des Neuen Testaments zur Sprache bringen, wie Schlier sie im Gespräch mit Bultmann entwickelt hat.

Bultmann und Schlier haben die Frage nach der rechten Schriftauslegung im ersten Angang fast gleichartig beantwortet. Deutliche Unterschiede brachen dann jedoch auf, als sie ihre Antworten im Durchgang durch konkrete Schriftauslegung der Bewährung aussetzten. Es wäre nun reizvoll, die Grundsätze der Bultmannschen und der Schlierschen Schriftauslegung induktiv zu erheben, das heißt, sie aus den zahlreichen ausgeführten Textexegesen, in denen sie wirksam geworden sind, zu rekonstruieren und miteinander zu vergleichen. Wir gehen jedoch anders vor. Wir greifen Texte auf, in denen beide Theologen ausdrücklich über die Prinzipien ihrer Auslegung des Neuen Testaments Rechenschaft gegeben haben und wir vergleichen sie miteinander.

Bultmann hat in den „Epilegomena" zu seiner „Theologie des Neuen Testaments" unter anderem in programmatischer Weise ausgeführt:

> „Da das Neue Testament ein Dokument der Geschichte, speziell der Religionsgeschichte, ist, verlangt seine Erklärung die Arbeit historischer Forschung, deren Methode von der Zeit der Aufklärung an ausgebildet und in der Erforschqung des Urchristentums und in der Erklärung des Neuen Testaments fruchtbar gemacht worden ist. Solche Arbeit kann nur von einem zweifachen Interesse geleitet sein: entweder von dem der Rekonstruktion oder dem der Interpretation, – nämlich der Rekonstruktion vergangener Geschichte oder der Interpretation der Schriften des Neuen Testaments. Es gibt freilich nicht das eine ohne das andere, und beides steht stets in Wechselwirkung. Aber es fragt sich, welches von beiden im Dienst des anderen steht. Entweder können die Schriften des Neuen Testaments als die ‚Quelle' befragt werden, die der Historiker interpretiert, um aus ihnen das Bild des Urchristentums als eines Phänomens geschichtlicher Vergangenheit zu rekonstruieren; oder die Rekonstruktion steht im Dienst der Interpretation der Schriften des Neuen Testaments unter der Voraussetzung, dass diese der Gegenwart etwas zu sagen haben."[1]

Kurz, das Neue Testament ist als ein Dokument der Geschichte und eines gegenwärtigen Anspruchs auszulegen, und dem zweiten der beiden Elemente gilt laut Bultmann das leitende Interesse.

Heinrich Schlier hat 1964 R. Bultmann zu dessen 80. Geburtstag eine Arbeit gewidmet, die den Titel trägt: „Was heißt Auslegung der Heiligen

---

1 *R. Bultmann*, Theologie des Neuen Testaments, Tübingen, 4. Aufl. 1961, 599.

Schrift?"[2] In ihr legt er zusammenfassend seine in jahrzehntelanger Auseinandersetzung mit Bultmann erworbenen Auffassungen dar. Vergleicht man, was Schlier hier ausführt, mit dem Programm Bultmanns, so fällt eine Reihe von Gemeinsamkeiten, aber auch einige Unterschiede rasch auf. Auch Schlier sagt ausdrücklich, das Neue Testament sei als ein Dokument der Geschichte und als ein Dokument eines gegenwärtigen Anspruchs auszulegen. Darin kommt er mit Bultmann überein, wenngleich er – wie zu zeigen sein wird – in der Entfaltung dieser beiden Grundsätze andere Akzente setzt. Vor allem aber fügt Schlier ein drittes Prinzip zu den beiden genannten hinzu. Es bezieht sich auf die Kirchlichkeit der Schriftauslegung.

Doch wollen wir nun den ersten Grundsatz sachgemäßer Schriftauslegung, wie Schlier sie versteht, näher betrachten. Er lautet:

1. Dimension I

Das Neue Testament ist als ein Dokument auszulegen, das in einer bestimmten geschichtlichen Situation abgefasst wurde und geschichtliche Ereignisse bezeugt. Will man das Neue Testament, das in einer lange vergangenen, uns fremden Situation abgefasst wurde, erklären, so hat man sich der Methode zu bedienen, die die Literatur- und Geschichtswissenschaften anbieten. Die verschiedenen literarhistorischen Methoden kommen dabei in Frage, und Schlier, schon früh dazu von Bultmann angeleitet, hat stets mit ihnen gearbeitet. Darin unterscheidet er sich nicht von den vielen Exegeten, die ganz selbstverständlich ebenso verfahren. Wohl aber fällt bei Schlier, nicht anders als bei seinem Lehrer Bultmann, die Intensität auf, mit der er den religionsgeschichtlichen Vergleich in die exegetische Arbeit einbrachte. Zwei Faktoren führten schon frühzeitig dazu: zum einen die Aufnahme der Thesen Ernst Troeltschs zur wissenschaftlichen Erkenntnis geschichtlicher Phänomene, zum anderen die Entdeckung und erste Auswertung umfangrei-

---

2 H. *Schlier*, Besinnung auf das Neue Testament. Exegetische Aufsätze und Vorträge II, Freiburg i. Br. 1964, 35–62.

cher und für die Schriftauslegung bedeutsamer religionsgeschichtlicher Quellentexte. Troeltsch hatte als Grundsatz historischer Erkenntnis unter anderem das Prinzip der Analogie aufgestellt, nach dem nur solche Tatbestände der Geschichte sicherer und kommunikabler Erkenntnis zugänglich sind, die sich in einen Zusammenhang mit analogen, also vergleichbaren Phänomenen einfügen lassen. Angewendet auf die Erklärung des Neuen Testaments bedeutet dies: Es ist als ein bestimmtes religionsgeschichtliches Dokument mit anderen damaligen religionsgeschichtlichen Texten zu vergleichen und daraufhin in seiner relativen Eigenart zu erfassen. Dieser Forderung Troeltschs zu entsprechen, musste für Bultmann und seine Schüler in dem Moment von höchstem Interesse sein, da sich die religionsgeschichtliche Quellenlage erheblich erweiterte. In der Tat gehörten Bultmann und Schlier schon in den 20er Jahren zu den Exegeten, die den religionsgeschichtlichen Vergleich besonders ausgiebig in ihre Arbeit am Neuen Testament einbezogen. Vor allem gnostische Texte wurden herangezogen, so z. B. die Naassenerpredigt, die Exzerpte aus Theodot, das Lied von der Perle in den Thomasakten und viele andere Schriften, insbesondere aber die Schriften der Mandäer. Die Publikationen Bultmanns und Schliers weisen aus, dass der religionsgeschichtliche Vergleich helfen kann, zentrale Partien des Neuen Testaments zu erschließen. Anklänge an gnostische Mythologeme wurden in den neutestamentlichen Texten als solche verifiziert. Bultmann und Schlier stimmten stets dahingehend überein, dass die Anwendung der literarhistorischen und religionsvergleichenden Methoden sachgemäß der Tatsache Rechnung trägt, dass das Neue Testament einer bestimmten vergangenen Zeit angehört.[3]

3 H. Schlier hat in seiner Studie „Was heißt Auslegung der Heiligen Schrift?" in diesem Sinne folgende Sätze formuliert, die auch Bultmanns Auffassung wiedergeben: Die Auslegung hat auf die Anweisungen zu achten, „die ihr von der Schrift als solcher gegeben werden. Diese gehen zunächst dahin, die Heilige Schrift als Dokument bestimmter Zeiten, Räume, Situationen, Personen, Sprachen u. a. zu interpretieren. Als solches erweist sie sich dem ersten Zusehen, und dem näheren Einblick stellt sie sich dann in ihrem gesamten Bestand und in ihren einzelnen Schriften als geschichtliches Zeugnis ferner Vergangenheit dar. Ihre Form und Formen, ihre Sprachen, Vorstellungen, Begriffe, ihre Denkweisen und Denkvoraussetzungen erweisen das. Ihnen gilt es durch methodischen Vergleich mit zeitgeschichtlichen Texten ihrer Umge-

Die konkrete, von diesen Prämissen geleitete Arbeit führte bei Bultmann und Schlier zu einer umfassenden Kenntnis sowohl des Neuen Testamentes selbst als auch seines religionsgeschichtlichen Umfeldes, das heißt vor allem der von Mythologien durchsetzten Gnosis. Die Frage nach dem Unterscheidenden des Neuen Testaments im Kontext der damaligen religiösen Strömungen drängte zu der anderen Frage, wie denn der Kerngedanke der gnostischen Mythologien zu bestimmen sei. In der Antwort, die Bultmann und Schlier darauf gaben, brach nun allerdings eine folgenreiche Differenz auf. Die formalen Mythos-Begriffe, die sich ihnen in ihrer Arbeit aufdrängten und die wir ein wenig beleuchten wollen, stoßen schroff aufeinander.

Die Unterschiedlichkeit ihrer Mythologie-Begriffe aber konnte nicht folgenlos bleiben, wo es darum ging, der Anweisung, das Neue Testament sei als ein Dokument der Geschichte auszulegen, konkret zu entsprechen. Doch wie bestimmen Bultmann und Schlier das Wesen des Mythos? Bultmanns Ausführungen in „Neues Testament und Mythologie" sind berühmt geworden:

> „Der eigentliche Sinn des Mythos ist nicht der, ein objektives Weltbild zu geben; vielmehr spricht sich in ihm aus, wie sich der Mensch selbst in seiner Welt versteht [...] Er redet vom Unweltlichen weltlich, von den Göttern menschlich."

In einer Fußnote wird die Erklärung hinzugefügt:

> „Vom Mythos ist also hier in dem Sinne die Rede, wie die religionsgeschichtliche Forschung ihn versteht. Mythologisch ist die Vorstellungsweise, in der das Unweltliche, Göttliche als Weltliches, Menschliches, das Jenseitige als Diesseitiges erscheint, in der z. B. Gottes Jenseitigkeit als räumliche Ferne gedacht

---

bung und durch sorgfältige Beachtung des Kontextes im engeren und weiteren Sinn auf die Spur zu kommen und so in der üblichen philosophisch-historischen Weise die nächste Aussage der Schrift zu erheben. Je differenzierter das geschieht, je bereiter und in jeder Weise unbefangen das Fremde und Ferne der Heiligen Schrift hingenommen wird, je achtsamer das Eigentümliche der damaligen und dortigen Aussage und Aussageform angenommen wird, desto eher eröffnet sich der Text einem ersten Verständnis": H. *Schlier*, Was heißt Auslegung der Heiligen Schrift?, in: *Ders.*, Besinnung auf das Neue Testament, Freiburg i. Br. 1964, 51.

wird; eine Vorstellungsweise, der zufolge der Kultus als ein Handeln verstanden wird, in dem durch materielle Mittel nichtmaterielle Kräfte vermittelt werden."[4]

Nach Schlier ist das in den gnostischen Mythen zum Tragen kommende Mythosverständnis anders zu bestimmen. Er formuliert wie folgt:

„Vom Mythos gilt, was Sallust von dem Geschehen sagt, das im Attishymnus verkündet und im Attiskult begangen wird: ‚Dies nun geschah niemals, ist aber immer'. Der Mythos kennt keine geschichtlichen Ereignisse, er braucht und will keine. Denn das, was er verkündet, hat sein Wesen nicht darin, daß es einmal hic et nunc geschehen ist, sondern darin, daß sich in ihm das ewig gleiche kosmische Geschick des Menschen widerspiegelt. Das, was der Mythos verkündet, hat sein Wesen nur als symbolisches Geschehen, es ist nur in dem, was es bedeutet. ‚Dies nun geschah niemals' – natürlich. Denn was da mit Attis oder mit dem vielnamigen Urmenschen der Naassenerpredigt geschah, ist nur der vor-bildliche Reflex des menschlichen Geschicks überhaupt. Sein, des Menschen tiefes kosmisches Geschick, wird im Mythos aufgefangen und zurückgeworfen. Das mythische Geschehen *ist* nur im Spiegel des Mythos. ‚Ist aber immer' – natürlich. Das Bedeutsame ist allezeit. Es bedarf nur des Innewerdens."[5]

Der Unterschied zwischen dieser von Schlier gegebenen Bestimmung dessen, was der Mythos im Wesentlichen ist, und derjenigen, die Bultmann vorgebracht hat, ist offenkundig. Beide – sowohl Bultmann als auch Schlier – argwöhnen nun, dass der jeweils andere durch die Art und Weise, wie er mit dem Neuen Testament interpretierend umgeht, dessen Botschaft in die Mythologie banne und ihren bleibenden aktuellen Gehalt verstelle. Wie sie dies meinen, zeigt sich besonders deutlich bei ihren Interpretationen der auf das Ostergeschehen bezogenen Aussagen des Neuen Testaments. Nach Schlier hat das Ostergeschehen – wie es beispielsweise in 1 Kor 15,3–5 bezeugt wird – die Funktion und die Kraft, die im Kreuzesgeschehen zur Erfüllung kommende Jesusgeschichte als Heils- und Offenbarungsgeschichte zu qualifizieren. Im Licht der Auferweckung des Gekreuzigten ist offenbar, dass sich in Jesu vorösterlichem Leben und Sterben in Wahrheit geschichtlich ereig-

---

4 *R. Bultmann*, Neues Testament und Mythologie, in: KuM 1 (1948) 15–48, hier 22.
5 *Schlier*, Besinnung auf das Neue Testament, 89.

net hat, dass Gott die Welt liebt. Schlier legt höchsten Wert darauf, dass Gottes Offenbarung und heilsame Selbstmitteilung sich in geschichtlichen Geschehnissen ein für alle Mal ereignet. Insofern, als dieser Sachverhalt im Ostergeschehen offenbar wird, hat dieses auf seine Weise am Ereignischarakter des Jesusgeschehens teil. Von diesen Überlegungen her konkretisiert sich für Schlier die erste Dimension der Auslegung des Neuen Testaments so: Das Neue Testament ist als ein Dokument der Geschichte, das heilsgeschichtliche Ereignisse bezeugt, auszulegen. Bultmann lehnt solche Gedankengänge ab. Die konkrete Jesusgeschichte von der als Osterereignis verstandenen Auferstehung des Gekreuzigten her als Heils- und Offenbarungsgeschichte zu begreifen, bedeute die Preisgabe der neutestamentlichen Verkündigung an die Mythologie; denn hier werde das göttliche, unweltliche Handeln in der Weise weltlichen, diesseitigen Geschehens vorgestellt. So versperre man dem modernen Menschen den Zugang zur christlichen Botschaft. Bultmann gibt zu, dass das Neue Testament über das Christus- und damit auch über das Ostergeschehen in dieser mythologischen Weise spricht; aber eben darum sei eine Entmythologisierung dieser Botschaft notwendig. Die Auferstehung Jesu dürfe nicht als ein „beglaubigendes Mirakel"[6] verstanden werden. Aber was denn dann bedeutet die Rede von der Auferstehung Jesu? Bultmann antwortet: Die Rede von der Auferstehung Christi sei „der Ausdruck der Bedeutsamkeit des Kreuzes"[7]. Nur wenn man dies so sehe, sei das Neue Testament auf das in ihm angelegte und in der jeweiligen Gegenwart aktualisierbare Existenzverständnis hin erschlossen. Schlier hat Bultmanns Konzeption auf das Heftigste abgelehnt. Schlier entsprechend hat das heils- und offenbarungsgeschichtliche Sprechen des Neuen Testaments die Mythologie, wie sie im religionsgeschichtlichen Umkreis des Neuen Testaments lebendig war, bereits überwunden. Bultmann aber führe durch seine Art, das Neue Testament auszulegen, genau in die Welt der Gnosis zurück. Schlier formuliert:

> „Wenn die Rede von der Auferstehung Jesu Christi von den Toten nichts anderes wäre als ‚der Ausdruck der Bedeutsamkeit des Kreuzes', dann wäre sie und

---

6 *Bultmann*, Neues Testament und Mythologie, 44f.
7 Ebd. 44.

die Auferweckung Jesu Christi von den Toten, die Bedeutsamkeit des Kreuzes, in der Tat ein Mythus. Dann wäre aber auch – diese Konsequenz ist nicht zu umgehen – das Kreuz als Kreuz des Auferstandenen und als Heilsereignis ein Mythus. An sich und ohne Bedeutsamkeit aber wäre es ein nebensächliches beliebiges historisches Ereignis. […] Für die apostolische Verkündigung geht es allem zuvor um Geschichte, das Geschehensein dessen, was das Kreuz ‚bedeutet', und dessen, was ihm seine Bedeutsamkeit gibt: die Auferweckung Jesu Christi, des Gekreuzigten, von den Toten. Für die apostolische Verkündigung ist die Auferweckung Jesu Christi, des Gekreuzigten, von den Toten eben nicht nur das Aufstrahlen der Bedeutsamkeit des Kreuzes und damit das Zur-Ruhe-Kommen des Logos in der Gnosis des Erkennenden, sondern jenes eschatologische Ereignis des realen Durchbruchs der Person Jesu Christi durch den realen Tod, der Aufgang Jesu Christi in das den Tod transzendierende und so erschöpfende reale Leben, ein Durchbruch, der als solcher zugleich der Einbruch in das Zeugnis seiner Zeugen ist."[8]

Das sind recht eindeutige Sätze an Bultmanns Adresse. In ihnen kommen die Erkenntnisse zum Tragen, die Schlier bei seinen literarkritischen und den Religionsvergleich einbeziehenden Untersuchungen an neutestamentlichen Texten gewonnen hat. Der formale Mythosbegriff, den Schlier dabei im Auge hat, ist aus gnostischen Texten der damaligen Zeit erhoben und – ihm zufolge – im Neuen Testament insofern jedenfalls nicht mehr wirksam, als dieses nicht ein zeitüberlegenes, wenngleich erst durch das neutestamentliche Kerygma offenstehendes Existenzverständnis entfaltet, sondern geschichtliche Ereignisse bezeugt, auf die sich der Mensch glaubend bezieht. Schlier bleibt m. E. mit seiner Konzeption dem innersten Duktus des Neuen Testaments näher als Bultmann. Diese These könnte freilich nur in zahlreichen Einzelexegesen neutestamentlicher Texte befriedigend belegt werden, was hier jedoch nicht geschehen kann. Erwähnt sei lediglich noch, dass für Schlier selbst in diesem Zusammenhang Apg 10,37–43 eine besonders große Rolle spielt.

---

8 *Schlier*, Besinnung auf das Neue Testament, 89f.

2. Dimension II

Das Neue Testament ist als ein Dokument auszulegen, das auf seine gegenwärtig beanspruchende Wahrheit hin befragt werden und Glauben wecken will. Die hermeneutische Philosophie, die von Martin Heidegger und seinen Schülern ausgebildet wurde, hat auf den Unterschied zwischen Erklären und Verstehen, zwischen Methode und Wahrheit aufmerksam gemacht. Der Sinn des Umgangs mit Texten der Vergangenheit erfüllt sich erst, wenn aus ihnen ein gegenwärtiger Ruf in eine Entscheidung ergeht. Hans-Georg Gadamer formuliert in seinem Aufsatz „Martin Heidegger und die Marburger Theologie" die Grundeinsicht, die den Philosophen und den Theologen gleichermaßen von Heidegger erschlossen wurde, wie folgt: „Was ist Interpretieren anderes, als es mit der Wahrheit des Textes aufzunehmen und sich ihr auszusetzen zu wagen?"[9] Bultmann und Schlier, die wie Gadamer in intensivem Austausch mit Heidegger standen, haben diesen Gedanken in ihr Verständnis und in ihre Praxis der Schriftauslegung aufgenommen. Bultmanns ganzes Bemühen um das Verstehen des Neuen Testaments zielt darauf ab, aus dessen Texten einen im Heute ergehenden Anspruch laut werden zu lassen. Die Interpretation der Schriften erfolgt „unter der Voraussetzung, daß diese der Gegenwart etwas zu sagen haben"[10]. Ganz ähnlich äußert sich auch Schlier:

> „Die Auslegung der Heiligen Schrift muß [...], wenn sie der Intention folgt, die sich in Form und Inhalt ihres Textes meldet, erstlich und letztlich darauf gerichtet sein, den in der Schrift fixierten Anspruch des Offenbarungsgeschehens zu vernehmen [...] Ziel der Auslegung muß das Vernehmen des mit und in der Schrift erhobenen Anspruchs Gottes sein. Denn dieser und nichts anderes ist die Wahrheit der Schrift. Ihm und nichts anderem begegnen stiftet Wahrheit. Ihn aus der Schrift dem Verstehen entfalten heißt die Wahrheit sich ereignen lassen. Die Wahrheit der Schrift ist, pointiert gesprochen, nicht die Richtig-

---

9 H.-G. *Gadamer*, Martin Heidegger und die Marburger Theologie, in: E. *Dinkler* (Hg.), Zeit und Geschichte, Tübingen 1964, 479–490, hier 481.
10 *Bultmann*, Theologie des Neuen Testaments, 599.

keit ihrer Angaben über historische Fakten und Daten. Sie besteht nicht darin, daß alles so passiert ist, wie es dasteht. Das setzte ja voraus, daß sie geschrieben wäre, den Menschen (unseres Zeitalters!) den vorgestellten Faktenverlauf zu garantieren und ihn dadurch selig zu machen, daß er über ein Bild verfügt, das mit der Geschichte als Passiertem übereinstimmt. Aber die Wahrheit der Schrift ist der unabweisbare Anspruch der in der Geschichte und geschichtlich geschehenen Zusage und Zukunft der Treue Gottes in der Recht- und Gnadentat Jesus Christus."[11]

Das ist also zwischen Bultmann und Schlier nicht strittig, dass das Neue Testament auf seine heute beanspruchende Wahrheit hin auszulegen ist. Doch wie kann man dieser Anweisung entsprechen? Das Neue Testament spricht an vielen Stellen, zumal an theologisch besonders reichen Stellen, eine Sprache, die von mythologischen Vorstellungen mitgeprägt ist. Inwiefern kann solch eine Sprache von dem in ihr ausgesagten und „eigentlich" intendierten Gehalt derart unterschieden werden, dass man den bleibend gültigen Gehalt vergegenwärtigt, die mythologischen Sprachelemente aber zurücklässt? Diese Frage kann nur im Durchgang durch konkrete Schriftauslegung beantwortet werden. Bultmann und Schlier identifizierten die mythologischen Vorstellungen, auf die sie bei ihrer Arbeit am Neuen Testament stießen, übereinstimmend als solche, die zu zwei konkreten Mythenkomplexen gehören. Dabei handelt es sich zum einen um den „apokalyptischen Mythos", auf den wir im Folgenden nicht weiter eingehen, zum anderen um den „gnostischen Mythos", in dessen Zentrum das Bild des sogenannten „Urmenschen" steht. Sowohl das johanneische als auch das paulinische Werk zieht in hochtheologischen Texten Elemente des gnostischen „Urmensch"-Mythos heran. Man denke beispielsweise an den Prolog des Johannesevangeliums oder an die Adam-Christus-Typologie in Röm 5 und 1 Kor 15. Der Mythos vom „Urmenschen" knüpft bei Spekulationen über Adam an, der bei Philo und gelegentlich in jüdisch-apokalyptischen Schriften (z. B. im 4. Esra-Buch oder in der syrischen Baruch-Apokalypse) als Ideal- und Urmensch, der gleichzeitig für die

---

11 *Schlier*, Besinnung auf das Neue Testament, 53.

ganze Menschheit steht, begriffen wird. Später ist dieser Mythos in der christlich-häretischen Gnosis vielfältig ausgebildet worden. In den vielgestaltigen Zeugnissen dieser Gnosis kommen im Wesentlichen diese Merkmale der „Urmensch-Vision" zum Zuge: Der „Urmensch" ist ein präexistentes Wesen, das vom Himmel herabkommt und in die Mauer, die die Welt umgibt, einen Spalt schlägt, die Feindschaft der Engel zunichtemacht, die Seinen, das heißt die in der Welt verstreuten Seelen, in sich sammelt und bei seiner Rückkehr in den Himmel hinaufführt. Das sind in Kürze die Züge, die der gnostische Mythos vom „Urmenschen" zeichnet. Das Neue Testament ist – wie bereits erwähnt – auf die gegenwärtig beanspruchende, in die Entscheidung rufende Wahrheit hin auszulegen. Was bedeutet dies angesichts der Tatsache, dass das Neue Testament in zahlreichen christologischen Texten eine durch den gnostischen Mythos mitgeprägte Sprache spricht? Bultmann und Schlier antworten: Die mythologischen Elemente sind nicht zu eliminieren, sondern zu interpretieren und so dem heutigen Menschen zu erschließen. Im Vollzug dieser Aufgabe kommen Bultmann und Schlier nun allerdings wiederum zu entgegengesetzten Auffassungen, die ihrerseits von erheblicher Tragweite sind.

Bultmann interpretiert eine in den biblischen Texten vorliegende Aussage auf ihre gegenwärtig beanspruchende Wahrheit hin so, dass er sie auf das in ihr angelegte, grundsätzlich auch heute mögliche Existenzverständnis hin befragt. Er formuliert:

> „Gegenwartsbedeutung können sie – die theologischen Gedanken des Neuen Testaments – nicht als theoretische Lehren, zeitlose allgemeine Wahrheiten, beanspruchen, sondern nur als der Ausdruck eines Verständnisses menschlicher Existenz, das auch für den gegenwärtigen Menschen eine Möglichkeit seines Selbstverständnisses ist."[12]

Das heißt: Die Aussagen des Neuen Testaments sind „existential" zu interpretieren. Sofern nun die konkreten Vorstellungsgehalte des gnostischen Mythos vom „Urmenschen" nicht auf ein glaubendes, das heißt aus dem Unverfügbaren zu leben entschlossenes Existenzverständnis

---

12 Bultmann, Theologie des Neuen Testaments, 599.

hin interpretiert werden können, sind sie preiszugeben. Doch warum haben nach Bultmann Johannes und Paulus dennoch den gnostischen Mythos vom „Urmenschen" in ihr christologisches Reden aufgenommen? Bultmann kleidet seine Antwort in die Erwägung,

> „ob die mythologische Rede nicht einfach den Sinn hat, die Bedeutsamkeit der historischen Gestalt Jesu und seiner Geschichte, nämlich ihre Bedeutung als Heilsgestalt und Heilsgeschehen zum Ausdruck zu bringen. Darin hätte sie ihren Sinn, und ihr objektivierender Vorstellungsgehalt wäre preiszugeben."[13]

Eben diese Folgerung, zu der Bultmann gelangt ist, wird von Schlier bestritten. Er setzt die Beziehung zwischen den von den christologischen Texten des Neuen Testaments aufgenommenen mythologischen Vorstellungsgehalten einerseits und andererseits dem zur Sprache zu bringenden Christusereignis anders als Bultmann an und weist darauf hin, dass im Neuen Testament an keiner Stelle der gnostische „Urmensch"-Mythos gesamthaft erzählt wird. Stattdessen werden nur einzelne Elemente aus ihm herangezogen – offenbar in voller Bewusstheit und im Rahmen von Auseinandersetzungen mit häretischen Christengruppen, die sich dem Mythos unterscheidungslos überlassen hatten. Der Mythos hat die Christusbotschaft nicht überwältigt oder gar zum Verschwinden gebracht. Es ist eher umgekehrt: Die Christen der Urkirche haben die mythologischen Elemente kritisch aufgegriffen, um mit ihrer Hilfe bestimmte Dimensionen des Christusereignisses zu fixieren. Andere Sprachmöglichkeiten standen ihnen nicht zur Verfügung. Das Primäre ist im Sinne der apostolischen Verkündigung das geschichtliche, im Licht des Ostergeschehens offenbare Christusereignis. Um seine verborgene Tiefe, seine kosmische Reichweite und seine das Sein der Schöpfung und des Menschen umgestaltende Kraft auszusagen, nahm die Urkirche Vorstellungsgehalte des „Urmensch"-Mythos auf, – nicht ohne sie durch ihre Anwendung auf das geschichtliche Christusgeschehen zugleich christologisch zu verwandeln. Aber gerade so werden sie zu konstitutiven Elementen der apostolischen Christusverkündigung. Anders gesagt: Das Neue Testament hat den gnostischen Mythos selbst

---

13 *Ders.*, Neues Testament und Mythologie, 41.

bereits entmythologisierend und kritisch aufgenommen. Die kritisch und bewusst in die neutestamentliche Christusverkündigung integrierten mythologischen Vorstellungsgehalte nun noch einmal entmythologisierend preiszugeben, entspräche nach Schlier gar nicht der Intention des Neuen Testaments, dessen Botschaft gleichwohl auf den gegenwärtigen Anspruch hin ausgelegt werden will.

Doch ist ein gegenwärtiges Verstehen einer derart in ihre vorgegebene und unverfügbare Sprachgestalt eingeschlossenen Botschaft dann überhaupt noch möglich? Schlier bejaht die Frage und weist in seiner Antwort zum einen darauf hin, dass eben dies die Aufgabe der Verkündigung sei, die neutestamentliche Sprach- und Vorstellungswelt dem heutigen Verstehen durch Übersetzen zu erschließen, zum anderen, dass sich aktuelles Verstehen nur unter der Voraussetzung einstellen kann, dass sich die je heutigen Verstehens- und Sprachmöglichkeiten nicht in sich schließen, sondern offenhalten.

„Solche sich wandelnden Verstehens- und Sprachmöglichkeiten sind keine Endmöglichkeiten, sondern Ausgangsmöglichkeiten. Von ihnen kommt man her, um zu einem neuen Verstehens- und Sprachhorizont zu gelangen. Dieser eröffnet sich dann, wenn das Ereignis [...], das es zu verstehen gilt, die bisherigen Verstehens- und Sprachmöglichkeiten überwältigt und zerbricht und neue aus den alten schafft."[14]

Bultmanns und Schliers unterschiedliche Auffassungen angesichts der Frage, wie sich die ursprüngliche Christusbotschaft zu dem in die neutestamentliche Christusverkündigung aufgenommenen gnostischen Vorstellungsmaterial verhält, wirken sich in der konkreten Schriftauslegung aus. Es wäre anregend, dies durch einen Vergleich von Bultmanns und Schliers Interpretation des Johannesprologs zu illustrieren. Ein anderes Beispiel aus dem Bereich der Exegese des 4. Evangeliums sei wenigstens in Kürze vorgestellt. Bultmann sieht von seiner Einschätzung der Bedeutung des gnostischen Mythos für das Johannesevangelium

---

14 *H. Schlier*, Der Geist und die Kirche, Exegetische Aufsätze und Vorträge IV, Freiburg i. Br. 1980, 7f.

her in diesem Evangelium eine antisakramentale Tendenz am Werk. Er schreibt dazu:

> „Der Tatsache, daß bei Johannes die ‚Heilstatsachen' im traditionellen Sinne keine Rolle spielen, und daß das ganze Heilsgeschehen: Menschwerdung, Tod und Auferstehung Jesu, Pfingsten und die Parusie in das eine Geschehen gelegt ist: die Offenbarung der ἀλήθεια Gottes im irdischen Wirken des Menschen Jesus und die Überwindung des Anstoßes im Glauben – dieser Tatsache entspricht es, daß auch die Sakramente keine Rolle spielen."[15]

Den Abschnitt Joh 6,51b–58, in dem vom „Essen des Fleisches des Menschensohnes" die Rede ist, erklärt Bultmann als „kirchliche Redaktion"; denn „das Brot des Lebens" der vorhergehenden Worte Jesu meint zweifellos nicht das sakramentale Mahl, sondern bezeichnet „Jesus selbst als den, der das Leben bringt, indem er es ist"[16]. Schlier setzt die Akzente anders. Er erkennt eine das Sakramentale betonende Linie im Johannesevangelium, die sachlich mit der Weise zusammenhängt, wie der gnostische Mythos vom „Urmenschen" kritisch in die johanneische Christologie aufgenommen worden ist. Im Blick auf Joh 6 führt Schlier unter anderem aus:

> „Die Anteilhabe an dem bis in den Tod inkarnierten Jesus als an dem Brot des Lebens, die sich im Glauben ereignet, geschieht auch im sakramentalen Essen und Trinken […] Soviel wird sichtbar, daß der Glaube das ist, was zugrundeliegt und die Anteilhabe eröffnet. Als solcher ‚verschafft' er die Lebensspeise. Aber offenbar ist mit dem Glauben allein die Anteilhabe noch nicht vollendet, sondern erst durch Essen und Trinken. Dieses stellt sich als ein Modus des Glaubens, als seine Bestätigung und Bekräftigung dar. In Bezug auf den, der sich uns als Gabe gibt, haben Glauben und Essen keinen verschiedenen Gegenstand. Und auch in Bezug auf das, was sich im Glauben oder im Essen gewinnen läßt, besteht kein Unterschied. 6,47 heißt es: ‚Wer glaubt, hat ewiges Leben'. Ebenso aber 6,54: ‚Wer mein Fleisch ißt und mein Blut trinkt, hat ewiges Leben'. Aber in Bezug auf den Weg, auf dem sich das ewige Leben eröffnet, fixiert sich nach

---

15 *Bultmann*, Theologie des Neuen Testaments, 411.
16 Ebd. 412.

unserem Evangelium der Glaube und gewinnt er seine Konkretion, erfüllt er sich im sakramentalen Essen und Trinken."[17]

Die unterschiedliche Weise, wie Bultmann und Schlier einen Text wie Joh 6 auslegen, macht deutlich, dass die Antwort auf die Frage, wie das Neue Testament auf seine gegenwärtig beanspruchende Wahrheit hin zu interpretieren ist, auf die Deutung einzelner neutestamentlicher Texte oder Schriften zurückzuwirken vermag. Das Neue Testament ist also als ein Dokument auszulegen, das auf seine heute beanspruchende Wahrheit hin befragt werden will. Indem es das im Licht des Ostergeschehens offenbare Christusereignis, in dem Gott der Welt seine Gnade geschenkt hat, bezeugt, will es den Glauben daran wecken. Die Art, wie das Neue Testament Vorstellungsgehalte der damaligen umgebenden Mythologien kritisch integriert hat, verbietet eine nochmalige Entmythologisierung, gebietet aber eine Form der Verkündigung, die die apostolische Christusbotschaft erklärt und übersetzt und dem Hörer zumutet, sich so in das glaubende Ja zu dieser Botschaft rufen zu lassen, dass darunter seine mitgebrachte Sprach- und Verstehenswelt verändert wird. Lange Zeit hindurch haben die Christen die Hl. Schrift im Sinne der Lehre von den vier Schriftsinnen geistlich ausgelegt gemäß dem bekannten Zweizeiler „Litera gesta docet, quid credas Allegoria, Moralis quid agas, quo tendas Anagogia" (Augustinus de Dacia, 13. Jhdt.). Das große Korn Wahrheit, das sich in diesem Programm manifestiert, kommt in der Weise, wie Schlier die Aktualisierbarkeit der neutestamentlichen Botschaft versteht, unter den heute gegebenen Bedingungen mit zum Tragen. Eine unmittelbare Auslegung biblischer Texte in politische oder tiefenpsychologische oder vergleichbare Verstehenskontexte hinein ist von diesem Ansatz her allerdings nicht möglich, was jedoch andererseits keinesfalls bedeutet, dass die Schriftauslegung für diese Zusammenhänge folgenlos bliebe. Schlier selbst ist dafür ein deutlicher Beweis: Ähnlich wie Bultmann hat er im Kirchenkampf der

---

17 *H. Schlier*, Johannes 6 und das johanneische Verständnis der Eucharistie, in: *Ders.*, Das Ende der Zeit. Exegetische Aufsätze und Vorträge III, Freiburg i. Br. 1971, 102–123, hier: 118.

Bekennenden Kirche von 1933 bis 1945 an vorderster Front gegen das nationalsozialistische Unrechtsregime agiert.

3. Dimension III

Das Neue Testament ist als ein Dokument auszulegen, das sich die Kirche als seinen Verstehensraum einräumt und sich nur im Dialog mit dem Leben und der Geschichte der Kirche erschließt Die Auslegung des Neuen Testamentes geschieht in kirchlichen Kontexten. Bultmann thematisiert diese Dimension weniger, wenngleich auch in seinem Gesamtkonzept mancherlei Möglichkeiten dazu gegeben waren, wie Gerhard Ebeling in einigen beachtenswerten Arbeiten, Impulse Bultmanns aufnehmend, belegt.[18] Bultmann weiß, dass die Kirchlichkeit des Auslegungsgeschehens sich in dem Moment als problematisch erweist, da die Kirche eine bestimmte Auslegungstradition dogmatisch fixiert. Dies hat es in der Geschichte der Kirche zwar immer wieder gegeben, aber Bultmann hält es für illegitim. Er formuliert:

> „Die Kontinuität der Theologie durch die Zeiten hindurch besteht nicht am Festhalten an einmal formulierten Sätzen, sondern in der ständigen Lebendigkeit, mit der der Glaube von seinem Ursprung her die ständig neue Situation verstehend bewältigt."[19]

Ähnlich wie Ebeling hat auch Schlier auf vielfältige Weise zur Sprache gebracht, wie die Kirchlichkeit der Schriftauslegung konkret und lebendig zum Tragen kommt. Sie geschieht in der kirchlichen Liturgie, im persönlichen Gebet der Christen, in der Lehre, deren immer neue Entfaltung den Theologen anvertraut ist, im kanonischen Recht, in der Kunst und natürlich und vor allem in der Predigt. Aktuelle Schriftauslegung vollzieht sich im Dialog mit der Kirche und ihrer Geschichte, deren Eigenart durchaus wie folgt gekennzeichnet werden kann: Sie sei die Ge-

---

18 G. *Ebeling*, Kirchengeschichte als Geschichte der Auslegung der Hl. Schrift, Tübingen 1947; *ders.*, Die Geschichtlichkeit der Kirche und ihrer Verkündigung als theologisches Problem, Tübingen 1954.
19 *Bultmann*, Theologie des Neuen Testaments, 585.

schichte der Auslegung der Hl. Schrift. Das alles erscheint als nicht eigentlich problematisch. Umstritten ist im Wesentlichen nur die Frage, ob und in welchem Sinne gegenwärtige, kirchliche Schriftauslegung an kirchliche Dogmen gebunden ist. Schlier schließt solch eine Bindung an die kirchlichen Dogmen nicht nur nicht aus, sondern bejaht sie ausdrücklich. Drei Überlegungen scheinen ihn vor allem zu dieser Auffassung bewogen zu haben.

In einer ersten weist er darauf hin, dass es zur Eigenart geschichtlicher Ereignisse und der sie erschließenden Texte gehört, sich einen Raum zu schaffen, in welchem sie ein Echo finden, das heißt wahrgenommen, beachtet, bedacht und beurteilt werden. Das gilt auch für die Ereignisse der Heils- und Offenbarungsgeschichte des Alten und Neuen Bundes und ihre Texte. Sie schaffen die Kirche als Raum ihres Beachtet- und Erwogen-Werdens. Die Kirche ihrerseits bewahrt die Ereignisse und die Texte, auf die sie sich bezieht und in deren Annahme sie sich ihrer Identität vergewissert, durch die Zeiten. Darum stellt sie sie zum Kanon der heiligen Schriften zusammen. Kurz: Die Kirche ist der Resonanzraum, den sich das im Neuen Testament bezeugte Wort Gottes schafft und dessen es bedarf, damit es in der Geschichte hörbar wird.

Eine zweite Überlegung kommt hinzu. Die dogmatische Denkform ist dem Neuen Testament selbst nicht fremd. Satzhafte Fixierungen des Evangeliums tauchen auch nicht erst in den Pastoralbriefen oder in anderen Spätschriften (z. B. 1 Tim 3,16) auf, sondern – historisch und sachlich gesehen – gehen sie sogar allen Schriften des Neuen Testaments voraus: in der Form der Bekenntnisformeln, deren berühmteste sich in 1 Kor 15,3–5 findet: „Christus ist für unsere Sünden gestorben, gemäß der Schrift, und ist begraben worden. Er ist am dritten Tag auferweckt worden, gemäß der Schrift, und erschien dem Kephas, dann den Zwölf." Man kann aber auch an 1 Thess 4,14; Röm 1,3f., Röm 10,9 und andere denken. Solche Bekenntnisformeln lassen sich durch form- und überlieferungs-geschichtliche Analysen aus den verschiedenen neutestamentlichen Schriften und Schriftengruppen erheben. Sie bilden die inhaltliche, die Vielfalt der Entfaltungen zusammenhaltende Mitte des Neuen Testaments. Diese Ur- oder Grundbekenntnisse sind die frühesten Versprachlichungen der österlichen Erkenntnis, dass Jesus der

Christus ist, und dass in seinem Werk und in seiner Person Gott der Welt sein Heil zugesprochen hat. Die urchristlichen Bekenntnisformeln weisen bereits diejenigen Merkmale auf, die auch die späteren Dogmen der Kirche kennzeichnen: Es handelt sich um Glaubenssätze, in denen die Kirche verbindlich den ihr selbst vorgegebenen Grund ihrer selbst ausspricht. Sowohl die neutestamentlichen Schriften in ihrer existierenden Gestalt als dann auch die späteren Dogmen der Kirche explizieren, präzisieren, präsentieren das in den Bekenntnisformeln bereits grundlegend Gesagte. Trifft die von Schlier immer wieder herausgestellte form- und überlieferungsgeschichtlich gewonnene Kennzeichnung der urchristlichen, formelhaft greifbaren Bekenntnistradition zu, so folgt: Die dogmatische Denkform ist dem Glaubensdenken, wie es sich schon im Neuen Testament darstellt, nicht grundsätzlich fremd. Wer das Neue Testament auslegt, bekommt es dort bereits mit dem Dogma in seiner ursprünglichsten Form zu tun.

Schlier hat diese Sachverhalte wie folgt dargelegt:

„Gibt es nicht, wenn man das Neue Testament befragt, vor allen seinen Schriften und ihrer Theologie konkrete Zeugnisse, die selbst schon theologische Aussagen enthalten, und zwar solche, die für die ganze in den Schriften des Neuen Testamentes sich explizierende Theologie bestimmend sind? Hat sich ‚das Wort' der Geschichte Jesu Christi nicht schon vor den neutestamentlichen Schriften zu Formulierungen verdichtet und in der Form der Homologia der Urkirche den neutestamentlichen Schriften in verschiedener Weise auferlegt? Bergen diese Formulierungen als das Urwort der sich zur Sprache bringenden Offenbarung Jesu Christi und als die Urantwort der sich ihm öffnenden Gemeinde nicht die primäre Explikation der Heilstat Gottes in Jesus Christus in sich, die dann in den neutestamentlichen Schriften und ihrer Verkündigung und also in ihrer Theologie entfaltet wird? In der Tat hat die Geschichte der neutestamentlichen Überlieferung immer deutlicher gezeigt, daß die neutestamentlichen Schriften eine Reihe von fixierten Glaubenstraditionen und besonders auch Glaubensformeln in sich schließen, die sie und ihre Verkündigung bewußt und unbewußt prägen."[20]

---

20 *Schlier*, Besinnung auf das Neue Testament, 15.

Schließlich eine weitere Überlegung. Sie gilt dem Sinn, den ein nachneutestamentlich ergangenes kirchliches Dogma für die Auslegung des Neuen Testaments hat. Die kirchliche Glaubensbesinnung hat die Aufgabe, die von der Exegese und der Biblischen Theologie zur Sprache gebrachten Sachverhalte zusammenhängend und im Kontext aktueller Fragestellungen zu durchdenken. Sie hat dies im Gespräch mit allen Partnern zu tun, die zur Erhellung beitragen können. Die auf die Wahrheit der exegetisch erhobenen Sachverhalte zudenkende Besinnung hat – wie wir wissen – in der Geschichte der Kirche immer wieder zur Niederlegung des Erkannten im Dogma geführt. Künftige Schriftauslegung sollte – das war und ist ja der Sinn dieses Vorgangs – an dem so Fixierten nicht mehr vorbeigehen können. Die entscheidende Frage lautet nun: Welchen Sinn hat solch ein Dogmatisieren des Erkannten? Lässt es sich angesichts des Wesens und des Anspruchs des Neuen Testaments rechtfertigen? Behutsam, aber doch auch entschieden, hat Schlier wie folgt darauf geantwortet:

> „Was die Exegese im methodischen Verfahren unter hörendem Verstehen als das von der Hl. Schrift zu denken Aufgegebene erarbeitet hat, übergibt sie dem Glaubensdenken der Kirche, damit dieses dem zu Denkenden nachdenke und den Sachverhalt durchdenke. Vielleicht, daß es dabei an diesem oder jenem Punkt auch zu einem Zu-Ende-Denken kommt. Solches Zu-Ende-Denken, welches sich im Glaubenskonsens der Kirche anzeigt, kann, sofern es die Stunde fordert und erlaubt, zur Fixierung im Dogma führen. Dieses bedeutet aber nicht das Ende des Bedenkens, sondern die Erhebung des Gedachten, Nachgedachten, Durchgedachten und jetzt und hier Zu-Ende-Gedachten in das unbestreitbar und unverlierbar Denkwürdige. Für die Exegese bedeutet das nicht die Suspendierung des Vollzugs im Umkreis dieses oder jenes Textes, sondern die Anweisung des entschiedenen Denkens an seinen Beginn zu neuem Überdenken."[21]

Ein Dogma ist also das für die schriftauslegende Kirche unbestreitbar und unverlierbar Denkwürdige. Darum ist sie bei ihrer aktuellen Schriftinterpretation darauf verwiesen und daran gebunden. Die dritte Dimension der sachgemäßen Schriftauslegung ist also ihre

---

21 Ebd. 60f.

Kirchlichkeit. Es sei ergänzend noch angemerkt, dass Schlier, dessen Gedankengängen wir uns auch beim Bedenken der Kirchlichkeit des Interpretationsprozesses anvertraut haben, keineswegs die Auffassung vertritt, die faktisch vorliegende kirchliche Rezeption der neutestamentlichen Schriften und ihre Botschaft schöpfe deren Reichtum bereits aus. Abgesehen davon, dass es sich hierbei ohnehin um eine unabschließbare Bemühung handelt, sind bestimmte Defizite durchaus namhaft zu machen. So beklagte es Schlier immer wieder, dass die katholische Theologie keine befriedigende Lehre vom Wort Gottes ausgebildet habe.

Das Verständnis und der Vollzug der dogmatischen Theologie erschließen sich am ehesten von dem her, was Auslegung der Hl. Schrift bedeutet. Wir haben auf das aufmerksam zu machen versucht, was Schlier, der mit ausdauernder Hingabe dem in der Hl. Schrift bezeugten Wort Gottes zugewandt lebte, darüber mitgeteilt hat. Und um das Profil seiner Konzeption schärfer zu konturieren, haben wir das Gespräch, das er mit seinem Lehrer Bultmann geführt hat, mit zur Sprache gebracht. Drei kurze Bemerkungen können unsere Überlegungen noch ergänzen und abschließen:

Erstens: Die drei Dimensionen der Bibelinterpretation, die wir im Anschluss an Schliers programmatischen Text „Was heißt Auslegung der Heiligen Schrift?" benannt haben, können in ihrer Formalität und Abstraktheit an die Regeln erinnern, die ein Spiel ermöglichen sollen, die aber andererseits auch nur so formuliert werden konnten, weil sie aus intensiver Spielpraxis und -erfahrung erhoben wurden. Die Regeln stehen in Funktion zu dem Spiel, das mit seinen Überraschungen und in seiner konkreten Ereignishaftigkeit dann immer noch einmal etwas Anderes und Reicheres ist als das, was aus der Kenntnisnahme der Regeln erwartet werden konnte. Eine entsprechende Erfahrung wird derjenige machen, der sich auf Schliers Schriftauslegungen einlässt: beispielsweise auf die großen Kommentare zum Galaterbrief, zum Epheserbrief, zum Römerbrief; auf die unmittelbar von einer Sachfrage geleiteten Schriftinterpretationen wie sie etwa in den Aufsätzen über die Freiheit des Christen oder über die Einheit der Kirche vorliegen, oder schließlich auf die kurzen geistlichen Besinnungen und Predigten.

Zweitens: Es wird aufgefallen sein, eine wie große Rolle die Frage nach der Gnosis und nach dem Mythos im Gespräch zwischen Schlier und Bultmann gespielt hat. Befanden sich – so kann man von der heutigen Forschungssituation her fragen – Bultmann und Schlier damit auf einem richtigen oder einem falschen Weg? In welcher Weise ist Vorstellungsgut aus gnostischen Mythologien im Neuen Testament nachweisbar? Welchen Sinn hat es dort? Einerseits legt die gegenwärtige religionsgeschichtliche Forschungslage eine größere Zurückhaltung nahe, als Bultmann und Schlier sie – jedenfalls in ihren frühen Jahren – übten. Andererseits kann man immer noch davon ausgehen, dass sie die Beziehungen zwischen dem Urchristentum und den umliegenden vielfältigen Strömungen aller Art im Großen und Ganzen richtig eingeschätzt haben. Bezüglich der Einzelfragen gehen die Auffassungen der Fachleute weit auseinander. Ein Blick in die Werke von Forschern wie Kurt Rudolph, Carsten Colpe, Martin Hengel, Hans-Martin Schenke, Walter Schmithals, Karl-Wolfgang Tröger und Robert Haardt beweist dies sogleich.

Drittens und letztens: Lässt sich ausmachen, ob bestimmte Ereignisse in Schliers Leben dazu geführt haben, dass er sich bei aller persönlichen und sachlichen Verbundenheit mit Bultmann doch in der beschriebenen Weise gegensätzlich zu ihm positioniert hat? Es scheint, dass unter vielen Ereignissen, auf die hier verwiesen werden könnte, für den Fragebereich, den wir angesprochen haben, eines von herausragender, ja entscheidender Bedeutung gewesen ist: die Beschäftigung mit der Schrift Erik Petersons „Was ist Theologie?"[22] Man wird davon ausgehen können, dass Schlier sie sogleich im Erscheinungsjahr 1925 studiert hat. Diese Schrift, die damals, wie der Briefwechsel zwischen Karl Barth und Rudolf Bultmann erkennen lässt, in der Welt der „dialektischen Theologie" stärkste Unruhe auslöste und deren theologische Grundperspektive Schlier sich zu eigen gemacht hat, handelt nur indirekt und implizit von der Schriftauslegung. Aber in dieser Weise spricht sie dann doch recht klar und sagt: Das Neue Testament, wie es sich in seiner kanonischen Form darbietet, ist das maßgebliche kirchliche Zeugnis von der

---

22 E. *Peterson*, Theologische Traktate, München 1951, 9–43.

Fleischwerdung des Ewigen Wortes Gottes in der Geschichte. Es ist die Urkunde einer neuen Zeit. Und die Auslegung des Neuen Testaments hat daraufhin so zu geschehen, dass eben dies zur Sprache und zur Geltung kommt. Schlier hat im Tiefsten eben diesem Anliegen zu dienen versucht und so – auch im bisweilen dramatischen Ringen mit Bultmann – die Prinzipien entwickelt, deren Nachvollzug uns Anregung sein mag bei der Beantwortung der Fragen, die uns gestellt sind.

Kapitel 6
Das Werk Heinrich Schliers: eine Theologie des Neuen Testaments

Als Heinrich Schlier 1978 starb, hinterließ er ein umfangreiches und bedeutendes Werk. Es ist uns bis heute in zahlreichen Büchern und Aufsätzen zugänglich. In seinem sich über viele Jahre, ja Jahrzehnte hinziehenden Bemühen um eine fruchtbare Auslegung des Neuen Testaments hatte er es erarbeitet. Sprachlich und gedanklich genügen Schliers Schriften höchsten Ansprüchen. Umso auffallender ist es, dass sie, so scheint es, bis heute die Aufmerksamkeit nur zum Teil gefunden haben, die sie verdient hätten. Sucht man nach einer Erklärung für diesen Sachverhalt, so könnte man wohl auch auf die Tatsache stoßen, dass sich der bibelauslegende Schlier nicht selten in Bereichen bewegte, die über das hinausgingen, was üblicherweise als das angemessene Arbeitsfeld des neutestamentlichen Exegeten angesehen wird: die philologische und historisch-kritisch analysierende Erschließung der neutestamentlichen Texte. Er ignorierte ein solches Vorgehen keinesfalls, sah sich aber gedrängt und in der Lage, einen wesentlichen Schritt darüber hinaus zu gehen und entfaltete seine Einsichten im Sinne einer Theologie des Neuen Testaments. Anders gesagt: Er vollzog die Auslegung des Neuen Testaments in der Weise eines vom Glauben getragenen Nach- und Durchdenkens der neutestamentlichen Botschaft.

Dass er diesen Weg beschritten hat, resultierte aus Überlegungen und Überzeugungen, die in die frühen Jahre seines theologischen Arbeitens zurückreichen und ihn in seinem Vorgehen auch später immer begleiteten und bestimmten. Was ihn solcherart bewegte, soll in einem ersten Abschnitt dargelegt werden. Anschließend wird in Abschnitt 2 gezeigt werden, dass er sein Konzept im Gespräch mit Marburger Philosophen und Theologen entwickelt hat. Sodann wird in den Abschnitten 3 und 4 der Blick auf Schliers Werke gelenkt – und dies unter dem

Vorzeichen der Frage, ob und wie das hermeneutische Programm in ihnen angewendet wird.

1. Heinrich Schliers Konzept einer neutestamentlichen Theologie

Ein beträchtlicher Teil der Texte, die Schlier in den 30er- bis 50er-Jahren verfasst hat, bewegt sich der Sache nach bereits in bibeltheologischer Perspektive. Doch erst in den Jahren zwischen 1955 und 1965 hat er Aufsätze und Vorträge veröffentlicht, in denen er sich thematisch mit der Frage nach der sachgerechten Auslegung des Neuen Testaments befasste. Es handelt sich im Wesentlichen um die nachfolgend genannten Aufsätze:

- Zur Exegese und Theologie des Neuen Testaments[1]
- Über Sinn und Aufgabe einer Theologie des Neuen Testaments[2]
- Biblische und dogmatische Theologie[3]
- Was heißt Auslegung der Heiligen Schrift?[4]
- Erwägungen zu einer deutschen Einheitsübersetzung der Heiligen Schrift (darin vor allem Abschnitt II)[5]
- Verkündigung und Sprache[6].

Wie bestimmt Schlier den Sinn und die Art einer neutestamentlichen Theologie? Die Antwort, die im Folgenden in ihren Einzelelementen

---

1 In: WdB I/2 (1954) 57–65; I/3 (1955) 113–124.
2 In: BZ, N.F. 1 (1957) 6–23; wiederveröffentlicht in: *H. Schlier, Besinnung auf das Neue Testament. Exegetische Aufsätze und Vorträge II*, Freiburg i. Br. 1964, 7–24.
3 In: *L. Klein* (Hg.), Diskussion über die Bibel, Mainz 1963, 85–98; wiederveröffentlicht in: *Schlier, Besinnung auf das Neue Testament*, 25–34.
4 In: WuW 19 (1964) 504–523; wiederveröffentlicht in: *Schlier, Besinnung auf das Neue Testament*, 35–62.
5 In: BZ, N.F. VIII (1964) 1–21; wiederveröffentlicht in: *Schlier, Besinnung auf das Neue Testament*, 63–82.
6 In: *Th. Bogler* (Hg.), Sakrale Sprache und kultischer Gesang, Maria Laach 1965, 62–77; wiederveröffentlicht in: *H. Schlier, Der Geist und die Kirche. Exegetische Aufsätze und Vorträge IV*, Freiburg i. Br. 1980, 3–19.

nachvollzogen wird, lautet: Sie ist ihm insofern Wahrnehmung und Darstellung der dem Glauben sich erschließenden Offenbarung Gottes, als die neutestamentlichen Schriften von ihr Kunde geben.

„Sie will die Offenbarungssachverhalte, soweit sie in den vorder- und hintergründigen Glaubensreflexionen des NT erfasst sind, in ihrem Zusammenhang aufhellen. Sie befragt das NT auf seine theologischen Gegenstände und Aussagen hin."[7]

Sie fragt nicht nur, nicht einmal vorwiegend, unter welchen Umständen und in welchen Schritten es zu dieser oder jener Aussage oder Schrift gekommen ist, sondern was sich in ihr zur Sprache bringt und ob dies wahr ist. Und wenn es wahr ist, dann erhebt es einen Anspruch. Wer sich diesem Anspruch aussetzt und sich ihm öffnet, über den gewinnt es Macht und bringt ihn auf einen neuen Weg.

Die sachgemäße Auslegung des Neuen Testaments ist die theologische. Dies ergibt sich aus der Tatsache, dass das Neue Testament die Kunde von Gottes Offenbarung ist, die sich in der Geschichte ereignet hat, und nicht der Bericht über historische Abläufe. Dass die biblische Botschaft eben dies ist, erschließt sich nur dem Glauben, der immer auch ein Werk des Heiligen Geistes ist. Gottes Offenbarung ist bei aller Vielgestaltigkeit im Einzelnen letztlich aber nur eine. In der Auferweckung des gekreuzigten Jesus und seiner Erscheinung vor den Frauen und vor den Jüngern erfüllt und erschließt sie sich. Sie findet ihre Sprache in der Glaubenserfahrung der Zeugen und geht in die apostolische Verkündigung ein. Diese apostolische Verkündigung hat sich in den urchristlichen Homologien verdichtet, die, geringfügig variiert, die verschiedenen neutestamentlichen Schriften, die in unterschiedlichen Situationen verfasst wurden, zusammenhalten und zur einen Heiligen Schrift zusammenziehen. Die derart gewährleistete innere Einheit in den unterschiedlichen neutestamentlichen Schriften bewegte die frühe Kirche, darin den Kanon der Heiligen Schriften zu erkennen und anzuerkennen, an den sich die Kirche durch die Räume und Zeiten hin gebun-

---

7 *H. Schlier*, Biblische und dogmatische Theologie, in: *Ders.*, Besinnung auf das Neue Testament, 25–34, hier: 28.

den wissen sollte. Wer die derart zusammengehörenden neutestamentlichen Schriften auslegt und sich ihrer Botschaft so öffnet, dass er ihr nach- und sie durchdenkt, der vollzieht in einfacher oder auch wissenschaftlich gebildeter Weise das, was die neutestamentliche Theologie ausmacht. Die Auslegung biblischer Texte ereignet sich aber auch auf einigen anderen, freilich mit der wissenschaftlichen Auslegung verwandten Wegen, z. B. in der Predigt, in der Liturgie, im Dogma, schließlich auch in der Kunst und im Brauchtum.

Die historisch-kritische, die philologische, die religionsgeschichtlich vergleichende Arbeit an den Texten des Neuen Testaments erbringt einen reichen, auch unentbehrlichen Erkenntnisgewinn. Und der neutestamentliche Theologe tut gut daran, ihn wahrzunehmen und aufzugreifen. Doch geht er als solcher über das hinaus, was er von dorther bezogen hat. Er hört auf das, was die derart schon bearbeiteten Texte an Botschaft, ja an Gottes Offenbarung in sich bergen, er denkt ihm nach und sagt es auf seine Weise noch einmal neu. Dabei ist er daran interessiert, das Gehörte auf die Menschen seiner Zeit und im Blick auf aktuelle Situationen hin verstehbar vorzulegen.

Heinrich Schlier hat sich auch mit der Frage befasst, wie eine Theologie des Neuen Testaments sachgerecht aufgebaut sein müsste. Dabei schließt er aus, dass sie mit einer Darstellung der Verkündigung des vorösterlichen Jesus zu beginnen habe. Eine solche gehöre vielmehr in den Bereich der Voraussetzungen für die neutestamentliche Theologie. Darüber hinaus sei zu beachten, dass der vorösterliche Jesus ebenso wie durch seine Verkündigung auch durch seine Taten, also durch seinen ganzen, schließlich am Kreuz endenden Weg bestimmt gewesen sei. Schlier hält es nachdrücklich für richtig, die neutestamentliche Theologie mit einer Darlegung der Botschaft der „Praesymbola fidei", also der urchristlichen Homologien, die christologisch konturiert sind, beginnen zu lassen. Sie bilden, so Schlier, den ursprünglichen Kern der neutestamentlichen Schriften, die sich als deren situationsbedingte Entfaltungen verstehen lassen. Im Sinne der Schlierschen Überlegungen folgen auf die Darlegung der Theologie der Homologien die Darstellungen der Theologie der Synoptiker, des Paulus und schließlich des Johannes.

Von der neutestamentlichen Theologie unterscheidet Schlier die dogmatische, die freilich in deren Nähe ihren Platz hat. Ihre Eigenart besteht darin, dass sie die Einsichten der neutestamentlichen Theologie aufgreift, um sie weiterzudenken, ja bis zu Ende zu durchdenken – mit dem Ziel ihrer zusammenhängenden Darstellung. Sie vollzieht sich im Dialog mit der Geschichte der Auslegung der neutestamentlichen Botschaft und sucht Versprachlichungen, die Bestand haben. Schlier sagt dies so:

> „Es geht im Verhältnis von Biblischer Theologie und Dogmatik nicht um einen Widerstreit. Beide haben am Betreiben des großen Auslegungsvorganges der Offenbarung ihren Anteil. Die Biblische Theologie legt sie aus, soweit sie sich in der Schrift zur Sprache gebracht hat. Sie entfaltet ja das biblische Glaubensdenken aus ihm selbst und legt das entfaltete der Dogmatik vor. Diese denkt von daher, und also jedenfalls im Raum und in den Grenzen des offenen Wortes der Schrift, im ständigen Gespräch mit der gesamten Überlieferung die ihr zugewiesene Sache durch und unter Umständen zu Ende."[8]

Das Konzept einer neutestamentlichen Theologie, wie Heinrich Schlier es vorgelegt und zum Richtmaß seines eigenen Arbeitens gemacht hat, ist vereinzelt schon dargestellt worden. Stellvertretend sei nur an den Aufsatz von Grzegorz Bubel erinnert, der den Titel trägt: „Geistliche und kirchliche Schriftauslegung. Heinrich Schlier als Ausleger der Bibel"[9].

2. Heinrich Schliers neutestamentliche Theologie – entwickelt im Gespräch

Heinrich Schlier hat sein Konzept einer neutestamentlichen Theologie im Gespräch, auch in der Auseinandersetzung mit Vorstellungen und Auffassungen einiger Lehrer und Weggenossen, ausgebildet. Unter ihnen finden sich Philosophen ebenso wie Theologen. Fünf von ihnen, die für Schlier von besonderer Bedeutung waren, seien eigens erwähnt. Es

---

8 *Schlier*, Biblische und dogmatische Theologie, 34.
9 In: *W. Löser/C. Sticher* (Hgg.), Gottes Wort ist Licht und Wahrheit. Zur Erinnerung an Heinrich Schlier, Würzburg 2003, 104–124.

handelt sich um Karl Barth, Martin Heidegger, Rudolf Bultmann, Erik Peterson und Hans-Georg Gadamer. Schlier hat weichenstellende Impulse von ihnen empfangen. Dies schließt nicht aus, dass auch manch anderer für Schliers Denken wichtig war. So hat er sein Konzept einer neutestamentlichen Theologie beispielsweise auch in kritischer Rezeption der Prinzipien und Methoden entwickelt, die in der „Theologie des Neuen Testaments" von Max Meinertz[10] zum Tragen gekommen waren. Andere Autoren und ihre Werke könnten in ähnlicher Weise erwähnt werden.

Welcher Art die Begegnungen mit vier der genannten Theologen waren und welche Folgen sie für Heinrich Schlier hatten, ist andernorts in einer genügend klaren und erschöpfenden Weise dargestellt worden – sei es durch andere Autoren, sei es durch den Verfasser der vorliegenden Studie. Rudolf Schwerendt hat einen Aufsatz mit dem Titel „Heinrich Schlier als Schüler seiner Lehrer Rudolf Bultmann, Martin Heidegger und Karl Barth in den Jahren 1920–1926"[11] veröffentlicht. Besonders sei auf den Abschnitt verwiesen, in dem es um die Beziehung zwischen Heinrich Schlier und Karl Barth geht.[12] Was Schwerendt über die Kontakte zwischen Heinrich Schlier einerseits sowie Rudolf Bultmann und Martin Heidegger andererseits ausführt, findet sich ausführlich in einigen Vorträgen beziehungsweise Aufsätzen anderer Autoren. Die wechselhafte, vielschichtige Beziehung zwischen Schlier und Heidegger wurde von Karl Lehmann dargestellt.[13] Entsprechendes hat Ferdinand Hahn im Blick auf das lange Gespräch zwischen Heinrich Schlier und Rudolf Bultmann ausgeführt.[14] Zu dem, was die genannten Autoren zu Bultmanns Einfluss auf Schliers Denken ausgeführt haben, sei hinzugefügt, dass Schlier seine eigene Position noch einmal durchdachte und festigte, indem er sich mit Bult-

---

10 Bonn 1950.
11 In: Cath 57 (2003) 263–286.
12 Vgl. ebd. 268–270.
13 Vgl. *K. Lehmann*, Heinrich Schliers Begegnung mit Martin Heidegger. Ein lehrreiches Kapitel im Verhältnis Philosophie – Theologie, in: *Löser/Sticher* (Hgg.), Gottes Wort, 22–46.
14 Vgl. *F. Hahn*, Heinrich Schlier – Rudolf Bultmann. Ein Vergleich, in: Ebd. 62–82.

manns Text „Epilegomena"¹⁵ auseinandersetzte. Bultmann beginnt seinen Text programmatisch mit dem Satz:

„Die Wissenschaft von der Neutestamentlichen Theologie hat die Aufgabe, die Theologie des NT, d. h. die theologischen Gedanken der neutestamentlichen Schriften darzustellen, und zwar sowohl die explizit entwickelten (wie z. B. die Lehre des Paulus vom Gesetz), wie diejenigen, die implizit in Erzählung oder Mahnung, in Polemik oder Tröstung wirksam sind."¹⁶

Solche und andere Positionen Bultmanns hat Schlier aufgegriffen, was nicht bedeutet, dass er sich nicht in vielem auch von seinem Lehrer distanziert hat. Dies trifft beispielsweise für dessen Programm einer notwendigen „Entmythologisierung" zu, wie vor allem aus dem von Schlier verfassten Literaturbericht „Zur Exegese und Theologie des Neuen Testaments"¹⁷ hervorgeht. Viele Anregungen hat Heinrich Schlier schon früh und immer wieder von Erik Peterson bekommen.¹⁸

Die Beziehungen zwischen Heinrich Schlier und dem fünften der genannten Gesprächspartner, Hans-Georg Gadamer, sind, so scheint es, bislang noch nicht eingehend untersucht und dargestellt worden. Weil sie jedoch für den Denkweg Schliers eine entscheidende Rolle spielten, sei ihnen hier kurz nachgegangen.

Hans-Georg Gadamer gehörte in den Jahren 1925 bis 1938/1939 zu dem Kreis der jungen Philosophen und Theologen, die sich um Rudolf Bultmann gesammelt hatten und sich Woche für Woche zum Austausch trafen. In seinem Buch „Philosophische Lehrjahre"¹⁹ berichtet Gadamer darüber:

---

15 Veröffentlicht im Anhang zu: *R. Bultmann*, Theologie des Neuen Testaments, Tübingen 1958, 585–599.
16 Ebd. 585.
17 Vgl. Anm. 1 im aktuellen Kapitel.
18 *W. Löser*, Das „bleibend Denkwürdige". Zum Dogmenverständnis Erik Petersons und Heinrich Schliers, in: *Ders., K. Lehmann, M. Lutz-Bachmann* (Hgg.), Dogmengeschichte und katholische Theologie, Würzburg 1985, 329–335; wiederveröffentlicht in diesem Band, Kapitel 4.
19 *H.-G. Gadamer*, Philosophische Lehrjahre, Frankfurt am Main 1977.

„[…] Bultmann war nicht nur ein scharfer Theologe, sondern auch ein leidenschaftlicher Humanist, und das führte uns schon früh […] zusammen. Es ist die berühmte Bultmannsche Graeca, der ich 15 Jahre lang angehört habe. Sie fand jeden Donnerstag, wenn ich mich nicht irre, in Bultmanns Wohnung statt. Heinrich Schlier, Gerhard Krüger, ich selber, später Günter Bornkamm und Erich Dinkler bildeten die kleine Gruppe, die mit Rudolf Bultmann die Klassiker der griechischen Literatur las […]."[20]

Dieser Notiz lässt sich entnehmen, dass Heinrich Schlier in seinen Marburger Jahren, also im Wesentlichen von 1930 bis 1935, in regelmäßigem Gesprächskontakt mit Hans-Georg Gadamer stand. Dieser gehörte zum engsten Schülerkreis um Martin Heidegger und eignete sich dessen hermeneutische Philosophie an, um sie in eigener Weise weiter zu entwickeln. Aus diesen Bemühungen entstand später das bedeutende und berühmte Werk „Wahrheit und Methode"[21], das ein Licht auf die Vorgänge wirft, die man „Auslegung" und „Verstehen" nennt. Dieses Werk wurde von Heinrich Schlier in den Jahren nach der Veröffentlichung des Buchs, also vor allem in den frühen 60er-Jahren, studiert, rezipiert und später vielfach zitiert. Es ist offenkundig, dass Schlier sein Konzept einer neutestamentlichen Theologie im Licht der Gadamerschen Philosophie noch einmal neu durchdacht und so in der Form überarbeitet hat, die nun vorliegt.

Ein Kernanliegen der Gadamerschen Reflexionen bestand darin, das Verstehen eines Textes aus der Bindung an eine historische Rekonstruktion der „mens auctoris" zu lösen. Gadamer betont immer wieder, dass ein Text, ähnlich wie ein Kunstwerk, einen eigenen Sinnüberschuss über das von seinem Autor Intendierte hinaus aufweist. Verstehen heißt dann: sich dem, was ein Text sagt, zu öffnen und zu stellen.

„Nicht nur gelegentlich, sondern immer übertrifft der Sinn eines Textes seinen Autor. Daher ist Verstehen kein nur reproduktives, sondern stets auch ein produktives Verhalten."[22]

---

20 Ebd. 37f.
21 H.-G. Gadamer, Wahrheit und Methode, Tübingen 1960.
22 Ebd. 280.

Wesentliche Züge dessen, was bei Schlier Auslegung der Bibel bedeutet, entsprechen den Einsichten zur hermeneutischen Philosophie, für die Gadamer steht. Die folgende Aussage kann dies belegen:

> „Der Anspruch der Wahrheit kann nur dem gegenwärtigen Verständnis eröffnet werden, wenn in, mit und unter der Überwindung des Abstandes der Schrift auf dem Wege philologisch-historischer Erhellung ein Hören auf die aus der Schrift uns anfordernde Wahrheit und ein Sich-Einlassen auf sie geschieht. Und es ist nur sachgemäß, wenn bei der Auslegung der Schrift ständig ein von der Sache bewegtes und sie bewegendes Verstehen waltet, das sich im unbefangenen und lebendigen gehorsamen Hinhören eröffnet [...]. Geschichtliche Texte wollen, selbst von der Geschichte fixiert, Geschichte erzeugen. Sie wollen Texte der Geschichte auch dessen sein, der sie liest. Erst recht gilt das von der Heiligen Schrift, wie sie selbst bezeugt."[23]

Eben dies hat auch Gadamer im Sinn, wenn er formuliert:

> „Geht nicht die Sinnabsicht der neutestamentlichen Schriftsteller, was sie sich auch im einzelnen denken mögen, in die Richtung des Heilssinns, auf den hin einer die Bibel liest? [...] Versteht man unter Sinn eines Textes die mens auctoris, d.h. den ‚tatsächlichen' Verständnishorizont des jeweiligen christlichen Schriftstellers, dann tut man den Autoren des Neuen Testamentes eine falsche Ehre an. Ihre eigentliche Ehre dürfte gerade darin liegen, daß sie von etwas künden, das ihren eigenen Verständnishorizont übertrifft – auch wenn sie Johannes oder Paulus heißen."[24]

Wenn Gadamer formuliert: „[...] was ist Interpretieren in der Philosophie anderes, als es mit der Wahrheit des Textes aufzunehmen und sich ihr auszusetzen wagen?"[25], dann könnte man ergänzen – und in der

---

23 H. Schlier, Was heißt Auslegung der Heiligen Schrift?, in: Ders., Besinnung auf das Neue Testament, 35–62, hier. 55f.
24 H.-G. Gadamer, Martin Heidegger und die Marburger Theologie, in. E. Dinkler (Hg.), Zeit und Geschichte, Tübingen 1964, 479–490, hier: 489. In diesem Aufsatz findet sich auch der Satz, der das Anliegen der hermeneutischen Verstehenslehre zusammenfasst: „[...] was ist Interpretieren in der Philosophie anderes, als es mit der Wahrheit des Textes aufzunehmen und sich ihr auszusetzen wagen?", ebd. 481.
25 Ebd.

Theologie –, und träfe damit die Grundeinsicht Schliers zu einem Konzept einer neutestamentlichen Theologie auf das Genaueste.

3. Überblick über Heinrich Schliers Werk: Entfaltungen neutestamentlicher Theologie

Die Bibliographie zeigt, dass Heinrich Schlier einen ersten Text im Jahr 1925 veröffentlicht hat: eine Reaktion auf Erik Petersons Aufsatz „Der Lobgesang der Engel und der mystische Lobpreis". In dem dann folgenden halben Jahrhundert und also bis zu seinem Tod kurz vor dem Ende des Jahres 1978 hat er zahlreiche weitere Bücher und Aufsätze verfasst: Die Liste seiner Veröffentlichungen ist lang. Sie gelten fast ausschließlich der Auslegung des Neuen Testaments. Gleichwohl lassen sich Unterschiede zwischen ihnen ausmachen. Die einen bieten eine kursorische Kommentierung biblischer Schriften. Besonders bekannt und bedeutend sind die umfangreichen Kommentare zum Galaterbrief, zum Epheserbrief, zum Römerbrief, dann aber auch, in erheblich kürzerer Form, zum 1. Thessalonicherbrief, zum Philipperbrief. Es gibt aber auch Texte, die lexikalische Darstellungen zu einzelnen Begriffen aus dem Neuen Testament oder seinem Umfeld enthalten. Sie wurden entweder in den 30er Jahren für das „Theologische Wörterbuch zum Neuen Testament" oder – in zeitlicher und auch sachlicher Nähe zum II. Vatikanischen Konzil, also in den 60er Jahren, – für die zweite Auflage des „Lexikons für Theologie und Kirche" abgefasst. Wieder andere Texte sind exegetische und theologische Erwägungen zu biblischen Texten, die im Sonntagsgottesdienst der Gemeinden gelesen und möglicherweise ausgelegt werden. Sie lassen ihren Bezug zum liturgischen Gebrauch erkennen. Eine weitere Gruppe von Texten umfasst theologisch-wissenschaftstheoretische Erörterungen zum Sinn und Vollzug der Auslegung des Neuen Testaments und seiner einzelnen Schriften. Die bei Weitem meisten Texte, die Heinrich Schlier verfasst hat, gelten der Entfaltung bibeltheologischer Einzelthemen. Sie lassen besonders deutlich erkennen, was ihr Verfasser im Sinn hatte, wenn er das Programm einer Theologie des Neuen Testaments darlegte. So kann einer der ersten auf Schlier zurückgehenden Texte die Überschrift tragen „Zum Begriff der Kirche im Epheserbrief"[26]. Und einer der letzten Aufsätze ist überschrieben mit „Über die christliche Freiheit"[27]. Die Zahl der Aufsätze, in denen Heinrich Schlier bibeltheologische Einzelthemen bearbeitet hat, beläuft sich auf etwa 40. Grundsätzlich wäre es denkbar gewesen, dass Heinrich Schlier die neutestamentliche Theologie auch im Ganzen dargelegt hätte, zumal er ja die Grundsätze ihrer möglichen Realisierung zu begründen und mitzuteilen vermocht hatte. Gleichwohl hat er es vorgezogen, ein breites Spektrum einzelner bibeltheologischer Motive zu reflektieren und zu präsentieren, wenn man davon absieht, dass er die theologische Botschaft doch auch einer ganzen neutestamentlichen Schrift – der Geheimen Offenbarung[28] – und einer ganzen Schriftengruppe – der auf Paulus als Verfasser zurückgehenden Schriften[29] – dargestellt hat.

4. Vier Beispiele bibeltheologischer Arbeit

Was bisher über Schliers Konzept einer neutestamentlichen Theologie dargestellt wurde, hat seine Entsprechung in dem, was Schlier in seinen vielen Schriften ausgeführt hat. Es sei hier noch weiter konkretisiert durch den Hinweis auf vier Beispiele bibeltheologischen Arbeitens, die aus Schliers Auslegungsbemühen hervorgegangen sind. Zwei dieser Beispiele haben mit Einzelmotiven zu tun, die sich in den neutestamentlichen Schriften finden, konkret: die neutestamentliche Lehre von den Mächten und Gewalten und von den Existenzvollzügen des Glaubens, der Hoffnung und der Liebe. Die zwei anderen Beispiele zeigen, wie Schlier die Gesamtaussage einer neutestamentlichen Schrift oder Schriftengruppe ins Wort hebt.

---

26 In: ThBl 6 (1927) 12–17.
27 In: GuL 50 (1977) 178–193.
28 Vgl. H. Schlier, Jesus Christus und die Geschichte nach der Offenbarung des Johannes, in: Ders., Besinnung auf das Neue Testament, 358–373.
29 H. Schlier, Grundzüge einer paulinischen Theologie, Freiburg i. Br. 1978.

4.1 Mächte und Gewalten

Das Thema der Mächte und Gewalten, wie es im Neuen Testament begegnet, hat Heinrich Schlier seit seinen Studienjahren immer wieder beschäftigt. Man wird nicht fehlgehen, wenn man annimmt, dass er sich ihm nicht nur deshalb immer wieder widmete, weil es in den Schriften des Neuen Testaments eine beträchtliche Rolle spielt, sondern auch deshalb, weil es das Feld umschrieb, auf dem Schlier seine Weise des Umgangs mit den biblischen Texten in der Absetzung von seinem Lehrer Rudolf Bultmann einüben und bewähren konnte. Dessen Aussage:

> „Man kann nicht elektrisches Licht und Radioapparat benutzen, in Krankheitsfällen medizinische und klinische Mittel in Anspruch nehmen und gleichzeitig an die Geister- und Wunderwelt des NT glauben"[30]

gehörte zur Kehrseite seines Programms der existenzialen Interpretation, der Schlier seine Auffassung von der Weise der Bibelauslegung entgegensetzte, die mit der Objektivität des Heilsgeschehens und der Heilsvermittlung in Wort, Sakrament und Amt rechnete.[31] Im Rahmen dieses Programms war es Schlier ein Anliegen, den eigenen Wirklichkeitsgehalt der neutestamentlichen Aussagen über die Mächte und Gewalten ins Licht zu stellen. Sein erster Text zu diesem Thema erschien 1930 „Mächte und Gewalten im Neuen Testament"[32]. 1958 veröffentlichte er zwei weitere Texte dazu: „Mächte und Gewalten im Neuen Testament"[33] sowie „Mächte und Gewalten nach dem Neuen Testament"[34]. Dazu kommen die entsprechenden Passagen in den Bibelkommenta-

---

30 R. *Bultmann*, Neues Testament und Mythologie, in: *H.-W. Bartsch* (Hg.), Kerygma und Mythos. Ein theologisches Gespräch, Hamburg 1948, 18.
31 Zum Ganzen: *H. Schlier*, Zur Exegese und Theologie des Neuen Testaments, in: WdB 3 (1955) 57–60.
32 In: ThBl 9 (1930) 289–297.
33 Freiburg i. Br. 1958; wiederveröffentlich als Band 9 der Reihe „Neue Kriterien", Einsiedeln 2007.
34 In: GuL 31 (1958) 173–83; wiederaufgenommen in: *Schlier*, Besinnung auf das Neue Testament, 146–159.

ren, z. B. im Kommentar zum Epheserbrief bei der Erschließung der Verse 2,5ff. sowie 3,10.

Die Auslegung der neutestamentlichen Texte, in denen es um die Mächte und Gewalten geht, zielt bei Schlier darauf ab, die in ihnen gemeinten Phänomene in der Perspektive einer neutestamentlichen Theologie in ihrem bleibend aktuellen Wirklichkeitsgehalt zu erfassen. Schlier formuliert sein Auslegungskonzept wie folgt:

„Wenn […] diese Mächte, wie schon eine erste Durchmusterung der urchristlichen Literatur belehrt, innerhalb des apostolischen Glaubens der Kurkirche einen gesicherten Ort haben, dann wird die Frage für den Leser des Neuen Testaments und besonders für den Theologen dringend, was unter diesen Mächten eigentlich zu verstehen sei. Zur Beantwortung dieser Frage ist natürlich zuerst die Exegese aufgerufen. Und in ihr ist auch einige Vorarbeit geschehen. Dies ging wesentlich von der religionsgeschichtlichen Forschung innerhalb der Exegese aus, wie das gerade bei unserem Phänomen nahe liegt. Sie versuchte jedenfalls sozusagen den Sprachboden, und das meint des weiteren den Vorstellungs- und im gewissen Grad auch den Erfahrungshintergrund der neutestamentlichen Aussagen zu erhellen. Sie stellte das Material der vorchristlichen Bezeichnungen und Vorstellungen bereit, mit denen die neutestamentlichen Begriffe zusammenhängen, verfolgte ihre Geschichte, klärte Abhängigkeiten, ordnete Analogien und anderes mehr, um so den zeitgeschichtlichen Ausgangspunkt der neutestamentlichen Rede auch auf diesem Gebiet zu gewinnen. Solche Vorarbeit, die natürlich auch weiterhin getrieben wird und getrieben werden muss, genügt nun freilich nicht, um die Frage, welches Phänomen mit diesen Mächten gemeint ist, zu beantworten. Durch einen an sich richtigen und nützlichen Hinweis darauf, daß wir und wie weit wir bei diesen Mächten mit jüdischen, hellenistischen, weiter zurück auch mit babylonischen und iranischen Vorstellungen und Namen zu rechnen haben, und mit dem Aufweis, welches Erbe dem Neuen Testament im einzelnen dabei an die Hand gegeben war, ist für das Verständnis des mit diesen Mächten gemeinten Sachverhaltes kaum etwas getan. Um ihn aber geht es auch schon der Exegese letztlich. Sie will der Wirklichkeit auf die Spur kommen, die sich in den Begriffen und Aussagen des Neuen Testaments ausspricht […] Jedenfalls nötigen die Texte des Neuen Testaments den Ausleger, sich die Frage nach dem Phänomen dieser Mächte zu stellen, von denen ihre Autoren so nachdrücklich reden und denen sie eine so große Bedeutung innerhalb der Heilstat Jesu Christi zuschreiben."[35]

Bei der Auslegung der neutestamentlichen Texte, in denen es um die Mächte und Gewalten geht, geht Schlier in drei Schritten vor. Im ersten Schritt erschließt er ihr Wesen und Wirken, im zweiten legt er dar, dass Jesus durch sein Wirken, aber auch in seinem Leiden und Sterben am Kreuz die Mächte und Gewalten überwunden und entmachtet hat. Im dritten zeigt er auf, wie die Mächte und Gewalten den Christen angehen und wie er sich von ihnen freihalten kann. Hier sei nur der Kerngedanke dessen, was im ersten Schritt entfaltet ist, angedeutet. Was also sind die Mächte und Gewalten? Letztlich sind sie die Welt, die in der Mannigfaltigkeit ihrer Erscheinungen den Menschen machtvoll in ihren Bann zieht. Dies kann so geschehen, dass es den Menschen auf Abwege führt. Dies ereignet sich dann, wenn die Welt in der Auslegung, die ihr durch den sündigen Menschen zuteil geworden ist, auf den Menschen zurückwirkt. Seine Sünde aber besteht darin, dass er sich Gott dem Schöpfer nicht verdanken will, sondern eigenmächtig auf seine Eigenmacht pocht. Die in solcher Sünde betrachtete und ihre Spuren zeigende Welt nimmt mächtig auf ihn Einfluss – letztlich, um so sein der Sünde und dem Tod Verfallen-Sein zu forcieren.

4.2 Glaube, Hoffnung und Liebe

Eines der von Heinrich Schlier am häufigsten entfalteten Motive einer neutestamentlichen Theologie ist das der Trias von Glaube, Hoffnung und Liebe. Es entspricht – ähnlich wie es im tridentinischen Rechtfertigungsdekret (siehe Kapitel 7) der Fall ist – der Tauftheologie, die in Schliers Werk ebenfalls von beträchtlichem Gewicht ist.[36] Der Getaufte vollzieht sein Getauft-Sein vor allem in den von Paulus mehrfach zur Sprache gebrachten Existenzvollzügen des Glaubens, der Hoffnung und der Liebe. Die erste neutestamentliche Bezeugung der Trias findet sich in 1 Thess 1,2f., wo es heißt:

---

35 *Schlier*, Mächte und Gewalten im Neuen Testament, Einsiedeln 2007, 8–10.
36 Vgl. den Aufsatz des Verfassers in: ThPh 85 (2010) 550–570; in diesen Band aufgenommen als Kapitel 8.

„Wir danken Gott allezeit für euch alle, wenn wir bei unseren Gebeten unablässig euer gedenken und des Werkes eures Glaubens und der Mühe eurer Liebe und der Geduld eurer Hoffnung auf unseren Herrn Jesus Christus eingedenk sind vor Gott unserem Vater."

In seinem Kommentar zum 1. Thessalonicher-Brief[37] hat Schlier dazu geschrieben:

„Mit Dank gedenkt er – Paulus – ihres guten Christenstandes. Schon in seinem ersten Brief, der uns erhalten ist, umschreibt er also die christliche Existenz mit dieser Trias, die er dann auch 5, 8 noch einmal wiederholt. Auf sie kommt er in seinen späteren Briefen mehrmals zurück, 1 Kor 13,13; Kol 1,4f. Auch Gal 5,5f.; Röm 5,1–5; Eph 1,15–18, liegt sie zugrunde. Glaube, Liebe, Hoffnung, deren Reihenfolge variiert, sind für Paulus *die*[38] charismatischen Tugenden. Es sind die Gaben des Heiligen Geistes, in deren Annahme, Bewahrung und Bewährung sich der Christ als Christ erweist."[39]

Da diese paulinische Trias in Schliers neutestamentlicher Theologie von grundlegender Bedeutung ist, erstaunt es nicht, dass sie in immer neuen Formen und Zusammenhängen zur Sprache gebracht wird. Am wichtigsten ist das kleine Buch „Nun aber bleiben diese Drei. Grundriß des christlichen Lebensvollzuges"[40]. Zu verweisen ist sodann auf die Kommentierungen der entsprechenden, oben genannten Stellen in Schliers Kommentaren zum Galaterbrief, zum Epheserbrief, zum Römerbrief. Schließlich ist an die zahlreichen Aufsätze zu den unterschiedlichsten Themen einer neutestamentlichen Theologie zu erinnern, in denen Schlier auch die Trias von Glaube und Hoffnung und Liebe erwähnt.[41]

---

37 H. *Schlier*, Der Apostel und seine Gemeinde. Auslegung des 1. Briefes an die Thessalonicher, Freiburg i. Br. 1972.
38 Kursivierung im Original gesperrt.
39 *Schlier*, Der Apostel und seine Gemeinde,18.
40 Einsiedeln 1971.
41 Der erste Aufsatz, in dem ausdrücklich auch über den Glauben, die Hoffnung und die Liebe gehandelt wurde, stammt aus dem Jahr 1942: H. *Schlier*, Vom Menschenbild des Neuen Testaments, wiederabgedruckt in: *Ders.*, Der Geist und die Kirche. Exegetische Aufsätze und Vorträge IV, Freiburg i. Br. 1980, 251–264, hier: 257–260. Auf andere Aufsätze aus späteren Jahren sei noch hingewiesen: *Schlier*, Über die christliche Existenz, in: *Ders.*, Besinnung auf das Neue Testament, 123–134, hier:

Was Schlier in seinen vielen Texten zum Glauben, zum Hoffen, zum Lieben des Christen dargelegt hat, kann hier nur in Andeutungen wiedergegeben werden. Zunächst der Glaube: Unter allen Texten, in denen Paulus über den christlichen Glauben gehandelt hat, ist ein Abschnitt im 10. Kapitel des Römerbriefes am wichtigsten. Dort heißt es:

> „Das Wort ist dir nahe, es ist in deinem Mund und in deinem Herzen. Gemeint ist das Wort des Glaubens, das wir verkündigen; denn wenn du mit deinem Mund bekennst: ‚Herr ist Jesus' und in deinem Herzen glaubst: ‚Gott hat ihn von den Toten auferweckt', so wirst du gerettet werden. Wer mit dem Herzen glaubt und mit dem Mund bekennt, wird Gerechtigkeit und Heil erlangen."

Hier ist zunächst vom Wort Gottes die Rede. Es wird verkündigt, und es weckt den Glauben, dass Jesus der Kyrios, der Herr, ist. Dieser Glaube erfüllt das Herz, und zugleich wird er im Bekenntnis laut. Dieses Bekenntnis gibt den Grund dafür an, dass Jesus als der Herr geglaubt werden kann: Er wurde von Gott aus den Toten erweckt. Wer solchen Glauben hat, der das Herz erfüllt und der mit der Zunge bekannt wird, der erlangt das Heil und die Gerechtigkeit, die zu bringen Jesus gekommen war.

Ebenfalls im Römerbrief, nun aber im 8. Kapitel, handelt Paulus über die Hoffnung:

> „Die ganze Schöpfung wartet sehnsüchtig auf das Offenbarwerden der Söhne Gottes. Die Schöpfung ist der Vergänglichkeit unterworfen, nicht aus eigenem Willen, sondern durch den, der sie unterworfen hat; aber zugleich gab er ihr Hoffnung: Auch die Schöpfung soll von der Sklaverei und Verlorenheit befreit

---

126–134; *ders.*, Über die Hoffnung, ebd. 135–145; *ders.*, Die Einheit der Kirche nach dem Neuen Testament, ebd. 176–192, hier: 188–190; *ders.*, Glauben, Erkennen, Lieben nach dem Johannesevangelium, ebd. 279–293; *ders.*, Über die Herrschaft Christi, in: *Ders.*, Das Ende der Zeit, Freiburg i. Br. 1971, 52–66, hier: 61f.; *ders.*, Das Ende der Zeit, in: Ebd., 67–84, hier: 75–76; *ders.*, Die Bedeutung der Auferstehung Jesu Christi nach dem Apostel Paulus, ebd. 136–150, hier: 143–149; *ders.*, Das Menschenherz nach dem Apostel Paulus, ebd. 184–200, hier: 194–196; *ders.*, Zur Freiheit gerufen. Das paulinische Freiheitsverständnis, ebd. 216–233, hier: 226–233; *ders.*, Das bleibend Katholische. Ein Versuch über ein Prinzip des Katholischen, ebd. 297–320, hier. 309–313; *ders.*, Tod und Auferstehung, in: *Ders:*, Der Geist und die Kirche, 33–55, hier: 48–51; *ders.*, Der Tod im urchristlichen Denken, ebd. 101–116, hier: 111–115; *ders.*, Über das Prinzip der kirchlichen Einheit, ebd.. 179–201; hier: 189–193.

werden zur Freiheit und Herrlichkeit der Kinder Gottes. Denn wir wissen, daß die gesamte Schöpfung bis zum heutigen Tag seufzt und in Geburtswehen liegt. Aber auch wir, obwohl wir als Erstlingsgabe den Geist haben, seufzen in unserem Herzen und warten darauf, daß wir mit der Erlösung unseres Leibes als Söhne offenbar werden. Denn wir sind gerettet, doch in der Hoffnung. Hoffnung aber, die man schon erfüllt sieht, ist keine Hoffnung. Wie kann man auf etwas hoffen, das man sieht? Hoffen wir aber auf das, was wir nicht sehen, dann harren wir aus in Geduld."

Die Hoffnung, von der Paulus spricht, zielt auf ein jenseitiges Hoffnungsgut: das volle Offenbar-Werden dessen, was durch Taufe und Glaube in uns schon angelegt ist. Mit uns Menschen ist der ganzen Schöpfung eine Vollendung in Gott, ihrem Schöpfer, verheißen. Jetzt leben wir noch auf dem Pilgerweg unseres irdischen Lebens. Deswegen sehen wir das Ziel nicht ebenso, wie wir die Dinge unserer Welt sehen können. Aber in unser Herz ist der Heilige Geist als Angeld des Künftigen gelegt. Er lässt uns in Geduld auf das Ziel, das uns verheißen ist, zugehen. So bewährt sich die Hoffnung in der Geduld.

Schließlich die Liebe. Paulus schreibt über sie vor allem in seinem Hohelied der Liebe im ersten Korintherbrief. Er betont, dass die Liebe mehr ist als ein rauschhaftes Gefühl. Sie wird ganz praktisch und will das Leben nicht nur am Feiertag, sondern auch am Werktag durchformen. In drei Schritten legt Paulus seine Gedanken dar. Im ersten Schritt stellt er heraus, dass die Liebe nicht ein Tun unter anderen Taten ist. Vielmehr will sie in allen Taten als deren innere Kraft lebendig sein. Wenn sie so da ist, macht sie alles von ihr Durchformte wertvoll. Fehlt sie aber, so fällt alles in seinem Sinn dahin. Hier ist der Apostel ganz eindeutig, ganz entschieden. Was er sagt, rückt unser ganzes Leben, unsere ganze Welt, unter einen einfachen und zugleich tröstlichen Maßstab. So manches, was gern in Glanz und Glorie daherkommt, ist in Wahrheit nicht wertvoll, sondern dem Untergang geweiht. Und umgekehrt: Vieles, das alle Zeichen der Mühe, auch des Nicht-Gelingens trägt, ist in Wahrheit wertvoll, wenn und weil es von der Liebe beseelt ist. Ihm ist Bestand verheißen. Bei Gott hat es Ansehen. Im zweiten Schritt zählt der Apostel die Eigenschaften der wahren Liebe auf. Er zeigt, dass die Liebe in das

Leben, wie es ist und wie wir es kennen, hinein weist. Dort bewährt sie sich, dort wirkt sie förderlich und heilsam. In der Reihe der Eigenschaften der Liebe, die Paulus im Hohen Lied beleuchtet, finden sich auch diese Aussagen: Die Liebe glaubt alles, die Liebe hofft alles. Hier klingt die Trias an, die für das christliche Leben wesentlich ist. Und schließlich der dritte Schritt. Der Apostel antwortet auf die Frage, was denn bleibt, wenn das Gewirr und Gewoge unserer Welt zu Ende geht. Er sagt: Es ist die Liebe, die das Ferment auch des Glaubens und der Hoffnung ist.

4.3 Die Offenbarung an Johannes

Die meisten der von Heinrich Schlier verfassten Texte gelten Einzelthemen einer neutestamentlichen Theologie. Einige Male jedoch hat Schlier die theologische Aussage einer ganzen neutestamentlichen Schrift dargestellt. Der Aufsatz „Jesus Christus und die Geschichte nach der Offenbarung des Johannes"[42] ist ein Beispiel dafür. In der Einleitung lässt Schlier schon erkennen, was er mit seiner Studie im Sinn hat:

> „Wenn wir dem nachgehen, was Geschichte ist, können wir uns bei mancherlei Überlieferung der Geschichte Rat holen. Ein solcher Rat ist nicht unnütz. Ein innermenschlicher Dialog deckt vieles auf, was den Menschen angeht. Ungewiß ist nur, ob wir auf solchem Wege einen Rat erhalten, den wir uns prinzipiell nicht schon selbst gegeben haben. Die Geschichte, die wir in solchem Fall befragen, durchschaut sich ja nicht selbst. Sie steht nie außerhalb ihres Geschehens und hört so immer nur ihr eigenes Wort. Ob wir sie aus der Nähe und an ihr selbst ernsthaft beteiligt abhören oder ob wir sie aus historischer Distanz betrachten, [...] die Geschichte sagt als Historie dieses und jenes aus, was ‚passiert' ist, aber ihr Wesen verschweigt sie uns. So wenden wir uns einmal an ein weithin vergessenes Buch, das nicht nur die Geschichte zum Thema hat, sondern dessen Autor auch den Anspruch erhebt, durch ‚Entrückung' aus der Geschichte ihr innerstes Wesen geschaut und erkannt zu haben. Es ist die sogenannte ‚Geheime Offenbarung des Johannes', die, wie uns ihre ersten drei Worte belehren, ‚Aufdeckung Jesu Christi' zu nennen ist. Wir mögen zu dem Anspruch dieses Buches stehen, wie wir wollen: wir können aus ihm auf jeden Fall ein sehr eigen-

---

42 In: *Schlier*, Besinnung auf das Neue Testament, 358–373.

tümliches und gewiß nicht alltägliches Verständnis dessen, was Geschichte ist, kennenlernen, das immerhin die Kirche durch die Kanonisierung unserer profetischen Schrift akzeptiert hat."[43]

Die wesentlichen Dimensionen der Geschichte, welche in der „Offenbarung an Johannes" zur Sprache gebracht wird, sind nur mit den Augen des Glaubens an das Evangelium von Jesus, der in seinem Leben und in seinem Tod am Kreuz die Welt und ihre Geschichte getragen und verwandelt hat, wahrnehmbar. Die Kirche ist die bleibende Spur dieses Geschehens. Die Welt, wie sie in der „Offenbarung an Johannes" gezeichnet wird, ist auch dadurch charakterisiert, dass sie sich gegen die neue Situation auflehnt, die ihr durch das Wirken Jesu eröffnet worden war. Sie tut dies in vielen Weisen, beispielsweise dadurch, dass sie sich zu einem tendenziell totalitären Weltstaat aufbläht. Und dieser nimmt den Kampf mit der Kirche auf. Doch vermag er den Sieg Jesu über die Welt nicht rückgängig oder zunichte zu machen. Den Christen obliegt es, ihr Leben in solch einer von Antagonismen bestimmten Welt glaubend, hoffend und in Geduld zu führen.

4.4 Paulinische Theologie

Heinrich Schlier hat gegen Ende seines Lebens und seines langen Denkwegs ein Buch vorgelegt, in dem er „Grundzüge einer paulinischen Theologie"[44] entfaltet. Darin realisiert er eine Darstellung der Theologie einer ganzen Schriftengruppe, die freilich dadurch ihre Einheit hat, dass sie auf *einen* Autor, nämlich Paulus, zurückgeht. Schlier eröffnet das Buch mit einer ausführlichen Vorbemerkung, in der er seine Absicht erläutert, mit der er das Buch verfasst hat. Er betont, dass er bewusst nicht von „*der* paulinischen Theologie" spreche, sondern von „Grundzügen *einer* paulinischen Theologie". Damit wolle er zum Ausdruck bringen, dass es ihm nicht um eine Rekonstruktion der Inhalte der paulinischen Texte gegangen sei, sondern um eine Übersetzung und Darbietung der paulinischen Gedanken unter dem Gesichtspunkt ihrer auch den heutigen Menschen beanspruchenden Wahrheit. Er geht also dem Ziel nach,

---
43 Ebd. 358f.
44 H. *Schlier*, Grundzüge einer paulinischen Theologie, Freiburg i. Br. 1978.

eine theologische und also nicht nur historische und philologische Auslegung der paulinischen Schriften zu erstellen. So kann Schlier gleich am Anfang seines Buches schreiben:

„Wir wollen hier nicht die historische Theologie des Apostels Paulus aus seiner überlieferten Verkündigung als solche erheben, sondern wir versuchen, eine Theologie darzubieten, die paulinisch ist, das heißt, die vom Kerygma der paulinischen Briefe inhaltlich bestimmt ist und mit der Theologie des Paulus einen sachlichen Zusammenhang hat. Wir bemühen uns, eine Theologie in ihren Grundzügen zu entfalten, die in der Verkündigung der Briefe des Paulus gründet, von ihm bewegt und von ihm begrenzt wird, sich also nach ihm ausrichtet. Unsere Absicht ist, kurz gesagt, nicht eigentlich eine historische, sondern [...] eine systematische; sie ist nicht Beschreibung der Theologie des Apostels Paulus, sondern eine gegenwärtige theologische Besinnung, die ständig auf das Kerygma der paulinischen Briefe bezogen ist und eine gegenwärtige Aussprache mit ihm darstellt."[45]

Was Schlier in den „Grundzügen" darlegt, kreist um die großen Themen der christlichen Theologie, die, wie sich hier zeigt, zugleich die Themen einer paulinischen Theologie sind. Das erste der Themen ist „der Gott, der Gott ist". Er ist der Gott, der seiner Schöpfung zugewandt ist. Das zweite Thema ist die Welt, Gottes Schöpfung, „wie sie vorkommt", das heißt die Welt, die sich nicht wesentlich, aber tatsächlich in der Abkehr von ihrem Schöpfer ergeht und in diesem Sinne unter der Macht der Sünde steht. Das dritte Thema ist „die Erscheinung der Gerechtigkeit Gottes in Jesus Christus". Hier wird im Sinne paulinischer Theologie über Jesus, seinen Weg und vor allem seinen Tod am Kreuz und seine Auferweckung gehandelt. Das vierte Thema gilt den Weisen der Vergegenwärtigung dessen, was Jesus gewirkt hat; denn dies soll ja den Menschen aller Zeiten und Räume nahegebracht werden. Was ihn dergestalt angeht, das kann er, der Mensch, durch seinen Glauben aufnehmen. Dies zu bedenken, macht das fünfte und letzte Thema des Buches aus. Man wird kaum fehlgehen, wenn man annimmt, dass Schlier die großen Themen, die er als „Grundzüge einer paulinischen Theologie"

---

45 Ebd. 9.

bezeichnet hat, im Wesentlichen auch im Rahmen einer neutestamentlichen Gesamttheologie erörtert hätte.

Wie legt man sachgerecht die Bibel aus? Heinrich Schliers Antwort auf diese Frage lautet: indem man ihre Texte einerseits als Dokumente der Zeit, in der sie abgefasst worden sind, mit allen Methoden, die hier hilfreich sind, liest, und andererseits die Botschaft, die sie bergen, in ihrer bleibenden Bedeutung so zu Gehör kommen lässt, dass sie hier und heute den Glauben wecken und stärken.

Kapitel 7
„Gottes Wort ist unserem Fuß eine Leuchte" (Ps 119,105) – Kurze Skizze einer Theologie des Wortes Gottes

Es ist an der Zeit, über Wort und Wort Gottes im Raum der katholischen Kirche verstärkt nachzudenken. Die Entwicklung und Durchsetzung neuer Formen von Gottesdiensten und unter ihnen nicht zuletzt von Wort-Gottes-Feiern bedarf einer theologischen Grundlegung in einer sorgfältig entfalteten Wort-Gottes-Lehre. Heinrich Schlier hat dazu bleibend wichtige Anregungen gegeben. Eine neutestamentliche Besinnung, die er mit dem Titel „Wort Gottes" herausgegeben hat, kann das belegen.[1] Einige philosophische Vorüberlegungen, in denen Einsichten der hermeneutischen Philosophie hilfreich sein werden, können den Weg zu den theologischen Erwägungen bahnen.

1. Das Wort Gottes im Ursprung

Was heißt Sprache, was heißt Wort? Ein Verständnis aller Wirklichkeit, das auf die Auffassung hinausläuft, alles, was sei, habe die Art einer Monade, bilde also eine in sich geschlossene Einheit, verhindert die Antwort. Es meint, jede Monade sei so etwas wie eine in sich abgekapselte Einheit, die zu den anderen Monaden keine eigene Beziehung hat, sie sei also ein Haus ohne Fenster und Türen. Sie habe ein Innenleben. Unendlich viele Monaden bestünden nebeneinander. Die Welt als Summe der unendlich vielen in sich geschlossenen Zellen sei das von einem göttlichen Geist vorgedachte und vorbestimmte Miteinander unzähliger Monaden. Es walte zwischen ihnen, so sagt zum Beispiel Gott-

---

1 H. Schlier, Wort Gottes. Eine neutestamentliche Besinnung, Würzburg 1958.

fried Wilhelm Leibniz, eine „prästabilisierte Harmonie". Wer die Welt als das Nebeneinander von Monaden versteht, wird nicht leicht sagen können, was die Sprache ist. Ein anderes Verständnis von Wirklichkeit ist zugrunde zu legen.

Ein solches ergibt sich aus der Einsicht, dass alles, was ist, anderem erscheint und von anderem wahrgenommen werden kann. Es äußert sich und tritt so zu anderem in Beziehung, und dieses andere antwortet. Alles, was ist, hat ein Innen und ein Außen. Alles, was ist, lebt in sich und tritt zugleich in die Welt hinein in Erscheinung. Beides ist unaufhebbar miteinander gegeben. So ist alles, was ist, eingebettet in eine Gesamtwirklichkeit, in der letztlich alles mit allem vernetzt ist. So trifft zu: Alles, was ist, innert sich und äußert sich. Dies gibt es schon auf den untersten Stufen der Wirklichkeit, im Bereich der nur materiellen Dinge. Es nimmt auf den höheren Stufen der Wirklichkeit intensivere Formen an: bei den Pflanzen, ganz deutlich auch bei den Tieren, die ein Innenleben, sogar ein Bewusstsein haben und sich zudem äußern können. Was sie äußern, kann von anderem aufgenommen werden; es kann auf sie re-agiert werden. Auf der Stufe des Mensch-Seins ist das Gemeinte dann ganz klar: Der Mensch hat ein Binnenleben, wir sagen im Allgemeinen: Er hat eine Seele, aber er steht auch in Verbindung mit der Welt, in die hinein er sich äußert, vor der er erscheint. Wenn ein Mensch sich in Freiheit auf einen anderen Menschen hin äußert, „spricht" er, hat er für ihn ein „Wort". Das Innere äußert sich auf den gegenüber stehenden Partner hin, dieser versteht sein Wort und kann ant-worten. Wieder äußert sich dann ein Inneres. So ist die Sprache ein Medium des Miteinanders der leiblich-geistigen Wesen, die die Menschen ja sind. Sie ist etwas Geistiges, dem aber auch eine leibliche Dimension wesentlich eigen ist. Jedes Wort zeigt sich als geschriebenes den Augen oder dringt als gesprochenes an die Ohren. Kurz: Die Wirklichkeit ist nicht die vorausgedachte und -bestimmte Harmonie von Monaden, sondern ein lebendiges Netz der Beziehungen, also: Gespräch. „Die Welt ist keine Scheibe, die Welt ist auch keine Kugel, die Welt ist ein Gespräch", hat Stefan Seidel ganz richtig formuliert.

Darf dies auch auf Gott, den Schöpfer und Vollender seiner Welt, angewendet werden? Diese Frage ist von denkenden Menschen immer wieder erörtert worden. Viele haben gesagt und sagen es auch heute: Nein, dies sei nicht möglich. Er wenigstens sei eine Monade, freilich eine jenseitige, unendliche Monade. Bestenfalls könnte man sie im Bild der Sonne darstellen, die, ob sie es will oder nicht, einen Hof von Licht und Wärme um sich herum verbreitet. Dieser Hof wäre die Welt. Dies würde einschließen, dass Gott ein schweigendes jenseitiges Wesen ist, und auch der Mensch müsste schließlich verstummen, wenn es um dieses Wesen geht. Kein Wort könnte es fassen. Es würde nicht zum Menschen sprechen, und dieser könnte ihm nicht antworten.

In der Bibel wird aber ein anderes Verständnis Gottes bezeugt: Da ist Gott einerseits der jenseitige, absolute Grund der Welt, andererseits ist er aber auch ein sprechender, ein Beziehung aufnehmender Gott – und nicht eine absolute Monade, sondern von Ewigkeit zu Ewigkeit in sich Gespräch und Wort für seine Geschöpfe. Dies bedeutet: Das Wunder, dass die Welt das ständige Miteinander und der unentwegte Austausch von Innen und Außen und auf der menschlichen Ebene von Wort und Antwort ist, ist ein entzifferbarer Hinweis auf das Wesen ihres göttlichen Ursprungs, eine wahrnehmbare Spur Gottes in seiner Welt: Dieses Wunder kann nur von dem gewirkt werden, der seinerseits Gespräch ist: in sich und mit der Menschenwelt. Dies meint die Grundbestimmung Gottes, wie sie christlich bekannt und bezeugt wird.

Wenn Gott spricht – in sich in seinem dreifaltigen, ewigen Leben, und zur Welt in dem, was man üblicherweise Offenbarung nennt, – dann lallt er nicht, sondern er spricht vernehmlich, nicht jetzt ein Ja, und dann ein Nein. Nein, er spricht eindeutig. Er spricht in sich und zur Welt ein Wort, das nur eines mitteilt. Wir nennen dies die Liebe Gottes. Wenn Gott einerseits frei und andererseits vernehmlich zu seiner Welt spricht, dann hat sein Wort eine recht genaue Gestalt, die freilich in sich so reich ist, dass sie in ihrem Reichtum sogleich auf ihren Ursprung, das ist Gott, zurück verweist. Dieses freie und genaue und darin überbordend reiche von Gott gesprochene Wort ist kein bloßes Wort, sondern als Liebe eine schöpferische Tat, ein Tatwort. Am Anfang der Bibel heißt es: Und Gott sprach: Es werde, und es ward. Wenn Gott spricht, entsteht ein Wort, das selbst Geschichte ist. Dies ist eine Grunddimension des Wortes Gottes. Sie bleibt in all den Formen bestehen, in denen es ergeht.

Gott ist also nicht nur Schöpfer, Erhalter und Vollender seiner Welt, die aus dem Nichts ins Sein gerufen ist und ins Nichts sogleich zurückfallen würde, wenn Gott nicht bei seinem schöpferischen Wort bleiben würde, sondern er hat in unbegreiflichem Ratschluss entschieden, seiner Welt seine liebende Zuneigung zu schenken, also mit ihr zu „kommunizieren". Die so entstehende Geschichte ist die Aufeinanderfolge von Ereignissen, die ihr Wort bei sich haben und aus sich entlassen. Dies geschieht in der Erfahrung, die Menschen mit diesen Wort-Ereignissen machen. Sie bringen das Erfahrene zur Sprache. So kommt das Wort, das Gott in seiner und durch seine Geschichte spricht, bei den Menschen und in ihrer Sprache an.

> „Wir [...] beschreiben den Vorgang der Geschichte, wenn wir [...] behaupten, die Sprache dieser ‚Sage' sei die Sprache derer, die sie erfahren. Das Wort dieses Geschehens artikuliert sich in der auslegenden Antwort derer, die sie vernehmen. Das gilt von aller menschlichen Geschichte. Sie geschieht nie anders als so, daß sie sich im ausgesprochenen oder unausgesprochenen Verstehen ereignet. Das gilt auch von der Geschichte, in der sich Gott der Welt zuspricht."[2]

In dieser Weise also ergeht inmitten der Schöpfung Gottes Sein Wort in Menschenwort.[3]

---

2 *H. Schlier*, Was heißt Auslegung der Heiligen Schrift?, in: *Ders.*, Besinnung auf das Neue Testament, Freiburg i. Br., 2. Aufl. 1964, 35–62, hier: 42.
3 Abschnitt 2 der Konstitution „Dei Verbum" des II. Vaticanum drückt dies so aus: „Gott hat in seiner Güte und Weisheit beschlossen, sich selbst zu offenbaren und das Geheimnis seines Willens kundzutun (vgl. Eph 1,9): daß die Menschen durch Christus, das fleischgewordene Wort, im Heiligen Geist Zugang zum Vater haben und teilhaftig werden der göttlichen Natur (vgl. Eph 2,18; 2 Petr 1,4). In dieser Offenbarung redet der unsichtbare Gott (vgl. Kol 1,15; 2 Tim 1,17) aus überströmender Liebe die Menschen an wie Freunde (vgl. Ex 33,2; Joh 15,14–15) und verkehrt mit ihnen (vgl. Bar 3,38), um sie in seine Gemeinschaft einzuladen und aufzunehmen. Das Offenbarungsgeschehen ereignet sich in Tat und Wort, die innerlich miteinander verknüpft sind: die Werke nämlich, die Gott im Verlauf der Heilsgeschichte wirkt, offenbaren und bekräftigen die Lehre und die durch die Worte bezeichneten Wirklichkeiten; die Worte verkündigen die Werke und lassen das Geheimnis, das sie enthalten, ans Licht treten. Die Tiefe der durch diese Offenbarung über Gott und über das Heil des Menschen erschlossenen Wahrheit leuchtet uns auf in Christus, der zugleich der Mittler und die Fülle der ganzen Offenbarung ist."

Wenn Gottes Offenbarung nur als eine prägnante und also nicht diffuse denkbar ist und als und in Geschichte ergeht, dann folgt daraus, dass es inmitten der ablaufenden Zeit der Schöpfung eine konturierte Zeitgestalt gibt, in der sich die Offenbarung ereignet. Diese gestaltete Zeit ist die Geschichte Israels, die in der Geschichte Jesu von Nazareth eine Wendung und Erfüllung erfährt. Israel in seiner Geschichte und Jesus, der Sohn Marias und Gottes fleischgewordenes Wort, beide in ihrem Miteinander, sind das eine und ursprüngliche Wort Gottes in dieser Welt.

Diese Geschichte, in der Gott sich in Tat und Wort geoffenbart hat, lässt sich in ihren großen Linien nachzeichnen. Inmitten der Völker begannen Abraham und das große Volk, das aus ihm hervorgehen sollte, ihren Weg durch die Geschichte. Abraham war von Gott dazu gerufen worden (Gen 12,1–4). Das Volk, das in Abraham aufbrach, sollte groß werden und zahlreich wie die Sterne am Himmel und die Sandkörner am Meeresstrand (Gen 22,15ff.). Aber nicht nur die Nachkommenschaft Abrahams sollte so gesegnet sein, sondern alle Geschlechter der Erde sollten durch ihn Segen erlangen (Gen 12,4). „Segnen sollen sich mit deinen Nachkommen alle Völker der Erde [...]" (Gen 22,18). Daraus ergibt sich: Israel – erwählt zu Gottes Volk auf der einen Seite, sowie die Völker – bestimmt zur Teilhabe am Segen Israels auf der anderen Seite. Deutliche Zeugnisse solchen Glaubens und Hoffens finden sich in den Psalmen und dann auch bei den Propheten, insbesondere beim Propheten Jesaja. Er spricht über das Miteinander des Volkes Gottes und der Völker zum einen im Bild der Völkerwallfahrt und zum anderen mit dem Begriff der Stellvertretung. Das Bild von der Völkerwallfahrt findet sich beispielsweise in Jes 2,1–5:

> „Wort, das Jesaja, der Sohn des Amoz, über Juda und Jerusalem schaute. In der Folge der Tage wird es geschehen: Da wird der Berg des Hauses Jahwes festgegründet stehen an der Spitze der Berge und erhaben sein über die Hügel. Zu ihm strömen alle Völker. Dorthin pilgern viele Nationen und sprechen: ‚Auf, laßt uns hinaufziehen zum Berge Jahwes, zum Hause des Gottes Jakobs! Denn von Zion wird ausgehen das Gesetz und das Wort Jahwes von Jerusalem.'"

Vom leidenden Gottesknecht, der sein Leben hingibt für die Vielen, ist in Jes 53 die Rede. Der leidende Gottesknecht ist nach verbreiteter Auffassung das Volk Israel (Jes 41,8f.; 44,1.21; 49,3.5).

Aus diesem Volk, das sich als Gottes eigenes Volk zugunsten aller Völker bekannte, ging Jesus von Nazareth hervor beziehungsweise: In dieses Volk wurde Jesus gesandt. Im Zentrum des Wirkens Jesu – in Wort und Tat – stand die Ankündigung der Gottesherrschaft. „Die Gottesherrschaft ist nahegekommen", lautet die Zusammenfassung des Wortes und des Wirkens Jesu am Beginn des Markusevangeliums. In seinen Wundern und in seinen Gleichnissen trat Jesus mit dieser Botschaft auf. Diese Botschaft galt dem Volk, dem er selbst angehörte. Sie Israel auszurichten, wurde er gesandt. Was Herrschaft Gottes besagt, ergab sich aus den in den Schriften Israels bezeugten Hoffnungen und Verheißungen. Israel sollte seinen Frieden haben, es sollte von Fremdherrschaft frei sein, die Armen sollten Trost finden. Mit dieser Botschaft wollte Jesus Israel neu sammeln und ihm eine neue Zukunft eröffnen. Und so war Jesu Blick auf Israel gerichtet.

Die auffallende Tatsache, dass Jesus die Gottesherrschaft als nahe bevorstehend bezeichnen konnte, hat ihren Grund darin, dass das Kommen der Gottesherrschaft mit seinem Wirken verbunden war. Indem er in Wort und Tat wirkte und seinen Weg im Gehorsam dem Willen Gottes, der Tora, gegenüber ging, kam die Gottesherrschaft. Darum konnte er sagen: „Wenn ich mit dem Finger Gottes die Dämonen austreibe, dann ist die Gottesherrschaft schon zu Euch gekommen" (Lk 11,20).

Wenn die Gottesherrschaft kommt, bricht die letzte Zeit an. Dies ist ein eschatologisches Ereignis. Nun gehört zu den Ereignissen am Ende auch die Wallfahrt der Völker zum Zion, das Hinzutreten der Heiden zu den Juden, damit sie durch die Juden und mit ihnen Anteil an den Gaben Gottes hätten. Wenn das Kommen der Gottesherrschaft im Auftreten und Wirken Jesu der Anbruch der letzten Zeit war, so ereignete sich eben darin grundsätzlich auch die Öffnung Israels für die Völker. So ist es nicht verwunderlich, dass auch in Jesu Verkündigung der Zutritt der Heiden zur Gottesherrschaft schon zur Sprache kam.

„Wenn […] Jesu vollmächtige Verkündigung der Herrschaft Gottes untrennbar mit der Konstituierung des eschatologischen Gottesvolkes zusammengehört, stellt sich die Frage, wie beides durch Jesu Person und Wirken miteinander verbunden wird. Anders gefragt: Ist die Bildung des eschatologischen Volkes Gottes nur ein Anspruch, den Jesus im Namen Gottes erhebt und den er an die Hörer seiner Botschaft weitergibt? Oder ist die Entstehung des eschatologischen Gottesvolkes selbst ein inneres Moment im Nahen der Gottesherrschaft, das Jesus in Wort und Tat vermittelt?", fragt Thomas Söding in einer Auslegung des Festmahlgleichnisses Jesu (Lk 14,16–24 par Mt 22,1–10).[4] Seine Antwort lautet: Die zweite der Fragen ist zu bejahen; das heißt, die Entstehung des eschatologischen Gottesvolkes ist ein inneres Moment der Gottesherrschaft. Von grundlegender Bedeutung ist im Übrigen das Wort Jesu: „Viele werden kommen von Osten und Westen und mit Abraham, Isaak und Jakob zu Tische sitzen in der Gottesherrschaft" (Mt 8,11 f.; Lk 13,29). In all diesen Worten und Taten Jesu ging es um die nahegekommene Gottesherrschaft und die Anteilhabe der Völker an ihrem Segen. Was Israel in den Ankündigungen seiner Propheten (Jesaja, Micha) und in den Verheißungen seiner Gebete (die Psalmen) vor Augen stand, kam in Jesu Auftreten und in seinem Wirken in Wort und Tat erneut und nun in leibhaftiger Nähe zum Tragen.

Doch werden, wie es scheint, das die Gottesherrschaft aufrichtende Wort und Werk Jesu durchkreuzt. Denn die Juden, die Jesus im Zeichen der nahen Gottesherrschaft zu sammeln gekommen war, haben Jesus zurückgewiesen und sich so dem neuen und letzten Heilsangebot Gottes verweigert. Schon beim ersten Auftritt Jesu in der Synagoge von Nazareth kam es zu dieser Ablehnung Jesu. „Als sie das hörten, wurden alle in der Synagoge voll Zorn, standen auf, stießen ihn zur Stadt hinaus und führten ihn bis zum Rande des Berges, auf dem ihre Stadt erbaut war, um ihn hinabzustürzen" (Lk 4,28 f.). Israel verweigerte sich dem, der mehr ist als Jona und als Salomo (Mt 12,41 f. par Lk 11,31 f.). Sidon und Tyros würde es im Endgericht besser ergehen als den galiläischen Städten Chorazin und Bethsaida, warf ihnen Jesus vor. Diese wären umgekehrt, wenn in ihnen die Machttaten geschehen wären, die

---

4 Th. *Söding*, Zur ekklesiologischen Dimension der Reich-Gottes-Verkündigung Jesu, in: R. *Kampling*/Th. *Söding* (Hgg.), Ekklesiologie des Neuen Testaments, Freiburg i. Br. 1996, 56–84, hier: 59.

hier geschahen. Sogar Sodom wäre umgekehrt. Aber Kapharnaum versagte sich (Mt 11,20–24 par Lk 10,13–15).

Doch Gott schrieb auch damals auf „krummen Zeilen gerade". Er nahm trotz der Ablehnung Jesu und seiner Botschaft von der in ihm nahe gekommenen Gottesherrschaft und von der dadurch eingeleiteten Völkerwallfahrt seine Erwählung der Juden nicht zurück, und in diesem Sinne blieb sein besonderer Bund mit Israel „ungekündigt". „Gott kann auch aus Steinen Kinder Abrahams erwecken", und so konnte er auch Israel gegenüber noch einmal neue Wege auftun, die es ihm ermöglichten, seine Verbundenheit mit Jahwe zu leben. Gott ließ sein erwähltes Volk nicht verloren gehen. Er fand und ging überraschende Wege, die einerseits von der „Geduld" seinem erwählten Volk gegenüber bestimmt waren und andererseits seiner durch Jesus nahegebrachten Gottesherrschaft einschließlich der damit gegebenen Initiierung der Völkerwallfahrt wirksam Geltung verschafften.

Dies geschah in Jesu Tod am Kreuz und in seiner Auferweckung aus den Toten. Jesus ist gestorben, indem er durch die Römer auf Betreiben jüdischer Kreise gekreuzigt wurde. Jesus selbst hat den ihm bevorstehenden Tod unter Rückgriff auf das Motiv vom leidenden Gottesknecht, der sein Schicksal annimmt „für die Vielen" (Jes 53), verstanden, und mit seiner Sendung, die Gottesherrschaft in Israel anzusagen, zusammengesehen: Die Ansage des Kommens der Gottesherrschaft erfüllt sich in der Hingabe seines Lebens. Die textlichen Belege dafür finden sich insbesondere in den Berichten vom letzten Abendmahl. „Die Vielen", von denen in ihnen die Rede ist, sind zum einen Israel: Jesus ließ sein Leiden und Sterben „sühnend" Israel zugutekommen und bewirkte so, dass es nicht der Verwerfung preisgegeben wurde, sondern in Gottes ungekündigtem Bund weiterbestehen konnte. Zum anderen sind es die Völker: als leidender und sterbender Gottesknecht „trug" er sie. So ermöglichte er ihnen das Hinzutreten zu der von ihm gesammelten Heilsgemeinde. Die Völkerwallfahrt zum „Berg Zion" konnte beginnen. Doch war all dies noch verborgen, bevor es im Ereignis der Auferweckung des gekreuzigten Jesus offenbar wurde.

Eine der ältesten Glaubensaussagen der Christen bringt die Auferweckung des gekreuzigten Jesus zur Sprache:

„Christus ist für unsere Sünden gestorben nach der Schrift, er ist begraben worden und am dritten Tag auferweckt worden nach der Schrift, und er ist dem Kephas erschienen und dann den Zwölfen […]" (1 Kor 15,3–5).

Dem auferweckten und zur Rechten Gottes erhöhten Herrn ist aufgrund seines Todes am Kreuz, der eine zunächst Israel, dann aber auch den Völkern zugutekommende sühnende Kraft hatte, die Kirche aus Juden und Heiden zugeordnet. So ist die Geschichte Israels und auf sie zuführend die durch sie erfüllte Geschichte Jesu, zu der in eigener und wesentlicher Weise seine Auferweckung aus den Toten gehört, verlaufen. In ihr erging Gottes „dabar": das Wort im und aus dem Ereignis, in der Geschichte Israels „viele Male und auf vielerlei Weise" (Hebr 1,1), und in der Geschichte Jesu, die das Wort Gottes im Fleisch war (Joh 1,1–18). Dies ist Gottes Wort im Ursprung.

2. Gottes Wort als apostolisches Evangelium

In einem eigenen, im ursprünglichen Wort Gottes schon angelegten und insofern abgeleiteten Sinn nennt man auch das apostolische Evangelium Wort Gottes. Andere Bezeichnungen sind ebenfalls denkbar, z. B.: apostolische Predigt, apostolisches Zeugnis, Lehre, Kerygma, Ur-Dogma, Christus-Homologie. Der Inhalt der apostolischen Verkündigung ist das ursprüngliche Wort Gottes – also Jesus von Nazareth, der gekreuzigte und auferweckte Herr, in dem sich die Geschichte Israels erfüllte, das heißt, der Gottes Herrschaft angesagt und den Heiden den Zugang zur Abrahamskindschaft eröffnet hatte. In der Auferweckung Jesu wurde der Wort-Gottes-Charakter seines Weges und Werkes von Gott bestätigt und vor der Welt offenbar. In den Erscheinungen des Auferstandenen vor den Zeugen liegt der zeitliche und sachliche Ausgangspunkt des apostolischen Evangeliums. Indem den Zeugen die Erscheinung des Auferstandenen zuteilwurde, wurden sie selbst zu Aposteln, das heißt zu Menschen mit einer apostolischen Sendung. Für das Evangelium ist die Dimension des Amtlichen durchaus kennzeichnend, wenngleich es neben der amtlichen Verkündigung immer auch die charismatische gibt und geben soll. Die amtliche Dimension tritt am ehesten in der gottesdienstlichen Predigt des geweihten Gottesdienstleiters hervor, die charismatische überall dort, wo Christen lebensmäßig und lebendig das Wort Gottes auslegen.

Das Wort Gottes als apostolisches Evangelium zielt auf die Vergegenwärtigung der Heilsmacht der in Israel und in Jesus geschehenen Heilstaten Gottes. Es ruft die Hörer zum Glauben, der die Annahme des Wortes Gottes ist. Diese Sachverhalte kommen in den Schriften des Neuen Testaments, insbesondere bei Paulus, immer wieder und in allen möglichen Weisen zur Sprache. In Röm 10,8ff. heißt es beispielsweise:

> „Das Wort ist dir nahe, es ist in deinem Mund und in deinem Herzen. Gemeint ist das Wort des Glaubens, das wir verkündigen; denn wenn du mit deinem Mund bekennst: ‚Jesus ist der Herr' und in deinem Herzen glaubst: ‚Gott hat ihn von den Toten auferweckt', so wirst du gerettet werden. Wer mit dem Herzen glaubt und mit dem Mund bekennt, wird Gerechtigkeit und Heil erlangen."

Zu dem durch die Verkündigung des Evangeliums hervorgerufenen Glaubensbekenntnis kann es freilich nur dann kommen, wenn der Heilige Geist die Herzen bewegt. So heißt es in 1 Kor 12,3: „Keiner kann sagen: Jesus ist der Herr!, wenn er nicht aus dem Heiligen Geist redet." Das Wort Gottes wird verkündigt im Wort von Menschen, wie 1 Thess 2,13 formuliert:

> „Darum danken wir Gott unablässig dafür, dass ihr das Wort Gottes, das ihr durch unsere Verkündigung empfangen habt, nicht als Menschenwort, sondern – was es in Wahrheit ist – als Gottes Wort angenommen habt."

Das Gottes Wort, das nur im Menschenwort begegnen kann, ist von vornherein von all den Begrenztheiten bestimmt, die menschlicher Sprache unvermeidlicherweise anhaften. Von großer Bedeutung ist es, dass auch die Verstehenshorizonte, innerhalb derer die menschliche Sprache sich unausweichlich bewegt, geschichtlich konkret und in diesem Sinn begrenzt sind. Das macht es notwendig, dass ein Ausleger der apostolischen Überlieferung, der unter anderen Verstehensbedingungen lebt, die Aufgabe der Übersetzung zu bewältigen hat.

3. Gottes Wort als Heilige Schrift

Zum Übergang von der apostolischen zur nachapostolischen Zeit gehört das Eingehen der apostolischen Verkündigung in schriftlich gefasste Texte, die – situations- und verfasserbedingt – sehr unterschiedlich geartet sind, aber doch dadurch zusammengehörig bleiben, dass sie vom ursprünglichen Wort Gottes sprechen. Die Verschriftlichung des apostolischen Evangeliums liegt in der Perspektive dessen, was es selbst ist: Wort Gottes für alle Welt, Wort Gottes in prägnanter Gestalt. Kraft seiner Schriftlichkeit kann das Wort Gottes zu allen Zeiten und an allen Orten verlesen und verkündet werden. So ist es fortan grundsätzlich zu allen Zeiten und an allen Orten gegenwärtig. Ihre schriftliche Fixierung bewahrte die apostolische Überlieferung davor, im Laufe der Zeit konturenlos zu werden und aus welchen guten oder unguten Gründen auch immer erweitert oder beschnitten zu werden. Wenn es zutrifft, dass Gottes ursprüngliches Wort in und als Geschichte ergangen ist, dass es kein diffuses, sondern prägnantes Wort ist, dass es im Mysterium paschale Jesu zum letzten und unüberbietbaren Wort geworden ist, dass es ein alle Menschen angehendes Wort ist, dann ist es folgerichtig, dass es in eine schriftliche Form einging.

Zur Schriftlichkeit des Wort Gottes tritt die Kanonizität der Heiligen Schrift. Die Erkenntnis des kanonischen Charakters der biblischen Schriften brauchte ihre Zeit. Sie vollzog sich im Rahmen der Erfahrungen, die die Kirche mit den überlieferten Schriften machte.

„Diese Schriften, in denen sich das geschichtliche Offenbarungsereignis Gottes in Jesus Christus als solches abschließend zur Sprache brachte, wirkten nun auch sofort daran mit, daß sich die Erfahrungsdimension des Ereignisses, die Kirche, die bei der Bildung der Überlieferung und der Schrift schon mitgesprochen hatte, fort und fort festigte und weitete. Aber indem das geschah, ging auch etwas mit den einzelnen Schriften vor sich. Sie gerieten zueinander in Bewegung. Ihre innere Einheit, die kaum zu fassen, jedenfalls schwer aus ihnen selbst nachzuweisen ist, zog sie, sie von anderen scheidend, zueinander. Das aber geschah im Vollzug der auslegenden Erfahrung, die sie der Kirche zukommen ließen. In einem langen Prozess legten sich diese Schriften der Kirche inmitten reicher mündlicher und schriftlicher Überlieferung als das maßgebende und richtungsweisende Wort des Offenbarungsereignisses aus. In einem langen Prozess der Klärung ihres eigenen Verständnisses entschied die Kirche, daß diese Schriften und keine anderen, dieser aber so, wie sie geschrieben sind, die Schriftensammlung darstellen, in der das sich bezeugende Offenbarungsgeschehen authentisch und normativ bezeugt ist und sich der Kirche endgültig zugeeignet hat. So in den Raum, den sich der Anspruch der Offenbarung selbst eingeräumt hat, völlig eingeholt, wird das NT und mit ihm das anverleibte AT als Entsprechung dieses Anspruches sein Sprachwerk und Sprachwalten. Es wird es in der ganzen Kontingenz seiner Geschichtlichkeit, die sich nun noch einmal in dem eigenartig Disparaten und Fragmentarischen dieses ‚Kanon' des Glaubens verrät."[5]

Es entspricht der inneren Intention der Heiligen Schrift, dass sie im Gottesdienst der Kirche verlesen wird.

„Anders als bei uns ist damals (d. h. in der Antike und auch im Umkreis der Bibel) nicht die Verschriftlichung, sondern das Vorlesen der eigentliche Akt der Veröffentlichung und Weitergabe. Alles Schriftliche zielte nicht auf den stillen Leser, der sich ‚mit seinem Buch zurückzieht', sondern auf die Erbauung oder den Aufbau einer Gemeinschaft."[6]

Von daher ist es gut begründet, dass die Bibel häufig reich geschmückt worden ist: Das Buch sollte so für den gottesdienstlichen Gebrauch ausgestattet werden. Ebenfalls ist es richtig, dass die Bibel in alle Sprachen, die Menschen sprechen, übersetzt worden ist oder werden kann. Dies alles besagt: Sowohl die Verschriftlichung des apostolischen Evangeliums als auch die Kanonisierung der Heiligen Schrift steht in der Perspektive der Vergegenwärtigung der Offenbarung zur Weckung und Stärkung des Glaubens – im Gottesdienst der Kirche und in der Verkündigung an die Welt.

---

5 H. *Schlier*, Was heißt Auslegung der Heiligen Schrift?, 49f.
6 K. *Berger*, Rez. zu: P. *Müller*, Verstehst du auch, was du liest?, in: FAZ vom 15. März 1995, Nr. 65, 10.

4. Wort Gottes als kirchliche Verkündigung und Predigt

Das Wort Gottes als kirchliche Verkündigung ist dadurch gekennzeichnet, dass es das apostolische Evangelium, wie es in der Heiligen Schrift als Kanon des Glaubens niedergelegt ist, voraussetzt und in die jeweilige Gegenwart hinein übersetzt und auslegt. Erste Ansätze solchen Übersetzens und Auslegens finden sich schon innerhalb des Neuen Testaments, verständlicherweise in den Pastoralbriefen, die das Leben der ersten nachapostolischen Gemeinden bezeugen. Die kirchliche Verkündigung als Auslegung des apostolischen Evangeliums ereignet sich in vielfacher Weise. Doch im Zentrum steht die gottesdienstliche Predigt, in der ein Text aus der Heiligen Schrift vorgelesen und dann ausgelegt wird. Diese Auslegung geschieht auf eine konkrete gemeindliche oder persönliche Situation hin. In ihr soll durch die Predigt das Evangelium seine aufrichtende, befreiende, erfreuende, mahnende Kraft entfalten. Gottes Wort wird den Menschen aktuell zugeeignet, damit sie es sich aktuell aneignen.

Die Aufgabe des Übersetzens eines biblischen Textes in eine heutige Situation hinein ist nicht einfach, weil sich die heutigen Verstehensbedingungen von den damaligen tiefgreifend gewandelt haben. Man denke nur daran, dass das Weltbild früherer Zeiten ein religiöses war, das heißt, man rechnete selbstverständlich mit der Anwesenheit der bedrohlichen oder barmherzigen Götter, mit der Verantwortung, die Menschen nicht nur vor ihrem Gewissen, sondern auch vor dem richtenden und lossprechenden Gott haben, mit der Mehrdimensionalität des Weltbildes. Sie wussten darum, dass der Mensch sein Leben nicht nur aus dem „Entwerfen", sondern auch, ja vor allem aus dem „Entsprechen" zu vollziehen hat. Demgegenüber haben sich die dem modernen Menschen vorgegebenen Verstehenskontexte bis in die Grundlagen hinein geändert. Kurz gesagt, sind sie durch eine durchgehende Weltlichkeit bestimmt. Und doch gilt es, die evangelische Botschaft, die in der Bibel samt ihren Verstehensbedingungen normativ fixiert ist, als sie selbst in die heutige und je ganz konkrete Situation hinein auszulegen. Dies zu vollziehen, ist die Aufgabe des Predigers, der dabei nicht auf sich allein gestellt ist, da er auf die Hilfen zurückgreifen kann, die ihm die biblische Exegese und die kirchliche Theologie bieten. Außerdem steht er in vielfachen Beziehungen zur gegenwärtigen Kirche und den Christen in ihr und soll die Anregungen annehmen, die ihm für seine Aufgabe von ihnen her zukommen. Im Übrigen steht hinter ihm eine vielhundertjährige Auslegungspraxis und -erfahrung der Kirche, die sich nicht nur in der theologischen, sondern auch in der spirituellen Literatur, in Buch und Kunst, in Brauchtum und Recht verdichtet hat und mit der er in ein Gespräch eintreten kann.

5. Wort Gottes und Dogma

Ist auch das kirchliche Dogma eine Gestalt des Wortes Gottes? Darüber ist oft gehandelt und ebenso oft gestritten worden, z. B. mit äußerstem Ernst in den 20er-Jahren des 20. Jahrhunderts zwischen Karl Barth und Rudolf Bultmann auf der einen Seite und Erik Peterson auf der anderen Seite.[7] Strittig ist vor allem, ob, und wenn ja, wie die hier und heute geschehende Bibelauslegung an die Dogmen der Kirche gebunden ist. Legen die Dogmen, die in früheren Zeiten und unter uns fremd gewordenen Umständen formuliert wurden, dem heutigen Leser und Ausleger der Schrift nicht Fesseln an, so dass er seine Aufgabe gar nicht wirklich wahrnehmen kann? Bei der Antwort auf diese Frage kann erneut Heinrich Schlier Orientierung geben, der in seinem Aufsatz „Was heißt Auslegung der Heiligen Schrift?"[8] ausgesprochen hilfreiche Einsichten dargelegt hat. Er geht in drei Schritten voran.

In einer ersten Überlegung weist Schlier darauf hin, dass es zur Eigenart geschichtlicher Ereignisse und der sie erschließenden Texte gehört, sich einen Raum zu geben, in dem sie ein Echo finden, das heißt: wo sie wahrgenommen, beachtet, bedacht und beurteilt werden. Das gilt auch für die Ereignisse der Heils- und Offenbarungsgeschichte des Alten

---

[7] Vgl. dazu W. *Löser*, Das „bleibend Denkwürdige". Zum Dogmenverständnis Erik Petersons und Heinrich Schliers, in: W. Löser, K. Lehmann, M. Lutz-Bachmann (Hgg.), Dogmengeschichte und katholische Theologie, Würzburg 1985, 329–352; wiederaufgenommen in diesen Band, Kapitel 4.
[8] *Schlier*, Was heißt Auslegung der Heiligen Schrift?, 35–62.

und Neuen Bundes und die entsprechenden Texte. Sie rufen als Bereich ihres Beachtet- und Erwogen-Werdens die Kirche hervor. Die Kirche ihrerseits verwahrt die Ereignisse und die Texte, auf die sie sich bezieht und in deren Annahme sie sich ihrer Identität vergewissert, durch die Zeiten. Darum stellt sie sie zu dem Kanon der heiligen Schriften zusammen. Die Kirche ist also der Resonanzraum, den sich das in der Bibel bezeugte Wort Gottes schafft und dessen es bedarf, damit es in der Geschichte hörbar wird.

Eine zweite Überlegung kommt hinzu. Die dogmatische Denkform ist dem Neuen Testament selbst nicht fremd. Satzhafte Fixierungen des Evangeliums tauchen auch nicht in seinen Spätschriften auf, sondern sie gehen, wie zuvor schon erwähnt wurde, in der Form der Ur-Homologien den sonstigen Texten der Bibel sogar historisch und sachlich voraus. Die urkirchlichen Bekenntnisformeln weisen bereits die Merkmale auf, die auch die späteren Dogmen der Kirche kennzeichnen: Es handelt sich um Glaubenssätze, in denen die Kirche verbindlich den ihr selbst vorgegebenen Grund ihrer selbst ausspricht. Sowohl die neutestamentlichen Schriften in ihrer ausgeprägten Gestalt als auch die späteren Dogmen der Kirche explizieren, präzisieren, präsentieren das in den Bekenntnisformeln bereits grundlegend Gesagte. Das heißt: Die dogmatische Denkform ist dem Glaubensdenken, wie es sich schon im Neuen Testament findet, nicht grundsätzlich fremd. Wer das Neue Testament auslegt, begegnet in seinem Bereich bereits dem Dogma in seiner ursprünglichsten Form.

Schließlich eine dritte Überlegung. Sie gilt dem Sinn, den ein nachneutestamentlich verkündetes kirchliches Dogma für die Auslegung der Bibel hat. Die kirchliche Glaubensbesinnung hat die Aufgabe, die von der Exegese und der Biblischen Theologie zur Sprache gebrachten Sachverhalte zusammenhängend und im Kontext aktueller Fragestellungen zu durchdenken. Sie hat dies im Gespräch mit allen Partnern zu tun, die zur Erhellung der Sache beitragen können. Die auf die Wahrheit der exegetisch erhobenen Sachverhalte zudenkende Besinnung hat – wie wir wissen – in der Geschichte der Kirche immer wieder zur Niederlegung des Erkannten im Dogma geführt. Zukünftige Schriftauslegung sollte – das war und ist ja der Sinn dieses Vorgangs – an dem so Fixierten nicht mehr vorbeigehen können. Die entscheidende Frage lautet nun: Welchen Sinn hat solch ein Dogmatisieren des Erkannten? Lässt es sich angesichts des Wesens und des Anspruchs der Bibel rechtfertigen? In einem wichtigen und auch berühmt gewordenen Text hat Heinrich Schlier darauf wie folgt geantwortet:

„Was die Exegese im methodischen Verfahren unter hörendem Verstehen als das von der Heiligen Schrift zu denken Aufgegebene erarbeitet hat, übergibt sie dem Glaubensdenken der Kirche, damit dieses dem zu Denkenden nachdenke und den Sachverhalt durchdenke. Vielleicht, dass es dabei an diesem oder jenem Punkte auch zu einem Zu-Ende-Denken kommt. Solches Zu-Ende-Denken, welches sich im Glaubenskonsens der Kirche anzeigt, kann, sofern es die Stunde fordert und erlaubt, zur Fixierung im Dogma führen. Dieses bedeutet aber nicht das Ende des Bedenkens, sondern die Erhebung des Gedachten, Nachgedachten, Durchgedachten und jetzt und hier Zu-Ende-Gedachten in das unbestreitbar und unverlierbar Denkwürdige. Für die Exegese bedeutet das nicht die Suspendierung des Vollzugs im Umkreis dieses oder jenes Textes, sondern die Anweisung des entschiedenen Denkens an seinen Beginn zu neuem Überdenken."[9]

Ein Dogma ist also das für die schriftauslegende Kirche unbestreitbar und unverlierbar Denkwürdige. Darum ist sie bei ihrer hier und heute geschehenden Schriftauslegung daran verwiesen und gebunden. Das so verstandene Dogma liegt in der Linie der Aussageintention der Bibel selbst und ist ihr darum nicht fremd.

Das Dogma, verstanden als das „bleibend Denkwürdige", ist seiner Form nach durch begriffliche Eindeutigkeit und Festigkeit gekennzeichnet. Es kann auch nur so seine Kraft entfalten. Doch schließt dies eine Dogmenentwicklung nicht aus, wie die Erforschung der Dogmengeschichte vielfach gezeigt hat. Ein besonders sprechendes Beispiel dafür liegt in der Christologiegeschichte der Alten Kirche vor. Das Konzil von Nikaia (325) hatte das „vere Deus" über Jesus ausgesagt. Unter der Anerkennung der Geltung dieser Aussage sah sich das Konzil von Chalkedon (451) nicht nur in der Lage, sondern auch gedrängt, das „vere homo" hinzuzufügen. Dies ist eine Fortentwicklung einer dogmatischen

---

9 Ebd. 60f.

Aussage. In ähnlicher Weise gibt es diesen Vorgang in der Theologiegeschichte immer wieder. Die Geltung einer dogmatischen Aussage und ihre Fortentwicklung schließen einander nicht aus.

6. Wort Gottes als ewiger Logos in Gott

Im Hintergrund und als letzte Ermöglichung der gesamten Heilsökonomie, der als konstitutive Dimension das Wort (Gottes) zugehört, steht der dreifaltige ewige Gott: Vater, Sohn (Wort) und Geist. Die zweite Person in Gott trägt die Bezeichnung Sohn, aber auch Wort: Sie ist das ewige Wort Gottes, Gottes Logos. Der entscheidende biblische Text, der vom ewigen Wort in und bei Gott spricht, sind die ersten zwei Verse des Johannesprologs: „Im Anfang war das Wort, und das Wort war bei Gott, und Gott war das Wort. Dieses war im Anfang bei Gott."
Im Anfang – das bedeutet: in Gott, der selbst der schlechthinnige Anfang ist. Das Wort ist bei Gott und in diesem Sinne von Gott unterschieden. Und doch ist das Wort selbst Gott. Dies ist nur so denkbar, dass Gott in sich dreifaltig ist (freilich ist im Johannesprolog noch nicht von der dritten Person, dem Heiligen Geist, die Rede).

Die Theologen haben beim Durchdenken dieses göttlichen Geheimnisses üblicherweise auf die Analogien zurückgegriffen, die mit der menschlichen Geistestätigkeit gegeben sind: Der Geist vollzieht sich in einem Erkenntnis- und in einem Willensakt. Der Erkenntnisakt lässt das Wort hervorgehen, der Willensakt den Geist. Auf der höchsten Stufe des Seienden ereignet sich das Hervorbringen des Wortes und des Geistes in einem immanenten Vollzug.[10] Das ewige Wort in Gott ist nicht

---

10 In einem charakteristischen und in der Folge immer wieder ausgewerteten Text hat Thomas von Aquin die gemeinten Sachverhalte wie folgt dargelegt: „[...] Sed, cum omnis processio sit secundum aliquam actionem, sicut secundum actionem quae tendit in exteriorem materiam, est aliqua processio ad extra; ita secundum actionem quae manet in ipso agente, attenditur processio quaedam ad intra. Et hoc maxime patet in intellectu, cuius actio, scilicet intelligere, manet in intelligente. Quicumque enim intelligit, ex hoc ipso quod intelligit, procedit aliquid intra ipsum, quod est conceptio rei intellectae, ex vi intellectiva proveniens, et ex eius notitia procedens. Quam quidem conceptionem vox significat, et dicitur verbum cordis, significatum

nur der Sohn, in dem sich der Vater erkennt und ausspricht; der göttliche Logos ist auch Schöpfungs- und Erlösungsmittler. In ihm ereignet sich nach Gottes Schöpferwillen seine Schöpfung: „Alles ist durch das Wort geworden, und ohne es ist auch nicht eines geworden." (Joh 1,3) Es ist von erheblicher Bedeutung, dass das Wort, der Logos, in dem die Schöpfung ihren ersten und letzten Sinn hat, aus Gott hervorgegangen ist und also nicht aus menschlichem Erdenken und Erwirken hervorzugehen braucht. Dies verkannt zu haben, hat zu den Utopien geführt, die als säkularisierte Ideen Menschen immer wieder überforderten und bisweilen in den Wahn führten.[11] Im ewigen dreifaltigen Gott fiel aber nicht nur von Ewigkeit her die Entscheidung zur Erschaffung der Welt, sondern in ihm fiel auch der ewige Heilsratschluss. Beides trug logoshafte, sinnbestimmte Züge, die dann in der Geschichte sich ereignenden Offenbarung (Israel und Jesus) ihre Entsprechung und Umsetzung erfahren haben.[12] Gottes ursprüngliches Wort in der Geschichte hat daraufhin eine lesbare Gestalt. In ihr drückt sich das ewige Wort in Gott aus und kommen seine unvordenklichen „Gedanken" und „Entscheidungen" über die Welt und ihre Bestimmung zur Erscheinung.

Das Wort Gottes ist – so kann man im Blick auf diese Erwägungen sagen – eine vielgliedrige und nur so innerlich geeinte Größe: der ewige Logos Gottes, das in und als Geschichte ergehende Wort Gottes, das in Jesus von Nazareth leibhaftig

---

verbo vocis. Cum autem Deus sit super omnia, ea quae in Deo dicuntur, non sunt intelligenda secundum modum infimarum creaturarum, quae sunt corpora; sed secundum similitudinem supremarum creaturarum, quae sunt intellectuales substantiae; a quibus etiam similitudo accepta deficit a repraesentatione divinorum. Non ergo accipienda est processio secundum quod est in corporalibus, vel per motum localem, vel per actionem alicuius causae in exteriorem effectum, ut calor a calefaciente in calefactum; sed secundum emanationem intelligibilem, utpote verbi intelligibilis a dicente, quod manet in ipso. Et sic fides Catholica processionem ponit in divinis" (Thomas von Aquin, S.th. I q 27 a 1).

11 Vgl. J. Fest, Der zerstörte Traum. Vom Ende des utopischen Zeitalters, Berlin 1991.
12 Treffend hat die Konstitution „Dei Verbum" in Nr. 6 diesen Sachverhalt benannt: „Durch seine Offenbarung wollte Gott sich selbst und die ewigen Entscheidungen seines Willens über das Heil der Menschen kundtun und mitteilen, ‚um Anteil zu geben am göttlichen Reichtum, der die Fassungskraft des menschlichen Geistes schlechthin übersteigt' (Vat. I, Dei Filius, Kapitel 2)."

zur Sprache kam, – das apostolische Evangelium – die Verkündigung in der Kirche, vor allem als gottesdienstliche Predigt. Es könnte scheinen, in dieser Kette gebe es ein Gefälle. Doch wäre dieser Eindruck nicht sachgerecht; denn das Wort Gottes will ja den Menschen je hier und heute verkündet werden. Und wenn sich dies tatsächlich ereignet, dann es dies nicht ein Ankommen an einem letzten und untersten Punkt, sondern das Erreichen eines von Anfang an intendierten Zieles. Im aktuellen Zuspruch des Wortes Gottes sowie im ebenso aktuellen Hören und dem Zuspruch entsprechenden Glauben entfaltet das Wort Gottes seine heilsame Kraft. Darum ist und bleibt es für die Kirche und die Menschen in ihr lebenswichtig und heilsnotwendig, dass Gottes Wort, das „unserem Fuß eine Leuchte ist" (Ps 119,105), immer wieder verkündet wird.

Kapitel 8
Biblische Texte zur Taufe – ausgelegt durch Heinrich Schlier

1. Schliers Tauflehre im Kontext seines theologischen Denkens

Die Taufe gehört zu den vorrangigen Themen im theologischen Werk Heinrich Schliers. In seiner Tauftheologie tritt ein beträchtlicher Teil seines Denkens gebündelt hervor. Die exegetische und systematische Ausrichtung seiner Auffassungen lässt sich hier auch in ihren Einzelschritten nachvollziehen. Insofern lohnt es sich, Schliers Tauftheologie einmal genauer zu betrachten. In mehreren Aufsätzen hat sich er ausdrücklich mit ihr befasst:

- Die Taufe – Nach dem 6. Kapitel des Römerbriefes (1938)[1]
- Zur kirchlichen Lehre von der Taufe (1947)[2]
- Fragment über die Taufe (aus dem Nachlass; 1980)[3].

In den Kommentaren, die Schlier zum Galaterbrief[4], zum Epheserbrief[5] und zum Römerbrief[6] geschrieben hat, finden sich zahl- und umfangreiche tauftheologische Textauslegungen. Zudem kommt Schlier in anderen Aufsätzen immer wieder auf die Taufe zu sprechen, in der Regel dann, wenn das Taufmotiv in biblischen Texten anklingt, die auszulegen er unternimmt. Der Frage nach dem Sinn der Taufe ist Schlier schon früh nachgegangen. Die religionsgeschichtlichen Untersuchungen bib-

---

1 In: EvTh 5 (1938) 335–347; aufgenommen in: *H. Schlier, Die Zeit der Kirche. Exegetische Aufsätze und Vorträge I*, Freiburg i. Br. 1956, 47–56.
2 In: ThLZ 72 (1947) 321–336; aufgenommen in: *Schlier, Die Zeit der Kirche*, 107–129.
3 In: *H. Schlier, Der Geist und die Kirche*, Freiburg i. Br. [u.a.], 134–150.
4 *H. Schlier, Der Brief an die Galater*, Göttingen 1949, 14. Aufl. 1971.
5 *Ders., Der Brief an die Epheser. Ein Kommentar*, Düsseldorf 1957, 7. Aufl. 1971.
6 *Ders., Der Römerbrief*, Freiburg i. Br. 1977, 2. Aufl. 1979.

lischer, nachbiblischer, bisweilen gnostischer Texte, der er um 1930 veröffentlicht hat, belegen dies:

- Religionsgeschichtliche Untersuchungen zu den Ignatiusbriefen[7]
- Christus und die Kirche im Epheserbrief[8]
- Zur Mandäerfrage[9].

Schlier war zunächst ein lutherischer Christ und Theologe. Doch dann konvertierte er zur römisch-katholischen Kirche. Was ihm dort begegnete und wichtig war, lag nicht nur, aber doch in wesentlichem Sinn auch in deren Taufverständnis vor. In Schlier wuchs im Laufe der Jahre die Überzeugung, dass das katholische Verständnis der Taufe das in der Bibel ursprünglich bezeugte sei. Diese Auffassung bestätigte sich für Schlier in der Auslegung der tauftheologischen Texte des Neuen Testaments. Aus den überaus zahlreichen Ausführungen und Anmerkungen, in denen Schlier biblische Tauftexte deutet, lässt sich ein schlüssiges Gesamtbild dessen, was die christliche Taufe in seinem Sinn ist, erkennen. Es trägt unverkennbar katholische Züge und hat seine Mitte im Begriff des Sakraments.

Zwei Autoren haben sich bereits mit Schliers Tauftheologie auseinandergesetzt. Hans Hubert hat 1972 die Stellungnahme Schliers zu Karl Barths Aussagen zur Taufe und insbesondere zur kirchlichen Praxis der Kindertaufe dargestellt.[10] Barth hatte 1943 in seiner Schrift „Die kirchliche Lehre von der Taufe"[11] aus einem reformierten Theologieansatz heraus die gängige Praxis in Frage gestellt. Schlier hat darauf in grundsätzlicher Weise geantwortet und diese Praxis dann auch verteidigt.[12] Hubert erinnert an einige der von Schlier vorgetragenen exegetischen und theologischen Argumente – freilich in sehr gedrängter Form –, und lässt seine Ausführungen in die Frage münden, ob die Schlierschen Überlegungen nicht zu stark von dogmatischen Vorentscheidungen – lutherischer oder

---

7 Gießen 1929.
8 Tübingen 1930.
9 In: ThR 5 (1933) 1–34.69–92.
10 *H. Hubert*, Der Streit um die Kindertaufe, Bern 1972, hier: 19–33.
11 Zürich 1943.
12 Vgl. Anm. 2 im aktuellen Kapitel.

katholischer Art – bestimmt seien. Der zweite Autor ist der bereits erwähnte Reinhard von Bendemann, der ein umfangreiches Werk „Heinrich Schlier. Eine kritische Analyse seiner Interpretation paulinischer Theologie" verfasst hat. Darin geht es auch um Schliers Tauftheologie.[13] Seine Wiedergabe der Anliegen Schliers ist, wie in seinem Buch im Ganzen, so auch in dem der Tauftheologie gewidmeten Kapitel von einer interpretatorischen Perspektive bestimmt, die von einer subtilen konfessionellen Voreingenommenheit nicht frei ist. Was die zwei genannten Autoren zu einer Erfassung der Schlierschen Tauftheologie beitragen, kann als erster Blick auf diese gelten, entspricht aber bei Weitem keiner sie erschöpfenden Analyse. Von daher ist es sinnvoll, den Blick noch einmal intensiv auf die tauftheologischen Texte Schliers zu richten. Dabei mag es sich dann auch ergeben, dass die Urteile, die sich bei den genannten Autoren finden, als überprüfungsbedürftig erweisen.

Das Taufverständnis, wie es sich aus Schliers Schriften und insbesondere aus seinem „Fragment über die Taufe"[14] ergibt, lässt sich in wenigen Sätzen zusammenfassen:

- Die Taufe ist – was ihre liturgische Gestalt betrifft – ein Wasserbad, das durch das Taufwort begleitet wird.
- Die Taufe wirkt aufgrund ihres Vollzugs – also „ex opere operato".
- In der Taufe kommt der Glaube, der sich im Glaubensbekenntnis ausspricht, zu seiner Erfüllung.
- In der Taufe handelt der dreifaltige Gott am Menschen.
- In der Taufe wird dem Täufling Gottes Geist mitgeteilt.
- In der Taufe schenkt Christus dem Täufling die Gemeinschaft mit sich.
- In der Taufe wird der Mensch vom alten Dasein, das im Zeichen der Sünde stand, befreit.
- In der Taufe tritt der Mensch in das neue Dasein der Rechtfertigung, der Heiligung, der Erleuchtung ein.

---

13 R. von Bendemann, Heinrich Schlier. Eine kritische Analyse seiner Interpretation paulinischer Theologie, Gütersloh 1995, 270–286.
14 Vgl. Anm. 3 im aktuellen Kapitel.

- In der Taufe wird der Mensch in die Kirche als dem Leib Christi eingegliedert.
- Aus dem Getauft-Sein folgt das Gerufen-Sein zu einem neuen Leben im Glauben, in der Hoffnung, in der Liebe.
- Der getaufte Mensch bestätigt und vertieft sein neues Sein in der Teilnahme am Herrenmahl.
- Das sakramentale Verständnis der Taufe legt auch die Praxis der in der Kirche geübten Taufe von Kindern nahe.

Dieses Taufverständnis war für Heinrich Schlier das Ergebnis seiner Arbeit an den zahlreichen Tauftexten, die sich im Neuen Testament finden – in den Evangelien ebenso wie in der Briefliteratur.

2. Schliers Arbeit an tauftheologischen Bibeltexten

Einige der biblischen Tauftexte waren für Schlier bei der Erarbeitung seines theologischen Konzeptes besonders bedeutend. Dabei hatte Schlier zu berücksichtigen, dass sie unter den Theologen keineswegs einhellig ausgelegt werden. Daraus ergab sich die Notwendigkeit, sie im Blick auf die laufende Diskussion noch einmal intensiv zu bearbeiten. Welche Bibeltexte dabei eine besondere Rolle spielten und wie sich Schliers Verständnis dieser Text formte, wird im Folgenden exemplarisch dargelegt.

2.1 Joh 3,1–8

Das 3. Kapitel des Johannesevangeliums, welches das Gespräch Jesu mit Nikodemus enthält, weist in den Versen 1–8 einen gewichtigen tauftheologischen Text auf. Schlier geht in zweifacher Weise auf ihn ein: zum einen, indem er seinen Stellenwert im Ganzen des vierten Evangeliums bestimmt, zum andern, indem er eine antisakramentale Lesart des Verses 5 zurückweist. In beidem geht es Schlier um das folgende Anliegen: die im Johannesevangelium bezeugte sakramentale Dimension der Doxaoffenbarung herauszustellen. Indem er dies tut, setzt er sich mit Rudolf Bultmann auseinander, der der bedeutendste Vertreter der Auffassung ist, das Johannesevangelium verstehe die Doxaoffenbarung in nicht-sakramentaler Weise. Bultmann behauptet, dass im Johannesevangelium „die Sakramente keine Rolle spielen"[15], „daß Johannes zwar nicht direkt gegen die Sakramente polemisiert, ihnen aber kritisch oder wenigstens zurückhaltend gegenübersteht"[16]. Schlier stellt dagegen mit Entschiedenheit fest, dass die Sakramente, konkret: die Taufe und die Eucharistie, im theologischen Denken des vierten Evangelisten konstitutive Weisen der Doxaoffenbarung sind.[17] Der Ort, den einerseits das Nikodemusgespräch (3,1 ff.), in dem es um die Taufe geht, und andererseits das Eucharistiekapitel (6,1 ff.) im Gesamtevangelium einnehmen, ist schon ein sprechender Hinweis darauf. Schlier wertet die Platzierung der beiden Texte im Ganzen des Evangeliums aus. Sinnvoll ist dieses Unterfangen insofern, als er voraussetzen kann, dass das Evangelium im Wesentlichen den Aufriss zeigt, den ihm der Evangelist geben wollte,[18] und dass die ausdrücklicheren sakramententheologischen Texte, z. B. 6,51–58, nicht Einschübe eines kirchlichen Redaktors sind, die die ursprüngliche Tendenz des Evangelisten verfälschen. Schlier geht mit Autoren wie Oskar Cullmann[19] und Ernst Haenchen[20] davon aus, dass der nun vorliegende Evangelientext im Wesentlichen auch der ursprüngliche ist.[21] Der Aufriss, den Schlier im vierten Evangelium erkennt, ist im Wesentlichen folgender:

---

15 *R. Bultmann*, Theologie des Neuen Testaments, Tübingen, 4. Aufl. 1961, 411.
16 Ebd. 412.
17 Dies geschieht vor allem in „Johannes 6 und das johanneische Verständnis der Eucharistie", in: *H. Schlier*, Das Ende der Zeit, Freiburg i. Br. 1971, 102–123.
18 Auch dies führt Schlier im Blick auf Bultmann aus, der die Auffassung vertreten hatte, ein kirchlicher Redaktor habe ein in Unordnung geratenes, bis dahin noch nicht veröffentlichtes Werk in Ordnung zu bringen gehabt. Die ursprünglich vom Evangelisten beabsichtigte Anordnung der Texte sei uns nicht mehr bekannt. Vgl. zu dieser Diskussion: *R. Bultmann*, Das Evangelium des Johannes, Göttingen, 15. Aufl. 1957, 162f.164.238.289; siehe auch: *R. Schnackenburg*, Das Johannesevangelium, II. Teil, Freiburg i. Br. 1971, 6–11; *E. Haenchen*, Johannesevangelium. Ein Kommentar, Tübingen 1980, 48–57.
19 *O. Cullmann*, Urchristentum und Gottesdienst, Zürich, 2. Aufl. 1950.
20 *E. Haenchen*, Das Johannesevangelium und sein Kommentar, in: ThLZ 89 (1964) 895f.
21 *H. Schlier*, Johannes 6 und das johanneische Verständnis der Eucharistie, 103.

- Kapitel 1: der „Prolog", in dem von der Fleischwerdung des Ewigen Logos gesprochen wird; dann die Bezeugung Jesu durch den Täufer mit der Folge, dass sich Jünger um ihn scharen
- Kapitel 2–12: die Doxaoffenbarung vor der Welt in Zeichen und Worten
- Kapitel 13–17: die Enthüllung des Sinns des Hingangs in die Doxa vor den Jüngern
- Kapitel 18–20 (21): der Vollzug des Hingangs in die Doxa der Passion und des Aufgangs in die Doxa an Ostern.

Die Doxaoffenbarung vor der Welt kommt in den Kapiteln 2–12 in doppelter Weise zur Sprache: zunächst in den Kapiteln 3–6 in der Entfaltung ihrer selbst, sodann in den Kapiteln 7–12 im Rahmen der Auseinandersetzungen mit den Widersachern als den Repräsentanten des Kosmos. Kapitel 2 enthält die Perikopen von der Hochzeit zu Kana und von der Tempelreinigung. Die eine weist grundlegend voraus auf die Kapitel 3–6, die andere auf die Kapitel 7–12. Die bisherigen Angaben zeigen bereits: Die Kapitel 3–6 haben eine fundamentale Bedeutung im Ganzen des vierten Evangeliums. In ihnen geht es um die Offenbarung der Doxa Gottes durch das Wirken Jesu in Wort und Zeichen. Die Texte von Kap 4 und 5 kreisen um die im Wasser versinnbildlichte lebensspendende „Gnosis" (4,1–42), den Glauben (4,43–54) und die Sündenvergebung (5,1–47). Gnosis, Glaube und Sündenvergebung lassen sich andererseits als in der Taufe mitgeteilte Gaben begreifen; im Nikodemusgespräch (3,1ff.) ist davon die Rede. Kapitel 6 handelt von der Eucharistie. Damit sind aber die Taufe und die Eucharistie von der Struktur des Evangeliums her als die grundlegenden, in Wort und Zeichen sich realisierenden Gaben der Doxaoffenbarung erkannt.[22]

---

22 Über die Frage, wie sich Joh 6 in das Ganze des Vierten Evangelium einfügt, hat in den letzten Jahren eine lebhafte Diskussion stattgefunden, über die Johannes Beutler berichtet und in der er selbst Stellung bezieht: *J. Beutler*, Joh 6 als christliche ‚relecture' des Pascharahmens im Johannesevangelium, in: *R. Scoralik* (Hg.), Damit sie das Leben haben (Joh 10,10), Zürich 2007, 43–58.

Ähnlich wie das Kapitel 6 hat auch die erste Hälfte des Kapitels 3 einen hohen Stellenwert im vierten Evangelium. Schlier hat seine Strukturanalyse zum Johannesevangelium so zusammengefasst:

„Die Epiphanie Jesu, das Aufscheinen der Doxa, entfaltet sich […] in Taufe, Gnosis, Glaube, Sündenvergebung und zuletzt Eucharistie bzw. in den Zeichen und Worten Jesu, die das alles schon verborgen gegenwärtig sein lassen. Rechnen wir sachgemäß Gnosis, Glaube und Sündenvergebung zum Geschehen der neuen Geburt, so läßt unser Evangelist die Gabe der Offenbarung letztlich in Taufe und Eucharistie bestehen, und zwar in der Weise, daß sie sich schon in Zeichen und Wort Jesu verborgen ansagen und enthüllen, und so in diesem schon einstellen."²³

Wie die Eucharistie, so ist auch die Taufe – nach Schlier – für das vierte Evangelium von großem Gewicht. Sie gehört – das zeigt schon der Ort, an dem über sie im Ganzen des Evangeliums gehandelt wird, – in die Reihe der konstitutiven Offenbarungen des Fleisch gewordenen Wortes. Schlier sieht seine Überzeugung, das Johannesevangelium kenne durchaus die sakramentale Dimension der in Jesus geschehenden Doxoffenbarung, auch dadurch bestätigt, dass er sich die Auffassung, in Joh 3,5 gehe dazu ὕδατος καί auf kirchliche Redaktion zurück, nicht zu eigen machen kann. Auch hier war es vor allem Bultmann, der behauptete, Vers 5 habe ursprünglich gelautet: „Wahrlich, wahrlich, ich sage dir: Wenn einer nicht geboren wird aus dem Geist, kann er nicht in das Reich Gottes eingehen."²⁴ Nach Schlier kann man die Auffassung, das

---

23 *Schlier*, Johannes 6 und das johanneische Verständnis der Eucharistie, 106.
24 *Bultmann*, Das Evangelium des Johannes, 98, Anm. 2: „Die Ursprünglichkeit der Worte ὕδατος καί, die die Wiedergeburt an das Sakrament der Taufe binden, ist mindestens sehr zweifelhaft; sie sind zwar durchweg überliefert [ ], sind aber m. E. eine Einfügung der kirchlichen Redaktion, die in 6,51 b–58 die Bezugnahme auf das Abendmahl eingebracht hat. Die Bedeutung der Taufe ist im Folgenden nicht nur nicht erwähnt, sondern ihre Erwähnung könnte auch nur den Gedanken in V. 6 und V. 8 stören, wie denn der Evangelist den Sakramentalismus der kirchlichen Frömmigkeit bewußt ausscheidet […]." Ähnlich in „Theologie des Neuen Testaments", 411: „[…] in dem überlieferten Text von 3,5: ,ἐὰν μή τις γεννηθῇ ἐξ ὕδατος καί πνεύματος οὐ δύναται εἰσελθεῖν εἰσ τὴν βασιλείαν τοῦ θεοῦ' ist das ὕδατος καί sichtlich eine Einfügung der kirchlichen Redaktion; denn im folgenden ist nur noch

ὕδατος καί habe ursprünglich gefehlt, nur vertreten, wenn man „die allgemeine These vom antisakramentalen Charakter des ursprünglichen Johannesevangeliums teilt".²⁵ Für die Einzelbegründung seiner Überzeugung verweist Schlier auf Cullmanns Ausführungen. Cullmann aber hatte so argumentiert:

> „Die Worte ὕδατος καί glaubt Bultmann mit einigen anderen Auslegern allerdings streichen zu sollen. Aber diese Streichung ist durch den handschriftlichen Befund ausgeschlossen und erst recht durch den Zusammenhang. Denn es kommt dem Verfasser hier wie im ganzen Evangelium darauf an, daß der Geist im Materiellen vorhanden ist, so wie der Logos Fleisch geworden ist. Das bezieht sich aber nun in ganz besonderer Weise auf das Sakrament. So gebraucht der Evangelist besonders gern den Ausdruck ‚Wasser', um vom Geist zu sprechen (Kap 4,10 und 14; Kap 7,37–39). Einer zur Zeit des Urchristentums nachweisbaren Tendenz gegenüber, die neue Geisttaufe vom Wasser überhaupt zu lösen, wird hier geradezu betont, daß in der Taufe der christlichen Gemeinde beides zusammengehört: Wasser und Geist."²⁶

Schlier erklärt den Vers 8, in dem von der Wiedergeburt nur ἐκ τοῦ πνεύματος die Rede ist, durch den Hinweis, dass in ihm lediglich die auch bei der Taufe wirksame Macht genannt werden soll. Das Bild vom Wind, der weht, wo er will, darf nicht antisakramental in Anspruch genommen werden. Es

> „steht ‚das freie Wehen des Geistes' (ὅπου θέλει πνεῖ) nicht im Widerspruch zu seiner Bindung an das Wasser (oder doch auch an das Wort!). Die Formulierung, die ja vom Wind ausgeht und durch eine zweite bildhafte Wendung (καί τὴν φωνὴν αὐτοῦ ἀκούεις, ἀλλ'οὐκ οἶδας πόθεν ἔρχεται καί ποῦ ὑπάγει) ergänzt und erklärt wird, meint nicht das Sich-nicht-binden-Wollen des Geistes an ein Ele-

---

von der Wiedergeburt aus dem Geist und nicht mehr von der Taufe die Rede, und dem Wort vom freien Wehen des Geistes (V. 8) widerspricht es, daß der Geist an das Taufwasser gebunden sein soll."

25 H. *Schlier*, Zum Begriff des Geistes nach dem Johannesevangelium, in: Ders., Besinnung auf das Neue Testament, Freiburg i. Br., 2. Aufl. 1964, 264–271, hier: 270.
26 *Cullmann*, Urchristentum und Gottesdienst, 76f.; ähnlich R. *Schnackenburg*, Das Johannesevangelium, I. Teil, Freiburg i. Br., 2. Aufl., 1967, 382–384.

ment, sondern bringt wie die zweite Wendung die Unfaßbarkeit dieser Wunderkraft zum Ausdruck, um die Unfassbarkeit des Wiedergeborenen zu betonen."[27]

So zeigt sich im Blick auf Joh 3,5, dass das vierte Evangelium die Vermittlung des Geistes nicht nur durch bestimmte menschliche Träger, sondern auch durch bestimmte Mittel kennt. In der Taufe bindet sich der Geist an das Wasser.[28]

2.2 Apg 8,14–17

Diese Verse knüpfen an einen Text an, in dem von der Tätigkeit des Philippus in Samaria berichtet wird. Er hat das Evangelium verkündet und Zeichen gewirkt. Daraufhin ließen Männer und Frauen sich taufen. Nun heißt es in Vers 16, diese Taufe sei auf den Namen Jesu erfolgt, der Heilige Geist aber sei noch auf keinen von den so Getauften herabgekommen. Petrus und Johannes, die von Jerusalem nach Samaria gekommen waren, hätten den Menschen in Samaria dann die Hände aufgelegt und für sie gebetet, und so hätten sie den Heiligen Geist empfangen.

Dieser Text wird von manchen Auslegern für die Auffassung in Anspruch genommen, die Geistmitteilung sei nicht an das Taufgeschehen gebunden; denn die Getauften von Samaria hätten den Geist erst durch die Handauflegung empfangen. Diese Auffassung hat sich Karl Barth in seiner Schrift „Die kirchliche Lehre von der Taufe"[29], die sogleich Schliers Protest hervorrief[30] (und auf die noch mehrfach zurückzukommen sein wird), zu eigen gemacht. Dort schreibt Barth zu Apg 8,14–17:

> „Sie [die römische Kirche; W. L.] redet von einem opus operatum der korrekt vollzogenen Taufhandlung, in welchem diese ganz ähnlich durch sich selbst kräftig und wirkungsfähig ist wie der Glaube nach der Lehre Zwinglis. Dazu ist zu sagen, daß auch die Kraft dieser Handlung keine selbständige, ihre Wir-

---

27 Schlier, Zum Begriff des Geistes nach dem Johannesevangelium, 270, Anm. 21.
28 Vgl. zum Ganzen auch R. Schnackenburg, Die Sakramente im Johannesevangelium, in: Sacra Pagina II, Paris-Gembloux 1959, 235–254. In: „Zur kirchlichen Lehre von der Taufe" hatte Schlier bereits 1947 eine knappe Deutung von Joh 3,5 gegeben (in: Die Zeit der Kirche, 115).
29 K. Barth, Die kirchliche Lehre von der Taufe, München 1947.
30 Vgl. Schlier, Zur kirchlichen Lehre von der Taufe, 107–129.

kung durch sich selbst hervorbringende Kraft sein kann. Wir lesen Act. 8,14f. von den Samaritern, daß sie, die doch [...] die in jeder Weise machtvolle Predigt des Philippus gehört hatten, ausdrücklich auf den Namen des Herrn Jesus getauft und nun dennoch des Heiligen Geistes nicht teilhaftig waren. Ist dieser Text [...] nicht geradezu eine Warnung vor jeder Auffassung, die dem Taufwasser, der kirchlichen Taufhandlung, den Elementen der kirchlichen Verkündigung überhaupt eine eigene, der freien Verfügung des Herrn gegenüber auch nur relativ unabhängige Kausalität zuschreiben möchte?"[31]

„Die Kraft Jesu Christi, die die alleinige Kraft der Taufe ist, ist an den Vollzug der Taufe nicht gebunden."[32] Schlier bietet dagegen eine Auslegung von Apg 8,14–17, die an der Einheit von Taufe und Geistmitteilung festhält: „[...] auch Apg 8,14–17 zeigt nicht, daß der Herr sich nicht an sein Zeichen gebunden hat und gebunden hält, sondern ist ebenfalls ein Beleg für die Einheit von Heiligem Geist und Zeichen."[33] Diese Auslegung überrascht; denn der auszulegende Text scheint doch viel mehr in die Richtung der Barthschen Deutung zu weisen. Wie begründet Schlier sein Verständnis dieses Textes? Zwei Antwortelemente fallen besonders auf. Zum einen: Schlier geht davon aus, dass die Handauflegung in urchristlicher Zeit ein integraler Teil des sakramentalen Taufritus gewesen ist.[34] Wenn nun Petrus und Johannes den durch Philippus getauften Samaritern die Hände auflegten und über sie beteten, „vervollständigten" sie lediglich den erst „halb" vollzogenen Ritus. Zum anderen: Schlier unterscheidet zwei Aspekte der Geistmitteilung. Einerseits

---

31 *Barth*, Die kirchliche Lehre von der Taufe, 13.
32 Ebd. 14. Ähnlich wie K. Barth bestreiten die Bindung der Geistmitteilung an das Taufsakrament unter anderen *A. Seeberg*, Der Katechismus der Urchristenheit, Leipzig1903, 220; *H. Weinel*, Die Wirkungen des Geistes und der Geister im nachapostolischen Zeitalter bis auf Irenäus, Freiburg i. Br. 1899, 200; *H. Gunkel*, Die Wirkungen des Heiligen Geistes nach der populären Anschauung im apostolischen Zeitalter und der Lehre des Apostels Paulus, Göttingen 1909, 72; *K. Pieper*, Die Simon-Magus-Perikope (Apg 8,5–24), Münster 1911, 24; *M. Barth*, Die Taufe – ein Sakrament?, Zollikon-Zürich 1951, 145–154. Zur exegetischen Diskussion vgl. *G. Schneider*, Die Apostelgeschichte, I. Teil, Freiburg i. Br. 1980, 491–493 sowie andere Autoren.
33 *Schlier*, Zur kirchlichen Lehre von der Taufe, 116.
34 An späterer Stelle in diesem Text werden mehrere Belege für diese Auffassung zu nennen sein.

nimmt er eine Mitteilung des „grundlegenden Pneumas" an. Es ist „mit der Übereignung des Täuflings an den Namen Jesu Christi im Sinne eines zum Gliede des Leibes Jesu Christi prägenden Pneuma gegeben." Es bleibt in Apg 8,14–17 ungenannt. Andererseits spricht Schlier von einem „Charismenpneuma". Die Verleihung des „Charismenpneumas" aber geschieht in der Handauflegung. Nach Schlier ist die Unterscheidung von „grundlegendem Pneuma" und „Charismenpneuma" bei Paulus klarer als in der Apostelgeschichte bezeugt. Aber auch Lukas setzt diese Unterscheidung voraus.

> „Daß er es [das grundlegende Pneuma; W. L.] der Sache nach kennt und daß es bei der Taufe des Philippus auf den Namen Jesu Christi verliehen war, daß also auch hier nicht eine Taufe vorliegt, die nicht den Heiligen Geist verleiht, sondern nur eine, die nicht auch zugleich den Charismengeist schenkte, weil die Handauflegung fehlte, das ergibt sich daraus, daß die Apostel in diesem Fall und anders als Apg 19,1ff. die Taufe nicht wiederholten, sondern nur die Handauflegung hinzufügten. Wäre das Zeichen der Taufe durch Philippus leer gewesen – weil Christus sich diesmal nicht daran mit seinem Pneuma gebunden hatte –, so hätte die Taufe wie Apg 19, wo es sich um eine nichtchristliche Taufe handelt, wiederholt werden müssen."[35]

Wie ist dieser Deutungsweg Schliers zu beurteilen? Dass er der einzig mögliche ist, dürfte schwer nachweisbar sein. Andererseits wird man zugestehen können, dass beachtliche Gründe für ihn sprechen. Eine exegetisch-theologische Untersuchung von Apg 8,14–17, die Nikolaus Adler unter dem Titel „Taufe und Handauflegung"[36] vorgelegt hat, und der Schlier eine „umsichtige Auslegung" des Textes der Apostelgeschichte bescheinigt[37], enthält auch eine Zusammenstellung der in der Theologiegeschichte vorliegenden Weisen der Interpretation von Apg 8,14–17. Nicht wenige von ihnen sind der von Schlier angebotenen Sicht verwandt. Im Übrigen ist im Rahmen dieser Arbeit lediglich die Tatsache von Interesse, dass Schlier auch im Blick auf Apg 8,14–17 an der Bin-

---

35 *Schlier*, Zur kirchlichen Lehre von der Taufe, 116.
36 Münster 1951.
37 Vgl. *H. Schlier*, Zur Exegese und Theologie des Neuen Testaments, in: WdB 3 (1955) 117.

dung der Geistmitteilung an den Taufvollzug festhält. Diese Position passt sich seiner Tauflehre im Ganzen nahtlos ein.[38]

2.3 Apg 10,44–47

Während in Apg 8,14–17 die (Charismen-)Geistmitteilung auf die Taufspendung folgt, geht sie in Apg 10,44–47 der Taufspendung voraus. In Cäsarea – so berichtet das 10. Kapitel der Apostelgeschichte – verkündete Petrus vor dem Hauptmann Kornelius und seinen Verwandten und Freunden das Evangelium. Während er dies noch tat, kam der Heilige Geist über alle, die das Wort hörten. Sie redeten in verschiedenen Zungen und lobten Gott, obwohl sie noch nicht getauft waren. Als die Juden daraufhin erstaunt waren, dass sich solches in der Heidenwelt ereignete, nahm Petrus das Wort und sagte, man könne das Wasser der Taufe denen nicht verweigern, die den Heiligen Geist empfangen hätten. Und so wurden die Hörer des Petrus getauft.

Schlier sieht in diesem Text eine Bestätigung seiner Auffassung, dass die Geistmitteilung an die Taufe gebunden ist. Das ist freilich auch hier nur möglich, wenn zwischen Charismengeist und „grundlegendem Geist" unterschieden wird. Den Charismengeist empfangen Kornelius und die Seinen schon vorgängig zur Taufe. Den Geist, „der sie zu Gliedern der Kirche macht und ihnen damit das Heil eröffnet"[39], haben sie aber noch nicht geschenkt bekommen. Darum bedarf es noch der Taufe. Schlier führt aus:

> „Wenn […] der Bericht etwa mit der Bemerkung: und sie wurden dadurch alle hinzugetan o. ä. zu Ende wäre, hätten diejenigen recht, die behaupten, daß die Taufe kein notwendiges Mittel zum Heil (und zur Eingliederung in die Kirche) wäre und daß Christus sich nicht an sie als ein solches Mittel bände. Aber nun ist ja das Herabkommen des Charismengeistes auf die Hörenden für Petrus nicht ein Zeichen dafür, daß die Heiden der Taufe nicht mehr bedürfen, weil ihnen das Wort Gottes alle Gnade vermittelt und sie in die Kirche eingegliedert hat,

---

38 Peter Brunner hat sich Schliers Interpretation von Apg 8,14–17 zu eigen gemacht: P. Brunner, Aus der Kraft des Werkes Christi. Zur Lehre von der heiligen Taufe und vom heiligen Abendmahl, München 1950, 37.
39 Schlier, Zur kirchlichen Lehre von der Taufe, 116.

sondern es ist ihm nur ein Zeichen dafür, daß Gott die Heiden erwählt hat und diese, weil sie den Charismengeist als Zeichen der Erwählung besitzen, der Taufe noch bedürfen und der Taufe wert sind, [...] Es dürfte wohl kaum ein stärkeres Beispiel für die Heilsnotwendigkeit der Taufe geben als dieses: sie wird nach Gottes Willen vom Apostel für die noch befohlen, die den Heiligen Geist als Charismengeist schon besitzen."[40]

Es ist also auch hier als Ergebnis festzuhalten: Schlier arbeitet die Bindung Christi und des Heiligen Geistes an die sakramentalen Vollzüge und unter ihnen an die Taufe heraus.[41]

2.4 Röm 6,5

Unter den vielen neutestamentlichen Tauftexten kommt dem 6. Kapitel des Römerbriefes eine herausragende Bedeutung zu. Schlier hat dem dadurch Rechnung getragen, dass er in einem eigenen Text das gesamte Kapitel Vers für Vers ausgelegt hat – in: „Die Taufe nach dem 6. Kapitel des Römerbriefes"[42], dass er dasselbe noch einmal im Rahmen der Römerbriefkommentierung getan hat[43] und dass er auch sonst häufig auf dieses Kapitel zu sprechen kommt. Zwei Verse des 6. Kapitels sind in der theologischen Forschung besonderes unterschiedlich gedeutet worden: Vers 5 und Vers 17.

Zunächst sei die Aufmerksamkeit auf Schliers Umgang mit Vers 5 gerichtet: „Denn wenn wir mit seinem Todesabbild geeint wurden (εἰ γὰρ σύμφυτοι γεγόναμεν τῷ ὁμοιώματι τοῦ θανάτου αὐτοῦ), werden wir auch seiner Auferstehung zugehören." Schlier hatte diesem Vers keine auffällige Beachtung geschenkt, als er im Jahr 1938 das 6. Römerbriefkapitel zum ersten Mal interpretierte.[44] Dass die Deutung des Ausdrucks τῷ ὁμοιώματι τοῦ θανάτου αὐτοῦ problematisch sein könnte, blieb zumindest unausgesprochen. Als dann 1943 Karl Barth in sei-

---

40 Ebd. 115f.
41 Peter Brunner hat auch Schliers Auslegung von Apg 10,44–47 voll übernommen: *Brunner*, 37f. Dagegen lehnt Markus Barth Schliers und Brunners Position ausdrücklich ab, vgl. *Barth*, Die Taufe – ein Sakrament?, 157f.
42 In: Die Zeit der Kirche, 47–56.
43 Vgl. *Schlier*, Der Römerbrief, 190–213.
44 *Schlier*, Die Taufe nach dem 6. Kapitel des Römerbriefes.

nem Vortrag „Zur kirchlichen Lehre von der Taufe"[45] die genannte Formulierung als wichtigste biblische Begründung seiner aufsehenerregenden Tauftheologie in Anspruch nahm, sah sich Schlier herausgefordert, in seiner Auseinandersetzung mit Barths Taufschrift auch ausdrücklich auf Röm 6,5 einzugehen.[46] Dreißig Jahre später hat sich Schlier dann noch einmal ausführlich zu Röm 6,5 geäußert: im Rahmen seiner Römerbriefauslegung und also in einem nicht mehr polemischen Kontext.

Das theologiegeschichtlich vorliegende Spektrum der Auslegungsversuche zu Röm 6,5 ist breit. Viktor Warnach hat sie in zwei großen Arbeiten vorgeführt: „Taufe und Christusgeschehen nach Römer 6"[47] und „Die Tauflehre des Römerbriefes in der neueren theologischen Diskussion"[48]. Die weitere Diskussion ist darüber hinaus im Römerbriefkommentar von Ernst Käsemann berücksichtigt.[49] So genügt es hier, Schliers Position lediglich mit Karl Barths und Odo Casels Auffassungen zu vergleichen und so in ihrer Eigenart herauszustellen.

Karl Barth hat seine Tauflehre in seinem Vortrag von 1943 in fünf Thesen vorgetragen, deren erste dem „Wesen" der Taufe, deren zweite der „Kraft" der Taufe, deren dritte ihrem „Sinn", deren vierte ihrer „Ordnung" und deren letzte schließlich ihrer „Wirkung" gilt. Die Weichen für Barths ganzes Taufverständnis werden ohne Zweifel in der ersten These gestellt. Ihr Tenor lautet:

„Die christliche Taufe ist in ihrem *Wesen*[50] das Abbild der Erneuerung des Menschen durch seine in der Kraft des Heiligen Geistes sich vollziehende Teilnahme an Jesu Christi Tod und Auferstehung und damit das Abbild seiner Zuordnung zu ihm, zu dem in ihm beschlossenen und verwirklichten Gnadenbund und zur Gemeinschaft seiner Kirche."[51]

---

45 *K. Barth*. Die kirchliche Lehre von der Taufe, München 1947.
46 Vgl. *Schlier*, Zur kirchlichen Lehre von der Taufe, 111.
47 In: ALW 3 (1953) 284–366.
48 In: ALW 5 (1958) 274–332.
49 Vgl. *E. Käsemann*, An die Römer, Tübingen 1973, 157–159.
50 Im Original nicht kursiv, sondern unterstrichen.
51 *Barth*, Die kirchliche Lehre von der Taufe, 3.

In der Explikation dieser These kommt Röm 6,5 als „Hauptstelle" breit zum Tragen. Ὁμοίωμα wird übersetzt mit „Gleichnis", „Abbild", „Siegel", „Zeichen", „Symbol", „Nachahmung", „Bezeugung". Derart ὁμοίωμα zu sein, ist das Wesen der Wassertaufe (im Unterschied zur Geisttaufe). Doch wovon ist die Wassertaufe „Abbild"? Barth antwortet: Sie ist „Abbild" des Ereignisses, in dem der Täufling schon gestorben und auferstanden ist, das heißt des Kreuzestodes und der Auferstehung Jesu Christi „im Jahre 30 vor den Toren von Jerusalem"[52], und in das er schon eingeschlossen war. Das so verstandene Christusereignis ist die „Wirklichkeit, deren Schatten und Licht im Vorgang der Taufe auf den Menschen fällt"[53]. Die Wassertaufe bildet ab und bezeugt als „signum visibile"[54] das Geschehen, „in welchem Gott in Jesus Christus den Menschen zu seinem Kind und Bundesgenossen macht […]"[55] Im Kontext der fünften These hat Barth die Grundüberlegung zur Taufe noch einmal prägnant zusammengefasst:

> „Was dem Menschen in der Taufe widerfährt, ist dies, daß er in den Schatten und in das Licht der Tatsache gestellt wird und sich selber stellt, daß er dessen mit göttlicher Gewißheit vergewissert wird und sich selbst vergewissern darf, darauf mit göttlicher Autorität verpflichtet wird und sich selbst verpflichtet: daß in Jesu Christi Tod und Auferstehung auch er gestorben und auferstanden ist."[56]

In Karl Barths Tauflehre wird also ὁμοίωμα als „Abbild" verstanden. Die Wassertaufe hat hier „kognitiven Sinn", wie Schlier in seinem Referat der Barthschen Tauflehre formuliert.[57]
Schlier lehnt Barths Verständnis von ὁμοίωμα mit großer Entschiedenheit ab, weil es sich von einer sorgfältigen Exegese von Röm 6 her nicht begründen lasse. Aber wie versteht Schlier selbst den umstrittenen Vers 5 dieses Kapitels? Auch Schlier sieht in der Taufe ein Zeichen (signum),

---

52 Ebd. 5.
53 Ebd. 4.
54 Ebd. 7.
55 Ebd.
56 Ebd. 41.
57 *Schlier*, Zur kirchlichen Lehre von der Taufe, 109.

freilich nicht ein Zeichen, das wirkt, indem es etwas bezeichnet (signum formale), sondern ein Zeichen, das dadurch wirkt, dass es am Täufling vollzogen wird (signum instrumentale). Wer getauft wird, stirbt mit Christus. Sein „alter Mensch" ist dann tot. Wer getauft wird, wird an der Auferweckung Jesu Christi so teilhaftig, dass er zu einem neuen Leben gerufen und ermächtigt wird und die Verheißung der Auferstehung erhält. Dies alles geschieht, wenn ein Mensch getauft wird – wie Paulus im 6. Römerbriefkapitel ausführt. Aber wie geschieht es? Röm 6,5 sagt: indem der Täufling mit dem ὁμοίωμα seines Todes zusammenwächst. Doch was bedeutet dies? Schlier antwortet, indem er sein Verständnis von ὁμοίωμα von verschiedenen paulinischen Tauftexten her erschließt und indem er sich gleichzeitig von dem „mysterientheologischen" Konzept Odo Casels absetzt.

Odo Casel (und nach ihm Viktor Warnach) identifiziert das ὁμοίωμα mit der Taufe, die und insofern sie ein rituelles Geschehen ist. Der Ritus ist ein Untertauchen und Auftauchen und bildet als solcher das Geschick Jesu Christi – Kreuzessterben und Auferstehen – ab. Indem ein Täufling sich dem Taufritus (= ὁμοίωμα) unterzieht, wird er mit dem im Ritus gegenwärtigen Sterben und Auferstehen Jesu Christi geeint. Casel knüpft mit seinem ὁμοίωμα-Verständnis an antike Vorstellungen an und kommt so zu einem Begriff,

> „der wie das lateinische simulamen ein ‚mystisches Symbol' bedeutet, durch dessen Gebrauch ein Gegenwärtigwerden des mit ihm Bezeichneten stattfindet. Ist mit ὁμοίωμα die Taufe gemeint, so ist sie im antiken und paulinischen Sinn nicht als ein ‚Abbild' gesehen, dessen Erkenntnis an dem, was es abbildet, Anteil gibt, sondern als ‚Gleichbild', das in sich das Urbild gegenwärtig enthält und in seinem Vollzug oder Gebrauch vermittelt."[58]

Casel sieht in der christlichen Liturgie und also auch im Taufritus, dem ὁμοίωμα des Sterbens und Auferstehens Christi, „den rituellen Vollzug

---

58 Ebd. 111. In diesem Zitat ist in Kürze zusammengefasst, was Odo Casel ausführlich und immer wieder vorgetragen hat. Schlier selbst verweist auf Texte im JLW 5 (1925) 231f., 243; 6 (1926) 113–204; 8 (1928) 145–224; 14 (1934) 243–252; sowie auf O. Casel, Das christliche Kultmysterium, Regensburg, 4. Aufl. 1960.

des Erlösungswerkes Christi in der Ekklesia und durch sie, also die Gegenwart göttlicher Heilstat unter dem Schleier der Symbole".[59] Schlier gibt Casel darin Recht, dass er in der Taufe eine Einigung des Täuflings mit dem in sakramentaler Weise gegenwärtigen Kreuzestod Jesu Christe geschehen sieht. Zugleich bestreitet er, dass Casel den ὁμοίωμα-Begriff zutreffend interpretiert hat. Dabei verweist er auf einen zweifachen Sachverhalt: Zum einen weist er darauf hin, „daß wir sonst in der Urkirche keinen Beleg dafür haben, daß der Taufritus des Untertauchens und Auftauchens als ein Abbild von Jesu Christi Geschick angesehen worden ist. […]"[60] Zum anderen aber verträgt sich – so Schlier – der Wortlaut des Verses 6,5 nicht mit der Deutung des Begriffs ὁμοίωμα als Taufe beziehungsweise Taufritus. Schlier schreibt:

> „Der Apostel wird kaum sagen wollen, daß wir in der Taufe mit der Taufe als dem Gleichbild des Kreuzes Christi zusammengewachsen sind, sondern daß wir in der Taufe mit seinem Tode ‚naturhaft' zusammengefügt wurden."[61]

Die Lösung, die Schlier positiv anbietet, geht von der Erkenntnis aus, dass ὁμοίωμα gar nicht die Taufe selbst bezeichnet, sondern mit τοῦ θανάτοθ αὐτοῦ zusammen einen Begriff ausmacht. Das heißt, dass ὁμοίωμα eine Dimension des Kreuzestodes Jesu Christi zur Sprache bringt – konkret seine sakramentale Gegenwärtigkeit. Schlier findet zu dieser Interpretation über vier paulinische Texte, in denen das ὁμοίωμα ebenfalls vorkommt. Es handelt sich um

- Röm 1,23: „Die Heiden vertauschten die Herrlichkeit des unvergänglichen Gottes mit dem Abbild (ἐν ὁμοιώματι) der Gestalt eines vergänglichen Menschen und von Vögeln und Vierfüßlern und Gewürm."
- Röm 5,14: „Doch herrschte der Tod von Adam bis Moses auch über die, welche nicht gleich (ἐπὶ τῷ ὁμοιώματι) der Übertretung Adams gesündigt hatten."
- Röm 8, 3: „[…] Gott sandte seinen Sohn in der Gestalt (ἐν ὁμοιώματι) des Fleisches der Sünde und der Sünde wegen […]"

---

59 O. *Casel*, Mysteriengegenwart, in: JLW 8 (1928) 145–224, hier: 145.
60 *Schlier*, Der Römerbrief, 195.
61 *Schlier*, Zur kirchlichen Lehre von der Taufe, 195.

- Phil 2,7: „[…] er entäußerte sich selbst, nahm Knechtsgestalt an und wurde den Menschen gleich (ἐν ὁμοιώματι)."

Betrachtet man diese Verwendungen von ὁμοίωμα, so zeigt sich: Stets handelt es sich um ein „Bild", „das mit seinem Gegenstand gleich ist und doch sich nicht mit ihm deckt".[62] In Röm 6,5 ist von daher das ὁμοιώματι τοῦ θανάτοθ αὐτοῦ „Christi Tod und doch nicht dieser als solcher".[63] Was verbirgt sich hinter dieser Formulierung? Schlier antwortet: In der Taufe ist der Mensch mit Jesu Christi Tod geeint worden, wobei dieser Tod in bestimmter Hinsicht noch einmal näher gekennzeichnet wird – durch die Hinzufügung des ὁμοίωμα.

„Der Apostel will mit der Betonung des ὁμοίωμα des Todes Christi vermeiden, daß man den Tod Christi, mit dem wir geeint worden sind, sozusagen nur als den historischen Tod auf Golgotha und so an den vergangenen versteht. Aber es ist der im Vollzug der Taufe gegenwärtige Tod, also nicht der im Taufritus abgebildete, wohl aber im Taufvollzug präsente Tod. Mit diesem sind wir geeint worden."[64]

Das in der Interpretation von Röm 6,5 zutage tretende Taufverständnis ist von erstrangiger Bedeutung für Schliers gesamte Tauflehre, ja ganze Theologie. Die Taufe ist nach ihm das sakramentale Geschehen, in dem der Mensch mit dem Tode Jesu Christi, insofern er in diesem Geschehen gegenwärtig wird, zusammenwächst.[65]

2.5 Röm 6,17

Noch ein zweiter Vers aus dem 6. Römerbriefkapitel verdient im Blick auf Schlier Tauflehre eine besondere Beachtung: Vers 17. Auch dieser Vers ist in der theologischen Forschung in unterschiedlichen Formen

---

62 Ebd. 111.
63 *Schlier*, Der Römerbrief, 195.
64 Ebd. 196. Es sei erwähnt, dass der von Schlier herausgestellte Sinn von Röm 6,5 stärkste Parallelen bei P. Brunner hat: *Ders.*, Aus der Kraft des Werkes Christi. Zur Lehre von der Heiligen Taufe und vom Heiligen Abendmahl, München 1950, 20–24. Vgl. auch *Käsemann*, Der Brief an die Römer, 158f.
65 Vgl. *Schlier*, Fragment über die Taufe, in: *Ders.* Der Geist und die Kirche, 134–150, hier: 141.

ausgelegt worden.⁶⁶ Hier geht es indes wiederum nicht um die Sichtung und Vorstellung aller vorliegenden Auslegungsweisen, sondern um die Darlegung von Heinrich Schliers Position. Der Vers lautet: „Gott sei Dank, daß ihr der Sünde Sklaven wart, jedoch von Herzen gehorsam geworden seid dem τύπος διδαχῆς, dem ihr übergeben wurdet." Auch hier spricht Paulus von der Taufe. Vor der Taufe herrschte die Sünde; durch die Taufe sind die Getauften von dieser Herrschaft befreit und gleichzeitig in einen neuen Gehorsam hineingestellt worden. Dieser Gehorsam wird ἐν καρδίας – „von Herzen" – geleistet. Aber wem gilt er? In den Versen 16 und 18 sagt Paulus, die Getauften seien nun „Sklaven der Gerechtigkeit". In Vers 17 aber ist die Rede vom Gehorsam εἰς ὃν παρεδόθητε τύπον διδαχῆς, und es stellt sich die Frage, was damit gemeint sei.

Schlier erinnert an mehrere Vorschläge, die von Exegeten gemacht wurden.⁶⁷ Ein erster stammt von Theodor Zahn, der Vers 17 so auflöst und versteht: „[…] auf den lehrhaften Typus hin, der euch übergeben wurde (εἰς τόν τύπον (τῆς) διδαχῆς, ὃν παρεδόθητε)".⁶⁸ Ein zweiter wurde von Friedrich Büchsel gemacht. In seinem Artikel „παραδίδωμι" im „Theologischen Wörterbuch zum Neuen Testament"⁶⁹ meint er, analog zu Tit 1,3 und 1 Tim 1,11 müsse der Text hier so verstanden werden: „[…] ὃν παρεδόθητε ὑμῖν". Schlier zweifelt daran, dass man das παραδοθῆναι so persönlich konstruieren kann, wie es in den beiden bisher genannten Deutungen geschieht. Noch ein dritter Vorschlag wird von Schlier erwähnt und geprüft. Josef Kürzinger⁷⁰ formt den Vers so um: „[…] ὑπηκούσατε δὲ ἐκ καρδίας εἰς τὸν τύπον διδαχῆς εἰς ὃν παρεδόθητε […]" und übersetzt: „[…] ihr nahmt aber von Herzen den Gehorsam auf euch im Hinblick auf den Typos der Lehre, auf den hin ihr übereignet wurdet […]." Dagegen stellt Schlier fest, dass das εἰς

---

66 Vgl. *Käsemann*, Der Brief an die Römer, 171f.
67 *Schlier*, Der Römerbrief, 208f.
68 *Th. Zahn*, Der Brief des Paulus an die Römer, Leipzig 1925, 319–322.
69 In: ThWNT II, 171–174, hier: 173.
70 *J. Kürzinger*, Τύπος διδαχῆς und der Sinn von Röm 1,17f., in: Bib 39 (1958) 156–176, hier: 170f.

nach ὑπηκούσατε nicht als „im Hinblick" oder „in Rücksicht auf" verstanden werden kann.
Aber welche Deutung hat Schlier selbst anzubieten? Er setzt damit ein, auch seinerseits eine Umformung der Formulierung von Vers 17 vorzunehmen. Der fragliche Teil des Verses lautet nach Schlier: „ὑπηκούσατε δὲ ἐκ καρδίας εἰς τὸν τύπον διδαχῆς εἰς ὃν παρεδόθητε [...]." In Röm 10,16 und 2 Thess 1,8 findet sich die Formulierung ὑπηκούειν τῷ εὐαγγελίῳ. In Analogie dazu – so meint Schlier – darf auch in Röm 6,17 gesagt werden: ὑπηκούειν τῷ τύπῳ. Trifft dies zu, so bleibt nur die Frage, was τύπος διδαχῆς bedeutet. Schlier stellt fest, dass aus dem vielfältigen Gebrauch von τύπος nur drei Bedeutungsweisen überhaupt in Betracht kommen. Sie sind sämtlich biblisch und religionsgeschichtlich bezeugt: a) τύπος als Form, Gestalt; τύπος διδαχῆς als geformte Lehre. „Konkret wäre an die διδαχή, in der Form eines Taufsymbols oder auch an eine katechismusartige Formung der Lehre in tradierten Überlieferungen (vgl. 1 Kor 11,23; 15,1ff.) zu denken."[71] b) τύπος als Inhalt; τύπος διδαχῆς von daher als Inhalt der Lehre, wobei auf „Inhalt" ein Akzent läge. c) τύπος als besondere Ausprägung; τύπος διδαχῆς als besondere Lehrausprägung. Unter diesen drei Möglichkeiten, die sich anbieten, haben nach Schlier die zweite und die dritte – im vorliegenden Textzusammenhang – keinen vernünftigen Sinn; so dass die erstgenannte Möglichkeit übrig bleibt.

> „Sie passt am besten zur Situation der Taufe, die Paulus vor Augen steht, bei der nun in der Tat eine Übergabe an ein Taufbekenntnis stattfand, und zwar in der Weise, daß dieses dem Täufling in der Form einer ὁμολογία mitgeteilt wurde. Das ὑπηκούσατε [...] ἐκ καρδίας erinnert stark an Röm 10,9f., wo πιστεύειν und ὁμολογεῖν zusammenstehen."[72]

Die im Römerbriefkommentar entfaltete und hier wiedergegebene Exegese von Röm 6,17 liegt der Sache nach bereits in früheren Veröffentlichungen vor, freilich in kürzerer und in weniger differenzierter Form.[73]

---

71 *Schlier*, Der Römerbrief, 209.
72 Ebd.
73 Vgl. vor allem: *Schlier*, Die Taufe nach dem 6. Kapitel des Römerbriefes, 52f.; sowie Art. ἐλεύθερος, ἐλευθερόω, ἐλευθερία, ἀπελεύθερος, in: ThWNT II, 484–500,

Das Ergebnis der Exegese von Röm 6,17 wurde in Schliers Tauflehre integriert. Denn die Taufe und der Glaube verweisen – wie sich noch zeigen wird – aufeinander. Der Glaube aber antwortet dem Evangelium, das sich in das konkrete Bekenntnis eingelassen hat. Eben dies so gefasste Bekenntnis wird in Röm 6,17 als τύπος διδαχῆς bezeichnet.

2.6 Eph 5,25–27

Grundlegende Elemente des Schlierschen Taufverständnisses kommen in der Interpretation von Eph 5,25–27 zur Geltung. Die Verse lauten:

„Ihr Männer, liebt die Frauen, so wie auch Christus die Kirche geliebt und sich für sie dahingegeben hat, daß er sie heilige, die er gereinigt durch das Wasserbad im Wort, daß er selbst sich die Kirche herrlich zuführe, ohne Flecken oder Runzeln oder dergleichen, daß sie vielmehr heilig sei und makellos."

Dieser paränetische und tauftheologische Text steht im Epheserbrief, um dessen Erhellung Schlier sich zeitlebens gemüht hat.[74] Schliers Deutung des Epheserbriefes und seiner einzelnen Passagen ist durch und durch von der Annahme geprägt, dass die Sprache und die Vorstellungswelt dieses Briefes gnostisch bestimmt sei; der Verfasser habe sich der gnostischen Sprach- und Bildwelt bedient, um authentisch christliche Gehalte zum Ausdruck zu bringen. Religionsgeschichtliche Analysen, wie sie etwa in Rudolf Bultmanns „Schule" durchgeführt wurden, drängten Schlier schon früh zu diesem Vorgehen. Schliers religionsgeschichtlicher Interpretationsansatz blieb nicht unwidersprochen. Nicht wenige

---

hier: 496f. (zustimmend erwähnt von *Käsemann*, 171). Vgl. auch *Schlier*, Zur kirchlichen Lehre von der Taufe, 122f.; *ders.*, Das Menschenherz nach dem Apostel Paulus, in: *Ders.*, Das Ende der Zeit, 184–299, hier: 193; *ders.*, Grundzüge einer paulinischen Theologie, Freiburg i. Br. 1978, 219; *ders.*, Über die christliche Freiheit, in: GuL 50 (1977) 178–193, hier: 187.

74 Vgl. z. B. *H. Schlier*, Zum Begriff der Kirche im Epheserbrief, in: ThBl 6 (1927) 12–17; *ders.*, Christus und die Kirche im Epheserbrief, Tübingen 1930; *ders.*, Die Kirche nach dem Brief an die Epheser, in: *V. Warnach/H. Schlier*, Die Kirche im Epheserbrief, Münster 1949, 82–114 (aufgenommen in: Die Zeit der Kirche, 159–186); *H. Schlier*, Die Kirche als Geheimnis Christi, in: ThQ 134 (1954) 385–396 (aufgenommen in: Die Zeit der Kirche, 299–307); *ders.*, Der Brief an die Epheser. Ein Kommentar, Düsseldorf 1957.

Autoren meinen, den Epheserbrief und also auch sein fünftes Kapitel allein von alttestamentlich-jüdischen Vorstellungen her erschließen zu müssen. Es ist an dieser Stelle nicht notwendig, die ganze diesbezügliche Diskussion vorzustellen. Eine knappe Wiedergabe und Erörterung der Aussagen Schliers zu Eph 5,25–27 mögen genügen.

Vers 25 wendet sich mit einer Mahnung an die Ehemänner: Sie sollen ihre Ehefrauen lieben. Sie sollen es so tun, wie Christus die Kirche geliebt und sich für sie dahingegeben hat. In dem „so, wie" liegt sowohl das Vergleichen als auch das Begründen. Zum Vergleich und zur Begründung aber zieht der Verfasser einen Sachverhalt heran, der in dieser Form im Neuen Testament einmalig ist. Er spricht von der Liebe Christi zur Kirche. An dieser Stelle erhebt sich die Frage, welche Größe hier mit „Kirche" gemeint ist. Schlier weist mehrere Antwortmöglichkeiten als im Text nicht nachweisbar zurück, so z. B. die Auffassung, mit der Kirche sei „der Kreis der Hörer und Jünger Jesu gemeint […], der unversehens zur Gesamtkirche erweitert wurde"[75], aber auch die Meinung, es handele sich hier um eine uneigentliche Rede, und angesprochen sei „die sich kraft der Hingabe Christi erst konstituierende Kirche"[76]. Ausführlicher befasst sich Schlier mit der vor allem von Nils Alstrup Dahl vertretenen These, die Kirche, von der in Eph 5,25–27 die Rede ist, sei Israel.[77] Er gesteht zu, dass es im Epheserbrief Anhaltspunkte für eine solche Deutung gibt.

„Vielleicht meint auch der Begriff ‚σύσσωμα' (3,6), daß Israel ein σῶμα genannt werden könnte, mit dem zusammen nun die Heidenchristen ein σύσσωμα sind. Jedenfalls war man, wie 2,13.17 zeigen, in der πολιτεῖα τοῦ Ἰσραήλ ‚nahe', hatte in ihr die διαθῆκαι τῆς ἐπαγγελίας (3,23; vgl. 3,6), war der Erbe, und zwar kraft der Vorherbestimmung (1,11; 3,6), war von Christus nicht getrennt wie die Heiden (2,12), sondern hoffte auf ihn, war, wie es 1,12 genau heißt, ‚in Christus als

---

75 *Schlier*, Der Brief an die Epheser, 255.
76 Ebd.; wahrscheinlich denkt Schlier hier an *R. Schnackenburg*, „Er hat uns mitauferweckt" – Zur Tauflehre des Epheserbriefes, in: LJ II/2, Münster 1952, 159–183, hier: 178; sowie an *F. Mussner*, Christus, das All und die Kirche. Studien zur Theologie des Epheserbriefes, Trier 1954, 2. Aufl. 1968, 149.
77 Vgl. *N. A. Dahl*, Das Volk Gottes. Eine Untersuchung zum Kirchenbewußtsein des Urchristentums, Oslo 1941, 258–260.

solche, die im voraus hofften'. Israel konnte also in der Tat im Sinne der Erwählung und Erwartung Kirche genannt werden."[78]

Die Auffassung, die „Kirche" im Epheserbrief sei „Israel", findet offenbar auch darin eine Bestätigung – so räumt Schlier ein –, dass „Israel" durchaus der „Reinigung", also der Taufe, bedurfte, von der in 5,25–27 die Rede ist; denn die hoffende Kirche, Israel, hatte ihre Hoffnung durch Leistung verunreinigt, und so „mußte Christus sich für sie opfern und sie reinigen".[79] Kurz: Schlier konzediert, dass im Epheserbrief die Kirche zumindest bisweilen mit „Israel" identifiziert wird.[80] und doch lehnt er diese Identifikation für Eph 5,25–27 ab. „Denn" – so stellt er fest – „eine Beschränkung der Kirche auf Israel wird gerade hier nicht erwartet, vielmehr ist von ihr umfassend und sozusagen jenseits von Juden und Heiden die Rede".[81] Welche Deutung aber hat Schlier selbst anzubieten? Er antwortet: Die in Eph 5,25–27 gemeinte Kirche ist „die kraft der vorzeitigen Erwählung und Bestimmung Gottes in ihm präexistierende, die in ihren Gliedern der Rettung und Hingabe Christi bedurfte, weil diese ihre Erwählung preisgegeben hatten"[82].

In dieser Antwort kommt die Überzeugung Schliers zum Ausdruck, dass die Sprache und die Vorstellungswelt des Epheserbriefes vom gnostischen Mythos her geprägt seien. Von daher kann Schlier die Frage, was unter der Kirche in Eph 5,25–27 näherhin zu verstehen sei, auch so fassen:

---

78 *Schlier*, Die Kirche nach dem Brief an die Epheser, 164.
79 Ebd.
80 Die Auffassung, die ebenfalls *Dahl*, 260, und L. *Cerfaux,* La théologie de l'Église suivant Saint Paul, Paris 1942, 270, vertreten, dass die im Epheserbrief gemeinte Kirche das „neue Israel" sei, wird von Schlier abgelehnt. Vgl. *Schlier*, Die Kirche nach dem Brief an die Epheser, 164, Anm. 8: „Es ist jedenfalls bedeutsam, daß in unserem Brief das ‚Zusammen' von Juden und Heiden im einen Leibe Christi als himmlischer Polis und heiliger Tempel betont wird, aber nicht das Aufgehen der Heiden in Israel. Selbst in 2,11ff. ist von einer Einfügung der Heiden in Israel etwa im Sinne von Röm 11 nicht die Rede, sondern von einem ‚zu Nahen werden' der Heiden, ‚nahe' *wie* Israel und ‚nahe' *mit* Israel zusammen. Der gemeinsame Ausdruck für das ‚nahe' Israel und die ‚nahen' Heiden ist nicht das ‚neue Israel', sondern der ‚neue Mensch' (2,15)." (Kursivierungen in diesem Zitat sind im Original unterstrichen.)
81 *Schlier*, Die Kirche nach dem Briefe an die Epheser, 164.
82 *Schlier*, Der Brief an die Epheser, 255f.

„Wer ist [...] unter der Kirche verstanden, für die sich der σωτήρ aus Liebe für sein eigenes Selbst, sein Fleisch und seinen Leib, hingegeben hat, die er gereinigt hat durch das Sakrament der Taufe, um sie sich zu einigen als seine γυνή? Wer ist – in der Sprache des Mythos, der auch hier wieder christlich interpretiert ist – die ursprünglich mit dem Erlöser verbundene Sophia, die sich in die Hyle verirrt und dort verunreinigt hat, die der Erlöser im Brautsakrament reinigt und, im ἱερός γάμος mit sich vereinigt, wieder ins Pleroma zurückführt?"[83]

Die Antwort darauf lautet:

„Am wahrscheinlichsten erscheint mir immer noch, dass 5,25ff. nichts anderes im Auge hat als 5,2, wo gesagt ist, daß Christus ‚euch geliebt hat und sich für uns dahingegeben hat', daß also Juden und Heiden, die gerettet werden sollen und dann gerettet worden sind, proleptisch als Ekklesia bezeichnet werden. Das war umso eher möglich, als die Kirche zwar nicht wie die Sophia im Mythos in ursprünglicher, naturhafter himmlischer Syzygie mit Christus lebte, aber doch in der ewigen Vorsehung Gottes in Christus Jesus vorgesehen war. Christus gab sich für diejenigen, die Gott in ihm als seine Glieder vorgesehen hatte. Sie reinigte er und stellte sie sich dar als seine himmlische Braut, sie, die dadurch werden, was sie sind, die Kirche."[84]

Von diesem Gesamtbild her ergibt sich nun, was in Eph 5,25–27 die Taufe bedeutet. Die Reinigung und die Heiligung, die Christus seiner Kirche schenkt, geschieht in der Taufe, die das „Wasserbad im Wort" genannt wird. Die Taufe ist der „entscheidende Akt der Konstituierung des Leibes Christi im Blick auf die Glieder der Kirche".[85] Sie ist das „Brautbad" der Kirche, wie Schlier mit Odo Casel auf dem Hintergrund mehrerer altkirchlicher Texte sagen kann.[86] Dass es sich um ein λουτρόν,

---

83 *Schlier*, Die Kirche nach dem Brief an die Epheser, 164f.
84 Ebd. 166. Schlier hält gegen Cerfaux, der im Hintergrund von Eph 5,25ff. die alttestamentliche Vorstellung von der Ehe Gottes mit seinem Volk vermutet, daran fest, dass damit mehrere Elemente des in Eph 5,25ff. Gesagten nicht erklärt sind und dass darum doch auf den gnostischen Urmensch-Erlöser-Mythos und seine himmlische Syzygie zurückzugreifen sei (vgl. ebd. 165, Anm. 9); vgl. zum Ganzen auch die ursprünglichen Analysen in: *Ders.*, Christus und die Kirche im Epheserbrief, 72–74.
85 *Schlier*, Die Kirche nach dem Brief an die Epheser, 180.
86 Ebd.

ein Wasserbad, handelt, ist ein deutlicher Hinweis auf den Taufritus. In dem „Wort", das dem Wasserbad zugehört, sieht Schlier – wiederum auf dem Hintergrund entsprechender Paralleltexte – die Taufformel, „bzw. zuletzt das darin ausgesprochene ὄνομα Christi".[87] Die mit der Taufe geschehende Reinigung und Heiligung bezieht sich auf die Gesamtkirche als solche. Der Tod Christi zielt auf die sakramentale Heiligung, die durch die Taufe vollzogen wird. Damit ist deutlich, eine wie entscheidende Bedeutung die Taufe im Epheserbrief hat. „Christus hat sich in dem Sinn zur Heiligung der Kirche hingegeben, daß er sie sich als seine reine Braut ständig von neuem in der Taufe der Gläubigen zuführt" – in diesem Satz ist in Kürze das Verständnis der Taufe, das Schlier in Eph 5,25–28 gegeben sieht, zur Sprache gebracht.[88]

2.7 1 Petr 3,19–21

Die Deutung, die Schlier von 1 Petr 3,19–21 anbietet, bedarf hier lediglich einer knappen Erörterung, da Schlier selbst nur kurz auf diesen Text eingeht. 1 Petr 3,19–21 lautet:

> „Im Geist ist er auch zu den Geistern im Gefängnis gegangen und hat ihnen verkündigt. Diese waren einst ungehorsam, als Gottes Langmut in den Tagen Noachs zuwartete, während die Arche gebaut wurde, in der nur wenige, das heißt acht Seelen, durch das Wasser hindurch gerettet wurden, das jetzt im Gegenbild, in der Taufe, auch euch rettet. Sie ist nicht ein Ablegen von Schmutz am

---

87 *Schlier*, Der Brief an die Epheser, 257.
88 In einem neueren Text sagt Schlier im Blick auf Eph 5,25–27 dasselbe so: „Die liebende Hingabe Christi für die Ekklesia hat zum Ziel die Heiligung der Kirche durch die Taufe. In diesem Heiligungsgeschehen ist also die Hingabe Christi am Kreuz zum Ziel gekommen und erfüllt. Sie, die Hingabe Christi am Kreuz, muß sich also unter anderem im Taufgeschehen an der Kirche auswirken. Sie muß ihre Heiligungskraft in der Taufe mitteilen" (*Schlier*, Fragment über die Taufe, in: *Ders.*, Der Geist und die Kirche, 141). Die Einwände, die gegen Schliers Interpretation von Eph 5,25–27 vorgebracht worden sind, stammen aus einer anders gearteten Gesamtsicht des Epheserbriefes und seiner Hintergrundvorstellungen. So ist auf sie da einzugehen, wo die Frage nach den Interpretationsansätzen thematisch behandelt wird. Einwände haben erhoben: *Mussner*, Christus, das All und die Kirche, 147–153; *Schnackenburg*, „Er hat uns mitauferweckt". Zur Tauflehre des Epheserbriefes, 181–183; *J. Gnilka*, Der Epheserbrief, Freiburg i. Br. 1971, 278–283; sowie andere Autoren.

Fleisch, sondern ein verpflichtendes Bekenntnis vor Gott zu einer guten Gesinnung, durch die Auferstehung Jesu Christi."

Dieser Text ist eingebettet in einen anderen, der das „Gnadengeschehen Jesu Christi"[89] zur Sprache bringt: 1 Petr 3,18 und 22. Er ist nach Schlier das „Fragment einer Homologie, vielleicht eines Taufbekenntnisses"[90]. Dies ist sein Wortlaut:

> „Vers 18: Auch Christus ist einmal der Sünden wegen gestorben, er, der Gerechte für die Ungerechten, damit er euch zu Gott führe. Dem Fleische nach wurde er getötet, dem Geiste nach lebendig gemacht. Vers 22: Er ist zur Rechten Gottes, nachdem er in den Himmel gegangen ist. Ihm sind Engel und Mächte und Kräfte unterworfen."[91]

Der in diesen bekenntnisbezogenen Abschnitt eingefügte Text setzt mit einer Aussage über die Verkündigung im Totenreich ein.[92] Die so vom Evangelium erreichten Seelen sind nach Vers 20 diejenigen Menschen, die bei der Sintflut in den Tagen Noachs an der Rettung durch die Arche nicht teilbekamen. So wirkte sich ihr Ungehorsam aus. Einige aber wurden – so sagt Vers 20 – „durch das Wasser hindurch" gerettet. Diese Rettung durch das Wasser hindurch ist für den Verfasser des 1. Petrusbriefes Anknüpfungspunkt für eine typologische Deutung der Taufe. Das genauere Verständnis des Verses 21 hängt in weitem Maße mit Übersetzungsfragen zusammen. Umstritten sind sowohl Vers 21a als auch Vers 21b. Leonhard Goppelt beispielsweise, der den bedeutendsten neueren Kommentar zum 1. Petrusbrief verfasst hat[93], übersetzt: „als Gegenbild dazu rettet auch euch jetzt die Taufe". Markus Barth übersetzt anders: „So rettet jetzt auch euch – ein Abbild (davon) – die Taufe."[94] Goppelt will zum Ausdruck bringen: Es wird „nicht

---

89 H. Schlier, Eine Adhortatio aus Rom, in: Ders., Das Ende der Zeit, 271–296, hier: 275.
90 Ebd. 275.
91 Übersetzung von H. Schlier in: „Das Ostergeheimnis", Einsiedeln, 2. Aufl. 1977, 47f.
92 Vgl. dazu die Auslegung ebd. 47–52.
93 Vgl. L. Goppelt, Der Erste Petrusbrief, Göttingen 1968.
94 M. Barth, Die Taufe – ein Sakrament?, 498f.

dem Taufwasser, sondern dem Taufakt rettende Bedeutung zugeschrieben."[95] Barth setzt den Akzent anders:

> „Nicht eine Substanz oder ein Substanzwunder, nicht eine mit oder ohne Glauben vollzogene Tat, sondern nur ein mit der Taufe verbundener Glaubens- und Gehorsamsakt kann Voraussetzung für die Aussage sein, daß die Taufe – ein Abbild (der Rettung durch das Wasser hindurch, in die Arche hinein) – rettet."[96]

Schlier hat diese Fassung: „[...] das Wasser [...], das jetzt im Gegenbild, in der Taufe, euch rettet". Für diese Version spricht, dass sie sich am meisten an den griechischen Urtext hält; denn dieser lautet: „[...] δι'ὕδατος ὃς καῖ ὑμᾶς ἀντίτϑπον νῦν σὼζει βάπτισμα [...]." In Schliers Übersetzung spielen das Wasser und der zeichenhafte Vollzug der Taufe eine besonders große Rolle. Das bringt Schlier auch eigens zum Ausdruck, wenn er schreibt: Von ihr, der Taufe, wird

> „doch klar und einfach gesagt, daß sie uns rettet, daß sie also die Ursache unserer Rettung ist. Darin ist sie aber vorgebildet durch die Arche Noachs, in der acht Seelen δι'ὕδατος gerettet wurden, ‚durch das Wasser (hindurch)', auf die Taufe bezogen, also im Vollzug der Taufe."[97]

Auch Vers 21b wird von den Autoren unterschiedlich übersetzt und gedeutet. Im Griechischen heißt es: „οὐ σαρκὸς ἀπόθεσις ῥύπου ἀλλὰ συνειδήσεως ἀγαθῆς ἐπερώτημα εἰς θεόν [...]". Goppelt übersetzt: „[...] die Taufe, die nicht ein Ablegen von Schmutz am Fleisch ist, sondern die Bitte zu Gott um ein gutes Gewissen."[98] Markus Barth schreibt: „Die Taufe rettet nicht als Ablegen des Schmutzes des Fleisches, sondern als Gebet zu Gott um ein gutes Gewissen durch die Auferstehung Jesu Christi."[99] Goppelt kommt zu seiner Version aufgrund religionsgeschichtlicher Analogien, Barth zu der seinen ebenfalls durch sprachliche Vergleiche, aber auch in hohem Maße durch grundsätzliche theolo-

---

95 *Goppelt*, 256.
96 *M. Barth*, 504.
97 *Schlier*, Zur kirchlichen Lehre von der Taufe, 112f.
98 *Goppelt*, 239.256–260.
99 *M. Barth*, 505.512.

gische Option. Andere Autoren bieten noch weitere Überlegungen.¹⁰⁰ In der Regel berühren sie sich jedoch mit den hier genannten Fassungen. Schlier hat offenbar seit Langem versucht, eine sachgemäße Übersetzung zu entwickeln. 1938 entschied er sich für die Fassung: „eine Vertragsfrage an das gute Gewissen im Blick auf Gott"¹⁰¹. 1947 hieß es: „eine Vertragsfrage des guten Gewissens zu Gott"¹⁰². 1968 schließlich übersetzte Schlier: Die Taufe stellt „ein verpflichtendes Bekenntnis vor Gott zu einer guten Gesinnung (im Glauben)" dar.¹⁰³ In diesem Zusammenhang fügte Schlier die Bemerkung hinzu: „[...] wenn wir den dunklen Begriff ἐπερώτημα recht verstehen". Im Übrigen hat er über die sachlichen Gesichtspunkte, die zu seinen Fassungen führten, nie ausdrücklich Rechenschaft gegeben. Es fällt auf, dass sich Schliers Übersetzungsvorschläge von denen anderer Autoren deutlich unterscheiden. Es kommt ihm offensichtlich vor allem auf diese Punkte an: Erstens sagt der Halbvers 3,21b nicht das ganze Wesen der Taufe aus¹⁰⁴; zweitens geht es in ihm um den „moralischen", das heißt den „ansprechenden und verpflichtenden Sinn" der Taufe¹⁰⁵; drittens ist mit dem „verpflichtenden Bekenntnis zu einer guten Gesinnung" wohl bereits das angedeutet, was man später das „Gelöbnis des Täuflings" genannt hat.¹⁰⁶

Summa summarum

Als Heinrich Schlier nach seiner Konversion zur römisch-katholischen Kirche über die Gründe für diesen Schritt eine „Kurze Rechenschaft"¹⁰⁷ veröffentlichte, sprach er auch über einige Erfahrungen und Auffassungen, die er bei seiner Arbeit an den biblischen Tauftexten machte. Über

---

100 Vgl. *Goppelt*, 256–260.
101 Vgl. *Schlier*, Die Taufe nach dem 6. Kapitel des Römerbriefes, 56.
102 *Schlier*, Zur kirchlichen Lehre von der Taufe, 112.
103 *Schlier*, Eine Adhortatio aus Rom, 280.
104 *Schlier*, Die Taufe nach dem 6. Kapitel des Römerbriefes, 56.
105 Ebd.; sowie *ders.*, Zur kirchlichen Lehre von der Taufe, 112.
106 *Schlier*, Eine Adhortatio aus Rom, 280.
107 Veröffentlicht in: *K. Hardt* (Hg.), Bekenntnis zur katholischen Kirche, Würzburg 1955, 171–195; wiederabgedruckt in: *Schlier*, Der Geist und die Kirche, 270–289.

sein exegetisches Arbeiten teilte er mit: „Was mich zur Kirche wies, war das Neue Testament, so wie es sich unbefangener historischer Auslegung darbot."¹⁰⁸ Und über seine Einsichten in den Sinn des Sakramentalen in Gottes Heilsordnung schreibt er:

„[…] die Selbstbindung des Geistes ist ja ‚nur' die Intensivierung seiner Heilsankunft und Heilsgegenwart und in dem Sinn auch seiner (möglichen) Heilswirkung. Sie ist ein Erweis des entschiedenen Angebotes Gottes, entschieden bis in den Satz oder (in anderer Weise) bis in die ‚Materie' hinein. […] Weil die freie Selbstbindung des Geistes […] an das Wasser der Taufe nur ein Ausdruck des entschiedenen Entgegenkommens Gottes ist und die Kraft seiner realen Wirkung immer eine ‚kritische' ist, das heißt die Antwort des […] Gehorsams erfordert, fördert sie auch nicht die securitas im Sinne menschlicher Selbstsicherheit, wohl auch die Sicherheit des Angebotes Gottes, die Festigkeit und Mächtigkeit seines Angriffs, des Andrängens seines Heiles, der Gewißheit seiner Entschiedenheit und der Notwendigkeit meiner Entscheidung."¹⁰⁹

Das exegetische Arbeiten an den biblischen Texten zur Taufe und der offene und zum Gehorsam bereite Blick auf ihre tauftheologischen Gehalte haben ein differenziert konsistentes Bild des Taufsakraments ergeben, das bis heute die Tür ist, durch die wir in Gottes neues Volk eintreten dürfen.

---

108 Ebd. 275.
109 Ebd. 282.

Kapitel 9
Die Kirche aus Juden und Heiden im Denken Heinrich Schliers

Das Bild der Christenheit ist seit Langem von Spannungen, ja Trennungen, bestimmt. Die ökumenische Bewegung hat zwar inzwischen zu einer Vertiefung der Beziehungen zwischen den Kirchen geführt; gleichwohl existieren immer noch Gräben, die im Laufe der Zeit zwischen ihnen aufgebrochen sind. Diese Gespaltenheit der Christenheit trägt dazu bei, dass die Welt nur gebrochen wahrnehmen kann, was es mit der Sendung der Kirche ursprünglich auf sich hat. Diese Situation lässt es als höchst dringlich erscheinen, dass die Frage gestellt und auch beantwortet wird, wie sich die Kirche nach Gottes Willen zu verstehen und darzustellen hat. Die Antwort ist nicht ausschließlich, aber doch in grundlegender Weise aus dem Zeugnis der Heiligen Schrift zu erheben und lässt erkennen: Die Einheit ist eine Wesenseigenschaft der Kirche, weil sie und wie sie aus Gottes Wollen und Wirken hervorgegangen ist. Darum haben die Christen ihren Weg in der Kirche gemeinsam zu gehen. Wenn es aber doch zu Spaltungen gekommen ist, so gilt es, alles zu unternehmen, dass sie überwunden werden und die ursprüngliche, die Kirche kennzeichnende Einheit wiederhergestellt wird. Heinrich Schliers ganzes theologisches Werk ist auch aus dem entschiedenen Bemühen hervorgegangen, die Einheit der Kirche nach allen Seiten hin zu beschreiben und zu begründen.[1] Wollte man dies gesamthaft vorstel-

---

1 Heinrich Schlier hat das Thema „Einheit der Kirche" immer wieder dargestellt; vgl. z. B.: *Ders.*, Die Einheit der Kirche, in: Hochl. 44 (1951) 289–300; wiederveröffentlicht in: *Ders.*, Gotteswort in Menschenmund. Zur Besinnung, Freiburg i. Br. 1982, 54–82; *ders.*, Die Einheit der Kirche im Denken des Apostels Paulus, in: Cath 10 (1955) 14–26; wiederveröffentlicht in: *Ders.*, Die Zeit der Kirche. Exegetische Aufsätze und Vorträge I, Freiburg i.Br. 1956, 5. Aufl. 1972, 287–299; *ders.*, Die Einheit der Kirche nach dem Apostel Paulus, in: *M. Roesle/O. Cullmann* (Hgg.), Begegnung der Christen, Stuttgart/Frankfurt am Main 1959, 98–113; *ders.*, Die Einheit der Kirche nach dem Neuen Testament, in: Cath 14 (1960) 161–17, wiederveröffentlicht in: *Ders.*, Be-

len, so müsste man Schliers Denken nach vielen Seiten nachzeichnen, was hier nicht vorgesehen ist und auch nicht möglich wäre. Stattdessen soll hier ein Motiv, das für Schliers theologische Erschließung der Kirche in ihrer aus Gottes Wollen und Wirken stammenden und von daher ursprünglichen Einheit kennzeichnend ist, betrachtet werden: die Kirche, insofern sie Juden und Heiden in sich vereint.

Neben dem Römerbrief ist es vor allem der Epheserbrief, in dem die Zusammenführung der Juden und der Heiden in der einen Kirche thematisiert wird. Mehrfach hat Heinrich Schlier dargestellt, was er zu diesem Thema in diesen biblischen Texten entdeckt hat. Bereits 1949 hat er es in einer kompakten Formulierung wie folgt vorgetragen:

„Der geheimnisvolle Wille Gottes schon vor der Erschaffung der Welt ist nach dem Briefe an die Epheser der, daß das All, ‚das, was im Himmel und auf Erden ist', in Christus als unter einem Haupte neu und abschließend zusammengefaßt werde (1,10). In Christus, in dem Gottes Wohlgefallen ruht, soll so ‚die Fülle der Zeiten' herbeigeführt werden (1,9f.). Zur Verwirklichung dieses Zieles richtete sich der Wille Gottes aber noch auf eine andere ‚Ökonomie', die in dieser Ökonomie des Alls als deren zentrale Bewegung eingeschlossen ist: daß in demselben Christus nach der vorgängigen Festlegung Gottes Israel sein Erbteil empfange (1,11) und die Völker am Erbe Anteil gewönnen (3,6), daß sich also die vorzeitliche Bestimmung der Äonen in Christus auf Erden realisiere in der Erscheinung der Kirche aus Juden und Heiden (3,10f.)."[2]

Die Kirche ist von daher nach Gottes Willen und Wirken und in dieser Welt die eine als die Kirche aus Juden und Heiden. Diese Kernaussage lässt sich weiter entfalten. Heinrich Schlier hat es ausgiebig getan. Einige Linien, die sich dabei ausmachen lassen, seien im Folgenden nachgezeichnet.

---

sinnung auf das Neue Testament. Exegetische Aufsätze und Vorträge II, Freiburg i. Br. 1964, 176–192; *ders.*, Über das Prinzip der kirchlichen Einheit im Neuen Testament, in: Cath 27(1973) 91–110; wiederveröffentlicht in: *Ders.*, Der Geist und die Kirche. Exegetische Aufsätze und Vorträge IV, Freiburg i. Br. 1980, 179–200; sowie *ders.*, in: Pro Oriente (Hg.), Ökumene, Konzil, Unfehlbarkeit, Innsbruck 1979, 93–107.

2 *H. Schlier*, Die Kirche nach dem Briefe an die Epheser, in: *Ders.*, Die Zeit der Kirche, 159–186, hier: 159.

1. Heiden und Juden auf heillosen Wegen

Paulus hat über die Situation der Heiden und der Juden, wie sie sich vor ihrer Begegnung mit dem Evangelium und vor ihrer Hinwendung zur Kirche darstellte, in den Anfangskapiteln des Römerbriefes gehandelt. In Röm 1,18–32 richtet er seinen Blick auf die Heiden, in Röm 2,1–29 beschreibt er den Weg der Juden. Sowohl die Heiden als auch die Juden verlaufen sich auf Um- und Irrwegen: die einen, weil sie die natürliche Erkenntnis Gottes missachten, die anderen, weil sie das Gesetz, das ihnen anvertraut worden ist, übertreten. Beide verfehlen auf je ihre Weise die Berufung, die ihnen zugedacht war. Die Heiden ebenso wie die Juden sind also auf heillose Wege geraten. Beiden hat sich Gott gleichwohl mit seiner versöhnenden Gnade zugewandt, und beide hat er in seine Kirche berufen, wie Paulus in den folgenden Kapiteln des Römerbriefes darlegen wird.

Heinrich Schlier veröffentlichte bereits 1938 zwei Aufsätze, in denen er im Sinne der Aussagen des Paulus die Wege beschreibt, die die Heiden und die Juden beschritten haben und die durch ihre Heillosigkeit bestimmt waren. Der eine Aufsatz ist überschrieben: „Von den Heiden. Römerbrief 1,18–32"[3], der andere trägt den Titel „Von den Juden. Römerbrief 2,1–29"[4]. In beiden Aufsätzen legt Schlier die paulinischen Texte Vers für Vers aus, um anschließend ihre Aussagen in Summarien zusammenzufassen. Dabei lässt er erkennen, dass Paulus nicht gezögert hat, angesichts der Gesetzesübertretungen, die sich die Heiden und die Juden auf je ihre Weise haben zuschulden kommen lassen, von Gottes Zorn ihnen gegenüber zu sprechen; denn sie haben dem ihnen, den Heiden wie den Juden, auf je ihre Weise zugänglichen Gesetz Gottes nicht entsprochen. Paulus hat seine Aussagen zu den Heiden und den Juden mit seinem Hinweis auf ihre Erlösungsbedürftigkeit nicht abgeschlossen. Schlier macht gegen Ende des an die Juden erinnernden Aufsatzes ausdrücklich darauf aufmerksam, dass sich im zweiten Römerbriefkapitel nicht alle biblischen Aussagen zu den Juden finden. Was Paulus in

---

[3] In: EvTh 5 (1938) 113–124; aufgenommen in: *Schlier*, Die Zeit der Kirche, 29–37.
[4] In: EvTh 5 (1938) 263–275; aufgenommen in: *Schlier*, Die Zeit der Kirche, 38–47.

Röm 3,1–20 zu den Juden sagen wird, trägt darüber hinausgehende Akzente. Und in Röm 9 bis 11 sowie in Eph 2 und 3 ist dies ebenfalls der Fall. In diesen Texten geht es um die heilsgeschichtliche Berufung und Stellung der Juden und der Heiden insgesamt und um ihre in Christus gründende Einheit. Dem dort Ausgeführten gelten die folgenden Erinnerungen und Erörterungen.

2. Die eine Kirche aus Juden und Heiden

Dass die Kirche Juden und Heiden – oder, wie es bisweilen auch heißt, – Juden und Griechen in sich vereint und eben auf diese Weise Gottes Absicht mit seiner Schöpfung zur Erscheinung kommen lässt, wird im Neuen Testament in vielen Texten mehr oder weniger ausdrücklich ausgesagt; man vgl. Apg 11,19ff.; 14,1; 14,5; 18,4; 19,10; Röm 1,16; 2,9f.; 3,9; 3,29; 10,12; 1 Kor 1,23f.; Gal 2,8f.; 2,15 und andere. Doch am deutlichsten ist davon die Rede im Epheserbrief. Dort ist bezeugt, dass sich Paulus an die Epheser wandte, die für ihn diejenigen repräsentierten, die aus den Heiden stammten und nun durch Jesus Christus, den gekreuzigten und auferweckten Kyrios, zum Volk der Erwählten gehören. Zwei besonders deutliche Texte aus dem Epheserbrief seien hier zitiert:

> Eph 2,11ff.: „Erinnert euch also, dass ihr einst Heiden wart und von denen, die äußerlich beschnitten sind, Unbeschnittene genannt wurdet. Damals wart ihr von Christus getrennt, der Gemeinde Israels fremd und von dem Bund der Verheißung ausgeschlossen; ihr hattet keine Hoffnung und lebtet ohne Gott in der Welt. Jetzt aber seid ihr, die ihr einst in der Ferne wart, durch Christus Jesus, nämlich durch sein Blut, in die Nähe gekommen. Denn er ist unser Friede. Er vereinigte die beiden Teile (Juden und Heiden) und riss durch sein Sterben die trennende Wand der Feindschaft nieder. Er hob das Gesetz samt seinen Geboten und Forderungen auf, um die zwei in seiner Person zu dem einen neuen Menschen zu machen. Er stiftete Frieden und versöhnte die beiden durch das Kreuz mit Gott in einem einzigen Leib. Er hat in seiner Person die Feindschaft getötet. Er kam und verkündete den *Frieden:* euch, *den Fernen, und* uns, *den Nahen.*

Durch ihn haben wir beide in dem einen Geist Zugang zum Vater. Ihr seid also jetzt nicht mehr Fremde ohne Bürgerrecht, sondern Mitbürger der Heiligen und Hausgenossen Gottes. Ihr seid auf das Fundament der Apostel und Propheten gebaut; der Schlußstein ist Christus Jesus selbst. Durch ihn wird der ganze Bau zusammengehalten und wächst zu einem heiligen Tempel im Herrn. Durch ihn werdet auch ihr im Geist zu einer Wohnung Gottes erbaut."

Eph 3,8ff.: „Mir, dem Geringsten unter allen Heiligen, wurde diese Gnade zuteil: Ich soll den Heiden mit dem Evangelium den unergründlichen Reichtum Christi verkünden und enthüllen, was die Verwirklichung des geheimen Ratschlusses beinhaltet, der von Ewigkeit her in Gott, dem Schöpfer des Alls, verborgen war. So soll jetzt den Fürsten und Gewalten des himmlischen Bereichs durch die Kirche die vielfältige Weisheit Gottes kundgetan werden, nach seinem ewigen Plan, den er durch Christus Jesus, unseren Herrn, ausgeführt hat."

Heinrich Schlier hat sich immer wieder mit dem biblischen Konzept der Kirche aus Juden und Heiden befasst. Die Auslegung der Texte aus dem Epheserbrief spielte dabei eine herausragende Rolle. Er betonte dabei vor allem, dass die Berufung der Heiden und ihre Versöhnung mit den Juden die ursprüngliche Einheit der Kirche ausmacht. Erste wissenschaftliche Untersuchungen dazu legte er schon 1928 in seiner Habilitationsschrift vor: „Christus und die Kirche im Epheserbrief"[5]. 1949 veröffentlichte Schlier dann seine Studie: „Die Kirche nach dem Brief an die Epheser"[6]. Im Jahr 1955 folgte eine erneute Darstellung der Ekklesiologie des Epheserbriefs: „Die Kirche als das Geheimnis Christi – nach dem Epheserbrief"[7]. Im Jahr 1957 mündeten die Arbeiten Heinrich Schliers am Epheserbrief in seinen umfangreichen Kommentar „Der Brief an die Epheser"[8]. Schlier gliedert dort den Hauptteil des Epheserbriefes in zwei umfangreiche Teile. Der „Erste Teil", der sich auf Eph 1,3–3,21 bezieht, trägt die bezeichnende Überschrift „Das Geheimnis der

---

5 Tübingen 1930.
6 In: *V. Warnach/H. Schlier*, Die Kirche im Epheserbrief, Münster 1949, 82–114; aufgenommen in: *Schlier*, Die Zeit der Kirche. Exegetische Aufsätze und Vorträge I, 159–186.
7 In: ThQ 134 (1954) 385–396; aufgenommen in: *Schlier*, Die Zeit der Kirche, 299–307.
8 Düsseldorf 1957, 4. Aufl. 1963.

Berufung der Heiden in den Leib Christi". Was Heinrich Schlier in seinen Studien in immer neuen Variationen entfaltet hat – die eine Kirche als Gottes die Heiden mit den Juden zusammenführendes Werk –, wird in dem folgenden knappen, alle relevanten Motive anklingen lassenden Text vorgestellt:

> „Der eine, Einheit wollende und wirkende Gott hat der zerrissenen und in sich verfeindeten Menschheit in Jesus Christus einen neuen Grund der Einheit – seiner Einheit! – gewährt. Auf Jesus Christus als den gekreuzigten, auferstandenen und erhöhten Herrn verweist der Apostel immer wieder, wenn er von der Einheit der Kirche spricht. Er ist der, der die Wand zwischen Gott und den Menschen und zwischen den Menschen (Juden und Heiden) selbst durchbrach und Juden und Heiden ‚zu einem neuen Menschen schuf', ‚die beiden in einem Leib (nämlich in seinem Leib) durch das Kreuz Gott versöhnte' (Eph 2,15f.). Indem er ‚für alle starb' und sie alle in ihm ‚starben', ‚leben sie nun nicht mehr sich, sondern dem, der für gestorben ist' (2 Kor 5,14f.; Röm 14,7ff.). Durch ihn und in ihm sind sie alle nun wieder offen für Gott und füreinander, sich und ihrer von Gott und voneinander trennenden Sünde entrissen in der gleichen einen Freiheit und Verantwortung (Gal 5,1.13; 2 Kor 5,10; Röm 14,10). Die Einheit der Kirche ruht im Kreuz Christi, in dem er alle ‚zur Ehre Gottes angenommen hat' (Röm 15,7). Sie erschließt sich im Heiligen Geist. Sie ist im Blick auf ihren Zugang die Einheit des Heiligen Geistes […] In seinem Geist, der der Geist Gottes ist, eröffnet sich Christus als der Grund aller Einheit, so daß es heißen kann: ‚Durch ihn (Christus) haben wir beide (Juden und Heiden) den Zugang zum Vater in einem Geist' (Eph 2,18)."[9]

Was immer Heinrich Schlier über die Kirche und ihre Einheit ausgeführt hat: Es gründet zuerst und zuletzt in dem einen Gott und seinem Ratschluss für seine Schöpfung, die ihre Mitte und ihr Ziel in der Gemeinschaft der an ihn Glaubenden haben sollte. Es ist der dreieine Gott, der diese Einheit in der Geschichte gewirkt hat.

---

9 *Schlier*, Die Einheit der Kirche nach dem Apostel Paulus, 100f.

3. Die Mission unter den Heiden in der Frühzeit der Kirche

Dass die Heiden nach Gottes Willen Glieder der Kirche werden können, ist darin begründet, dass auch sie sich dem Evangelium öffnen und anvertrauen können. Dies ist die Folge davon, dass Jesus, der Messias Israels, auch für sie den Weg zum Kreuz gegangen ist. Und da er zum Leben auferweckt wurde, öffneten sich für die Heiden die Türen, die ihnen den Zugang in die Gemeinschaft der Kirche bahnten. Eben dies hatte seine Entsprechung in den Entscheidungen und Handlungen, die die Mission unter den Heiden ausmachten.

Heinrich Schlier hatte schon früh wahrgenommen, was Erik Peterson bewegte und in seinen Bonner Vorlesungen sowie in seinen Schriften zu dieser Frage ausführte. An ihm orientierte er sich nun, wenn er die Entscheidung der ganz frühen Kirche, auch unter den Heiden zu missionieren, zu durchdenken unternahm. Erik Peterson hatte Ende der 20er Jahre einen kurzen Traktat verfasst, den er im Münchener Beck-Verlag veröffentlichte: „Die Kirche"[10]. Die von Peterson dort entfalteten Einsichten zur Frühgeschichte der christlichen Mission unter den Heiden gehören zu den wichtigsten Anregungen für Heinrich Schliers Forschungen zur Ekklesiologie. Die drei Thesen, die Petersons Reflexionen in diesem Traktat strukturieren, sind bekannt. Sie lauten:

These 1: Kirche gibt es nur unter der Voraussetzung, dass die Juden als das von Gott erwählte Volk nicht an den Herrn gläubig geworden sind. Zum Begriff der Kirche gehört, dass sie wesentlich Heidenkirche ist.
These 2: Kirche gibt es nur unter der Voraussetzung, dass das Kommen Christi nicht unmittelbar bevorsteht.

---

10 München 1929. Dieser Text wurde erneut veröffentlicht in: *E. Peterson*, Theologische Traktate, München 1951, 411–429; die „Theologischen Traktate" wurden 1994 als Bd. 1 der „Ausgewählten Schriften" erneut herausgebracht. Dort findet sich der Text „Die Kirche" auf den Seiten 245–257. 2010 wurde der Traktat als „Sonderband" erneut veröffentlicht in: B. Nichtweiß/H. U. Weidemann (Hgg.), Erik Peterson. Ekklesia. Studien zum altchristlichen Kirchenbegriff, Würzburg 2010, 93–203.

These 3: Kirche gibt es nur unter der Voraussetzung, dass die zwölf Apostel im Heiligen Geiste berufen sind und aus dem Heiligen Geiste heraus die Entscheidung, zu den Heiden zu gehen, getroffen haben.

Die Thesen Petersons aufgreifend, hat Heinrich Schlier im Jahr 1942 seine Einsichten in einem eigenen Aufsatz veröffentlicht: „Die Entscheidung für die Heidenmission in der Urchristenheit"[11]. Auch er hat drei Thesen formuliert und in ihnen dargelegt, welche Faktoren zu den urkirchlichen Weichenstellungen geführt haben:

> „Unsere erste These lautet: Heidenmission gibt es nur unter der Voraussetzung, daß Israel den Messias Jesus verworfen hat und dadurch selbst als auserwähltes Volk verworfen worden ist."

Die zweite These ist so formuliert:

> „Heidenmission gibt es nur unter der Voraussetzung, daß der Messias Jesu von den Toten erweckt und zur Rechten erhöht ist, seinen Heiligen Geist gegeben und seine Apostel gesendet hat."

Und schließlich ist dies die dritte These:

> „Heidenmission gibt es nur unter der Voraussetzung, daß das Ende der Welt, das mit Christus angebrochen ist und die Zeit bedrängt, nicht unmittelbar bevorsteht."

Wie Erik Peterson, so hat auch Heinrich Schlier die Bedingungen nachgezeichnet, unter denen in der Urkirche über die Grenzen des Judentums hinaus und also unter den Heiden das Evangelium verkündet wurde und Gemeinden gegründet werden konnten. Paulus war der wichtigste, aber keinesfalls der einzige Missionar, der, die Zeichen der neuen, nachösterlichen Zeit wahrnehmend, Heiden in die Einheit der Kirche rief. Seine Briefe bezeugen es ebenso wie die Apostelgeschichte.

---

11 In: EMZ 3 (1942) 166–182.208–212; erneut veröffentlicht in: *Schlier*, Die Zeit der Kirche, 90–107.

4. Das Mysterium Israel

Paulus hat sich in den Kapiteln 9 bis 11 des Briefes an die Römer ausführlich mit der Berufung und der Stellung Israels in der Geschichte Gottes mit seiner Welt befasst. Gegen Ende seiner Ausführungen bezeichnet er das, was er über die Juden mitzuteilen hat, als „Geheimnis", als „Mysterium": „Ich will euch, Brüder und Schwestern, nicht in Unkenntnis über dieses Geheimnis lassen [...]" (Röm 11,25). Heinrich Schlier hat sich diese Auffassung des Paulus zu eigen gemacht. Auch ihm war es von Anfang wichtig zu beachten, dass die Rolle und der Weg Israels nur innerhalb einer biblischen Theologie, die nicht nur das Alte, sondern auch das Neue Testament auslegt, erschlossen werden können. Die drei Texte, die Heinrich Schlier im Laufe der Zeit zum Thema „Israel" verfasst und veröffentlicht hat, tragen sämtlich die Überschrift „Das Mysterium Israels". Der erste dieser Text geht auf das Jahr 1952 zurück: In der Zeitschrift „Wort und Wahrheit" erschien damals der Aufsatz: „Das Mysterium Israels. Der Jude im Lichte des Neuen Testament"[12]. Der zweite Text ist ein Vortrag, den Heinrich Schlier 1964 auf einer Tagung der „Katholischen Akademie in Bayern" gehalten hat: „Das Mysterium Israels" und der in dem Tagungsbericht „Die religiöse und theologische Bedeutung des Alten Testaments"[13] veröffentlicht wurde. Der dritte Text ist das umfangreiche Kapitel, das Schlier in seinem Römerbriefkommentar zu den Kapiteln 9 bis 11 verfasst hat. Auch dieses Kapitel ist überschrieben „Das Mysterium Israels"[14]. Vor allem in den einleitenden Ausführungen zum Münchener Vortrag legt Schlier dar, was er im Sinn hat, wenn er betont, dass der Weg und das Ziel des Volkes Israel ein „Mysterium" ist:

„Wenn wir über das Mysterium Israels sprechen und uns ein paar Gedanken darüber machen, welches das Geheimnis Israels ist, so werden wir die Mahnung des Apostels Paulus, nicht bei uns selbst klug zu sein (Röm 11,25), und also dieses Geheimnis nicht aus allgemein menschlichen, historischen, psycho-

---
12 In: WuW 7 (1952) 569–578; aufgenommen in: *Schlier*, Die Zeit der Kirche, 232–244.
13 Herausgegeben von *K. Forster*, Würzburg 1964, 163–191.
14 *H. Schlier*, Der Römerbrief, Freiburg i. Br. 1977, 282–348.

logischen, soziologischen, biologischen Erwägungen ergründen zu wollen, beherzigen. Das Geheimnis dieses Volkes wird auf solche Weise nie erkannt. Wir werden aber dieses Geheimnis auch nicht aus dem Buch dieses Volkes, aus jener Schriftensammlung, die wir das Alte Testament und die dieses Volk die Schrift nennt, zu erhellen versuchen, obwohl sich das Geheimnis dieses Volkes in jeder Schicht dieser Schriften und fast in jeder Schrift selbst zumindest in der Weise auslegt, wie es dieses Volk selbst verstanden hat. Aber konnte es sein Geheimnis und also sich selbst verstehen? Gehört es nicht mit zu diesem Mysterium, daß das eigene Verständnis dieses Volkes nur ein vorläufiges ist, weil seine Geschichte nur vorläufig ist und auf ein Ziel hin geschieht, das immer erst vor ihm lag? Ist dieses Geheimnis nicht erst dadurch offenbar geworden, daß sich dieses Ziel dann in der Geschichte eingestellt hat und diesem Volk begegnet ist? Wir meinen dies, und so versuchen wir von diesem Ziel her, von der Geschichte her, in der sich Israels Geschichte geschichtlich in seinem Geheimnis eröffnete, zu verstehen. Das bedeutet aber, von dem Geschehen in Jesus Christus her, wie es sich in authentischer Interpretation in der Schriftensammlung des Neuen Testamentes niederschlug und gegenwärtig erhielt. In diesem Geschehen und seiner Schrift kam das Geheimnis Israels zu seiner Vollendung und Enthüllung. In ihrem Licht ersteht es in seiner Wahrheit vor unseren Augen."[15]

In dem ausführlichen Kommentar, den Heinrich Schlier zum Römerbrief und darin auch zu den Kapiteln 9 bis 11 verfasst hat, in denen es um Israel in der Heilsgeschichte geht, findet sich immer wieder in Klammern der Name „Peterson". Auf diese Weise gibt Schlier zu erkennen, dass er sich in seiner Interpretation der auf Israel bezogenen Paulustexte der Sicht Erik Petersons verbunden fühlt. Peterson hatte sich mit dem Thema „Die Kirche aus Juden und Heiden" mehrfach intensiv be-

---

15 Ebd. 165; in ganz ähnlicher Weise hatte Schlier schon den 1952 veröffentlichten Aufsatz begonnen. Dort hieß es: Paulus „läßt [...] erkennen, daß wir die Existenz des Juden letztlich nicht durch eigenes Nachdenken ergründen können, sondern nur durch ein Denken, das seiner, des Apostels, Offenbarungsmitteilung nachdenkt. Der Jude läßt sich prinzipiell nicht historisch, psychologisch, biologisch, soziologisch oder sonst irgendwie wirklich begreifen. In all dem würde man ihn nur in einer Dimension zu erfassen versuchen, in der er wesentlich gerade nicht existiert. Der Jude läßt sich nur theologisch verstehen, weil er – der einzige Fall in der Menschheit – theologisch existiert": 232f.

fasst. In den Jahren 1925 und 1927/28 hatte er in Bonn Vorlesungen zur Auslegung des Römerbriefs gehalten. In diesem Zusammenhang hatte er auch die Kapitel 9 bis 11 interpretiert – Vers für Vers – und dabei die theologischen Gehalte herausgearbeitet. In Band 6 der „Ausgewählten Schriften" – „Der Brief an die Römer" – kann man nachlesen, was Erik Peterson damals vorgetragen hat.[16] Geringfügig überarbeitet hat Erik Peterson 1932 die in den Bonner Vorlesungen auf Röm 9–11 bezogene Interpretation in drei Vorträgen auf den „Salzburger Hochschulwochen" noch einmal angeboten. Der dort zugrunde gelegte Text wurde ein Jahr später in der Reihe „Bücherei der Salzburger Hochschulwochen" unter dem Titel „Die Kirche aus Juden und Heiden" veröffentlicht. Als Peterson 1951 einen Band „Theologische Traktate"[17] veröffentlichte, wurde auch dieser Text „Die Kirche aus Juden und Heiden" darin aufgenommen.[18] Erik Peterson hat sich in den 30er Jahren noch ein weiteres Mal zum Thema „Die Kirche aus Juden und Heiden" geäußert, und zwar in einer von Röm 9–11 ausgehenden systematischen Reflexion. Der Text wurde in der „Schweizer Rundschau"[19] publiziert und zudem später von Peterson in seine „Marginalien zur Theologie" aufgenommen.[20] Heinrich Schlier hat sich Erik Peterson menschlich und dann auch wissenschaftlich sehr verbunden gefühlt. Insofern geht man nicht fehl, wenn man auch dort, wo es um Schliers Israel-Theologie geht, annimmt, dass er stärkste Anregungen von Erik Peterson bekommen hat.

Was bringt Heinrich Schlier in seinen Auslegungen der drei Römerbriefkapitel (9 bis 11) zur Sprache? Was stellt er heraus, wenn er – mit Paulus – Israel eine besondere Bedeutung in der Welt und ihrer Geschichte zuschreibt? Die Antwort kann nur in groben Strichen erfolgen und bleibt

---

16 *E. Peterson*, Der Brief an die Römer, Würzburg 1997, 269–330.
17 München 1951.
18 Er ist nun leicht zugänglich in der Neuauflage der „Theologische[n] Traktate", Würzburg 1994, 141–174.
19 SchwRd 35 (1935/36) 875–886.
20 1. Aufl. München 1956, sodann: Marginalien zur Theologie, Würzburg 1995, 125–136. Zu den Entstehungsumständen der Peterson-Texte finden sich Informationen bei *B. Nichtweiß*, Der altchristliche Kirchenbegriff Erik Petersons, in: *E. Peterson*, Studien zum altchristlichen Kirchenbegriff, hgg. v. *B. Nichtweiß [u. a.]*, Würzburg 2010, 111–151, bes. 136ff.

somit hinter Schliers Text, der sehr nuancenreich gestaltet ist, weit zurück. Sie erfolgt in drei Schritten, die den drei Römerbriefkapiteln und dann den drei Abschnitten entsprechen, in die Heinrich Schlier seine Ausführungen zum „Mysterium Israel" gegliedert hat.

Schritt 1: Israel ist ein Volk unter den Völkern und gleichzeitig ist es ein einzigartiges Volk; denn es ist Gottes auserwähltes Volk. Gott hat es sich zu eigen gemacht. Er ist ihm in besonderer Weise zugewandt und nahe. Seine Herrlichkeit wohnt bei und unter ihm. So ist ihm in eigener Weise die Verehrung Gottes aufgegeben. Gottes Wille ist diesem Volk zugänglich im Gesetz, in der Tora. Leben die Juden gemäß diesem Gesetz, so sind sie ihrem Gott nahe, so wie er, Gott, seinem Volk nahe ist. In Abraham und in den Propheten trat in besonderer Weise hervor, dass und wie Gott sein Volk durch die Geschichte führen wollte. Diese Geschichte kam zu ihrem Ziel und zu ihrer Erfüllung durch Jesus, der der Messias war, den das Volk verheißen bekommen hatte. Heinrich Schlier hat die Ausführungen des ersten Abschnittes so zusammengefasst:

> „Das ist das Geheimnis Israels, daß es, von allen Völkern als Volk Gott zu eigen erkannt, in der Nähe seiner Anwesenheit im Machtglanz, von dem Wort seiner Zusage und seiner Weisung gerufen, mit ihm in seinem Bunde lebt für die Zukunft, die Gott selbst sein wird und die sich zuletzt in dem Messias Jesus für dieses Volk eröffnet hat."[21]

Schritt 2: Es ist nun doch auch eine Seite des Mysteriums, das Israel ist, dass es sich der Nähe und der Zusage des Gottes, der es zu seinem Volk berufen hat, versagte. Das zeigte sich immer wieder auf dem Weg, den es in der Geschichte ging. Aber es kam zu seinem Höhepunkt, als sich Gottes Gnade und Zuwendung abschließend verdichtete in der Menschwerdung seines Sohnes in Jesus Christus. Israel verweigerte sich ihm, als er erschien, und die, die es repräsentierten, lieferten ihn schließlich dem Tod am Kreuz aus. Es zog es vor, sich vor Gott durch seine Gesetzesbeobachtung selbst zu rechtfertigen, anstatt aus der unverdienten Huld Gottes zu leben. Heinrich Schlier hat die dunkle Seite des Mysteriums, das Israel ist, in die folgenden Worte gefasst:

---

21 *Schlier*, Das Mysterium Israels, 174f.

„Israel scheitert, soweit es scheitert, an den eigenen Voraussetzungen, und es scheiterte, soweit es scheiterte, daran, als der verborgene Grund, aus dem es lebte, die Zusage Gottes, die die Zusage seiner selbst als Israels Zukunft war, in Jesus Christus offenbar wurde. Das meint der Apostel Paulus, wenn er im Römerbrief 9,32, sagt: ‚Sie haben sich an dem Stein des Anstoßes gestoßen, so wie geschrieben steht: Siehe, ich setze in Sion den Stein des Anstoßes, den Felsen des Ärgernisses und wer an ihn glaubt, wird nicht zuschanden werden.' Der Fels, den Gott in Israel setzte, nun ist es offenbar, ist sein Messias, Jesus Christus. Er ist das geheime Fundament Sions. Auf ihm, den die Zusage Gottes an dieses Volk meint, und in dem sich die Zusage Gottes zu einer Ankunft Gottes verwandelt, baut Israel sich auf. Ohne ihn, in dem Gott sich gegeben hat, hat es keinen Grund und Bestand. Aber eben dieser Fels ist, wie nach Paulus schon der Prophet Isaias sah, der Stein des Anstoßes geworden. *Daß* in ihm Gottes Zukunft Ankunft Gottes wurde, und *wie* in ihm sich Gottes Zukunft als Ankunft ereignete, das wurde Israel zum Ärgernis. So ist das Mysterium Israels auch dies, daß es an dem, worin sich seine Zukunft einstellte, die doch schon seiner Herkunft ist, zu Fall kam."[22]

Schritt 3: Obwohl Israel sich dem letzten und entschiedensten Anruf Gottes gegenüber nicht geöffnet und den Messias Jesus verworfen hat, hat Gott seine Erwählung nicht zurückgenommen. Auch angesichts des Neins Israels blieb er der Gott, der seinen Bund mit Israel nicht gekündigt hat. Heinrich Schlier hat es so zum Ausdruck gebracht:

„Das also ist das Geheimnis Israels: Israel lebt von seinen Vätern her im Glanz der Nähe Gottes kraft des Angebotes seiner Zukunft. Israel wollte die Zukunft nicht Gott überlassen und verschloß sich ihr gegenüber, als sie in dem Messias Jesus ankam. Aber Gott hält mitten in den Gerichten über Israel seinen Atem an über dieses Volk und bewahrt es in und außerhalb der Kirche für den Tag, auf den es wartet. Israel ist in allem das Zeichen des Erbarmens Gottes und der Erweis seiner gnädigen und heiligen Geduld und Treue."[23]

Gott hat sein Ja zu Israel auch da nicht zurückgenommen, als es sich dem letzten Erweis der Zuwendung Gottes nicht öffnete. Das macht zu-

---
22 Ebd. 182f.
23 Ebd. 187f.

tiefst das Mysterium Israels aus. Es tritt auch in dieser Situation auf drei Weisen zutage. Erstens wird es fassbar in den Juden, die sich als Einzelne für das Evangelium gläubig geöffnet haben. Es sind die Judenchristen, die es in der Frühzeit der Kirche gab. Zweitens tritt es in Erscheinung in der Kirche, zu der auch die gläubig gewordenen Heiden zählen. Sie haben ein gläubiges Ja zu dem Angebot der in Jesus erschienenen Nähe Gottes gesprochen und so auf ihren Wegen das verwirklicht, was zunächst den Juden zugedacht war. Die nun der Kirche zugehörenden Heiden sollen – so Paulus im 11. Kapitel des Briefes an die Römer – die Juden „eifersüchtig" machen und so einladen, die Entscheidung für den Messias Jesus und seine Kirche zu fällen. Und schließlich – drittens – bleibt die Zuwendung Gottes zu Israel auch darin aktuell, dass die Juden, wie die Christen, hoffen dürfen, ja müssen, am Ende der Tage zu der vollendeten Gemeinschaft mit ihrem Gott finden – auf Wegen und in Weisen, die uns nicht bekannt sind.

Heinrich Schlier hat die Weisen, wie Israel auch in der Zeit der Kirche nach Gottes Willen seine Wege geht, so beschrieben:

> „‚Das Wort Gottes', in dem Israel ja lebt, ‚ist nicht hingefallen' (Röm 9,6). ‚Denn unwiderruflich sind Gottes Gnadengaben und seine Berufung' (Röm 11,20). Der Apostel sagt das alles in einem sehr verschiedenen Zusammenhang und deshalb mit verschiedenem Sinn. Wir müssen daher unterscheiden. In allem aber hält er fest an Gottes Treue, und die ist ihm genug Garantie für Israel. Paulus meint in diesem Zusammenhang einmal: Gott hat Israel bewahrt in denen, die Ja gesagt haben zu dem Messias Gottes, zu Jesus, in den Juden, die Christen geworden sind. Sie sind der Rest, von dem die Propheten sprachen und auf den sie hofften. Sie sind als ‚das Erstlingsbrot' auch die Bürgschaft für die Gewinnung des gesamten Israels für den Messias (Röm 11,16). Aber – das ist das Zweite – Gott hat Israel auch bewahrt in der Kirche aus Juden und Heiden, als dem Israel ‚dem Geiste nach' (vgl. Kor 10,18) und dem ‚Israel Gottes' (Gal 6,16), und zwar insofern, als die Heidenchristen Zweige eines wilden Ölbaumes sind, die ‚wider die Natur' auf den edlen Ölbaum Israel eingepfropft wurden, und so Anteil an der Heiligkeit der Väter, an den Verheißungen und den übrigen Heilsgütern Israels erhielten (Röm 11,18; vgl. 15,27; 9,4f.). Sie haben sich in der Politeia, der ‚Bürgerschaft' Israels eingefunden (Eph 2,12f.). Die ‚Wurzel' trägt den Heidenchristen,

die ‚Wurzel', das sind die Patriarchen, das ist Israel in seinen Vätern, zum Beispiel in ‚unserem Vater Abraham' (Röm 4,12; Gal 3,7ff.). Die Kirche kann diese ihre Wurzel nie genug bedenken. Aber was ist es mit dem Israel, das sich nicht als der Rest und in den Vätern als ‚Israel Gottes' ausgewiesen hat in der Kirche? Hält auch ihm gegenüber die Treue Gottes stand und also das Angebot der Zukunft in Gott? Gewiß. Denn Israel – das ist der dritte Gesichtspunkt – wird von Gott diese Endzeit hindurch getragen. In welcher Weise, und das meint in welchem Maße als das wartende und hoffende Israel, das sein Buch, welches ist das Alte Testament, aber für Israel das Testament Gottes überhaupt, hütet und davon lebt, in welchem Maße also als Israel, das wird nicht gesagt."[24]

Summa summarum

Die Kirche ist durch ihre Gründung in Gottes Willen und Wirken das Volk Gottes, der Leib Christi und der Tempel des Heiligen Geistes. Die versöhnende Macht des Kreuzes Jesu Christi hat die Menschen – gleich, ob sie aus Juden oder Heiden stammen – vor Gott zusammengeführt und in seine Kirche berufen. Die Kirche wird zur in dieser Welt erfahrbaren Gemeinschaft dadurch, dass den Menschen aller Räume und aller Zeiten das Evangelium verkündet wird und sie es im Glauben annehmen. Daraufhin lassen sie sich durch die Taufe in diese auch durch das apostolische Amt verfasste Gemeinschaft einfügen und stellen sie in der gemeinschaftlichen Feier des Herrenmahles ihre Zugehörigkeit zur Kirche dar. Im Glauben, in der Hoffnung und in der Liebe leben die Christen ihr Christsein miteinander und bezeugen es vor der Welt. Heinrich Schlier hat in vielen seiner Texte eine in diesen Grundoptionen wurzelnde Theologie des Wortes Gottes, der Taufe und des Herrenmahles sowie der christlichen Grundhaltungen vorgelegt. Auf einen dichten und zugleich doch auch alle relevanten Aspekte ansprechenden Text, in dem es um die Kirche, die für die Juden wie für die Heiden aus dem versöhnenden Leben und Sterben Jesu Christi hervorgegangen ist,

---

24 Ebd. 185f.

geht, sei stellvertretend für sie alle noch einmal hingewiesen: „Die Einheit der Kirche nach dem Apostel Paulus"[25]. Dieser Text endet mit einer kurzen Zusammenfassung, in der alle die Einheit der Kirche ursprünglich ausmachenden Faktoren genannt werden:

„Diese Einheit ist die Auswirkung und also auch der Widerschein der einigenden Einheit Gottes in Jesus Christus kraft des Heiligen Geistes. Sie ruht im Heilswesen und Heilswillen Gottes. Sie erwächst aber auch aus den Heilsmitteln und -gaben, deren sich Gott in Jesus Christus durch den Heiligen Geist bedient und die ebenfalls von wesentlicher Einheit sind; aus dem einen Einheit wirkenden Wort und Sakrament, dem einen die Einheit schützenden und fördernden Amt, dem einen sie belebenden und nährenden Charisma. Dadurch erweist sich die Einheit der Kirche als eine konkret-geschichtliche und nicht nur ideale, gegenwärtige und nicht erst zukünftige, gegebene und nicht erst herzustellenden Einheit des einen Volkes Gottes, das der eine Leib Christi und der Tempel des Heiligen Geistes ist. Sie wird wahrgenommen und verwahrt in der Erfahrung des Glaubens und seiner Erkenntnis, der Hoffnung und der Liebe, und zuerst und zuletzt der Demut. In Hinsicht auf ihre Erfahrung ist sie eine Einheit des Herzens."[26]

Spaltungen und Spannungen in der Kirche widersprechen dem, was sie im Ursprung und nach Gottes Willen ist. Deshalb gilt es, sich der Einheit, die eine ihrer grundlegenden Dimensionen ausmacht, immer neu zu vergewissern, und wenn sie verletzt oder verdunkelt ist, sich für ihre Heilung oder Erhellung einzusetzen.

---

25 Vgl. Anm. 1 im aktuellen Kapitel.
26 Ebd. 98–113, hier: 112f.

Kapitel 10
Die ökumenische Bedeutung von Weg und Werk Heinrich Schliers

Geht man von der Annahme aus, dass Fachlexika die jeweils bedeutenden Persönlichkeiten verzeichnen, so gehört Heinrich Schlier nicht zu den ökumenisch bedeutenden Gestalten: Weder das Ökumene-Lexikon[1] noch das Dictionary of the ecumenical movement[2] haben dem 1978 verstorbenen Theologen einen Artikel gewidmet. In diesem Befund spiegelt sich die Tatsache, dass Heinrich Schlier, der Ausleger des Neuen Testaments, der 1953 von der evangelischen Kirche zur katholischen übergetreten ist, in der ökumenischen Diskussion der letzten Jahre nicht oder jedenfalls nicht sehr beachtet wurde. Doch ist mit der Erwähnung dieser Tatsache über die dem Weg und dem Werk Heinrich Schliers innewohnende ökumenische Bedeutung das letzte Wort noch nicht gesprochen. Es gibt diese Bedeutung, doch bedarf es einer eigenen Aufmerksamkeit, sie auch zu entdecken. Dass Schlier in mindestens zwei bedeutenden katholisch-evangelisch zusammengesetzten und in diesem Sinne ökumenischen Gremien mitgearbeitet hat, sei hier erwähnt: Er gehörte von 1946 und für eine Reihe von Jahren – damals noch als evangelischer Theologe – dem Ökumenischen Arbeitskreis evangelischer und katholischer Theologen sowie dem „Jäger-Stählin-Kreis" an und hielt auf dessen erster Tagung im Kloster Hardehausen ein Referat über „Die Kirche nach dem Brief an die Epheser."[3] Später, von 1962 bis 1978, zählte Schlier zu den katholischen Exegeten, die an der Erstellung einer deutschen Einheitsübersetzung der Heiligen Schrift arbeiteten Er hat über sein Verständnis der theologischen und der hermeneutischen Aufgaben, die sich ihm so stellten, 1963 Rechenschaft abgelegt

---

1 Frankfurt am Main 1982.
2 Genf 1991.
3 Wiederabgedruckt in: *H. Schlier*, Die Zeit der Kirche. Exegetische Aufsätze und Vorträge I, Freiburg i. Br., 5. Aufl. 1972, 159–186.

in „Erwägungen zu einer deutschen Einheitsübersetzung der Heiligen Schrift"[4]. Heinrich Schliers Beitrag zur Ökumene liegt vor allem in seinem theologischen Denken. Sein Übertritt in die römisch-katholische Kirche wirft in eigener Weise ein Licht auf seine theologischen Überzeugungen und bedarf einer Erläuterung.

1. Ökumenisch bedeutsame Schwerpunkte im theologischen Denken Heinrich Schliers

Wer nur flüchtig in die Bücher schaut, die Heinrich Schlier geschrieben hat, könnte den Eindruck gewinnen, er befasse sich mit verschiedenen theologischen Themen, die nur locker untereinander verbunden sind. Gemeinsam sei ihnen vor allem, dass er sich ihnen auf dem Weg der Auslegung biblischer Texte genähert habe. So habe er über das Kreuz und die Auferweckung Jesu geschrieben, auch über das Wirken des Heiligen Geistes, dann auch über die Taufe, über das Herrenmahl, über Glaube, Hoffnung und Liebe. Im Übrigen habe er einige große neutestamentliche Briefe sowie eine Menge von Einzelperikopen ausgelegt. Befasst man sich dann aber näher mit Schliers theologischem Werk, so wird man eines recht geschlossenen Gefüges theologischen Denkens gewahr, mehr noch: Es zeigt sich das Ganze eines theologischen Entwurfs. Dieses Ganze will sein und ist das Ganze einer katholischen Theologie. Aber dieses Ganze einer katholischen Theologie, wie Schlier es uns vorgelegt hat, hat doch etwas Ungewohntes: Es bringt die wesentlichen Gehalte einer katholischen Theologie anders zur Sprache als die üblichen Dogmatiken – gleich, ob sie in früheren oder in neueren Zeiten verfasst wurden. Zum einen liegt das Ungewohnte darin, dass Schlier seinen Entwurf und seine Einzelthemen im Auslegen biblischer Texte entfaltet. Dass es eine Gestalt katholischer Theologie gibt, die sich so nah bei den biblischen Quellen hält, hat Schlier gezeigt. Das ist ökumenisch bedeutsam und enthält an alle Theologen eine Einladung, ja Herausfor-

---

[4] Wiederabgedruckt in: *H. Schlier*, Besinnung auf das Neue Testament. Exegetische Aufsätze und Vorträge II, Freiburg i. Br. 1964, 63–82.

derung, es in ähnlicher Weise zu versuchen. Zum anderen liegt das Ungewohnte, das im Ganzen der Theologie Schliers hervortritt, in seiner entschiedenen Ausrichtung am Denken des Paulus. Auch dies ist ökumenisch von Interesse; denn Paulus ist mit seiner Theologie der Rechtfertigung des Sünders durch Gottes Gnade ja auch der wichtigste biblische Gewährsmann der evangelischen Theologie. Gegen Ende seines Lebens hat Heinrich Schlier sein theologisches Denken noch einmal zusammenhängend dargestellt. Er gab dem Buch den Titel „Grundzüge einer paulinischen Theologie"[5]. Der Titel lässt erkennen, dass es sich zwar um Schliers eigene Theologie handelt, dass diese aber in Paulus ihren wichtigsten Anreger hat. Auch wenn dieses Buch schlussendlich etwas Unvollendetes hat und in ihm auch nicht alle Themen erörtert sind, die sein Verfasser in ihm vermutlich gerne dargelegt hätte – zum Beispiel die Themen Taufe und Herrenmahl –, so zeigt sich doch in genügender Klarheit, welche innere Gestalt Schliers theologisches Denken hat.

Das Buch ist in fünf Teile gegliedert: 1) Der Gott, der Gott ist; 2) Die Welt, wie sie vorkommt; 3) Die Erscheinung der Gerechtigkeit Gottes in Jesus Christus; 4) Der Geist und das Evangelium; 5) Der Glaube. Diese Teile sind in ihrer Abfolge bemerkenswert: Die Parallelen zu der zentralen lutherischen Bekenntnisschrift, dem „Augsburgischen Bekenntnis", fallen auf. Artikel 1 der „Confessio Augustana" handelt von Gott, Artikel 2 von der (Erb-)Sünde, Artikel 3 vom Sohn Gottes, Artikel 4 vom Rechtfertigungsglauben. Das heißt: Sowohl in der Grundschrift der lutherischen Kirche als auch in Schliers Theologie wird zunächst von Gott gehandelt und dann von Gesetz und Evangelium, von Sünde und Rechtfertigung, und schließlich von der Zu- und der Aneignung der Rechtfertigungsgnade durch den Menschen. Die Berührungspunkte sind nicht zu übersehen und gehen nicht auf einen Zufall zurück. Dies bedeutet aber: Heinrich Schlier ist auch als katholischer Theologe lutherischem Denken in Vielem und Wesentlichem nahe geblieben. Seine Theologie hat ihre Mitte im Zeichen der Rechtfertigungslehre. Freilich ist die Schliersche Theologie nicht eine Wiederholung lutherischer Theologie. Es lag Schlier vielmehr daran, der lutherischen Theologie eine katholi-

---

5 Freiburg i. Br. 1978.

sche Theologie gegenüberzustellen, aber eben eine solche, deren Mitte und Maß auch die Rechtfertigungslehre ist. Gab es so etwas schon einmal? Konnte sich Schlier bei solch einem Programm an etwas schon Vorliegendem orientieren? Die Antwort lautet: ja. Gemeint ist das Dekret „über die Rechtfertigung" des Konzils von Trient. Die in diesem bedeutenden Dokument der Geschichte der katholischen Theologie zur Sprache kommende Theologie lebt aus identischen Optionen und weist dieselben inneren Abfolgen auf. Man wird folglich schlussfolgern können: Heinrich Schliers Theologie ist bezüglich ihrer Grundentscheidungen der im tridentinischen Dekret „de iustificatione" entfalteten Theologie aufs Tiefste verpflichtet und mit ihr verwandt. Im Übrigen kann sie als deren vielgestaltige und auch Wesentliches berührende Fortentwicklung gelesen werden. Was dies alles ökumenisch bedeuten könnte, zeigt sich, wenn wir es auf die Unterzeichnung der „Gemeinsamen (das heißt lutherischen und katholischen) Erklärung zur Rechtfertigungslehre" am 31. Oktober 1999 in Augsburg beziehen. Hat sich die katholische Kirche durch die Unterzeichnung dieser „Gemeinsamen Erklärung" nicht selbst zugemutet, ihre Theologie im Zeichen der Rechtfertigungslehre noch einmal reformulieren zu wollen oder gar zu müssen? Dies aber ist eine gewaltige Aufgabe; denn sie bedeutet auch einen Rückgriff hinter die Phase der Geschichte der katholischen Theologie, die bald nach dem Konzil von Trient einsetzte und die dadurch gekennzeichnet war, dass man in ihr die tridentinische Theologie nur noch gebrochen wahrzunehmen in der Lage war. Die Verurteilung der Theologie des Michel De Bay durch Papst Pius V. im Jahr 1567[6] führte ja dazu, dass die katholische Theologie zur neuscholastischen Theologie wurde, die nicht mehr im Schema Sünde – Rechtfertigung, sondern nun im Schema Natur – Gnade dachte. Die Unterzeichnung der „Gemeinsamen Erklärung" durch die katholische Kirche enthält an sich selbst die Aufforderung, ihre Theologie ernsthaft als Theologie der Rechtfertigung des Sünders durch Gottes Gnade zu gestalten und dies so, dass sie darüber als katholische Theologie erkennbar bleibt. Das tridentinische Dekret „de ius-

---

6 Vgl. DH 1901–1980; dazu *H. de Lubac*, Die Freiheit der Gnade, I. Bd.: Das Erbe Augustins, Einsiedeln 1971, 20–57.

tificatione" würde in solchen Zusammenhängen in seiner Bedeutung noch einmal ganz neu hervortreten. Dass ein solches Programm einer Selbstbesinnung und veränderung der katholischen Theologie als Konsequenz aus der Unterzeichnung der „Gemeinsamen Erklärung" realisierbar wäre, und welche Konturen es aufwiese: Genau dies kann ein Blick auf Heinrich Schliers Gesamttheologie zeigen.

Zur Theologie, die ihre Mitte in der Rechtfertigung des Sünders durch Gottes Gnade hat, gehört eine starke Theologie des Wortes Gottes. Die lutherische Kirche hatte davon immer ein lebendiges Bewusstsein. Das Wort Gottes oder das Wort der Verheißung oder das Wort des Evangeliums oder das Kerygma – was stets dasselbe meint –, trägt dem Menschen Gottes Barmherzigkeit zu, damit er sie im Glauben aufnimmt und so verwandelt und erneuert wird. Schlier, der sich in seiner Theologie an Paulus orientierte und lange der lutherischen Kirche und ihrer Theologie verbunden gewesen war, hat auch als katholischer Theologe das Wort Gottes als bedeutendes Thema seines eigenen Denkens verstanden. In vielen Aufsätzen geht es ausdrücklich um die Darstellung einer biblischen und heutigen Theologie des Wortes Gottes. In anderen Texten versäumt Schlier es niemals, das Evangelium oder das Wort Gottes unter den Weisen aufzuführen, wie sich Gottes in Jesus Christus offenbare Liebe uns sündigen Menschen zueignet. Die katholische Theologie war viele Jahrhunderte hindurch vorwiegend an den Sakramenten interessiert. Ein vergleichbares Interesse an einer Theologie des Wortes Gottes gab es nicht. Die mittelalterlichen Konzilien und das tridentinische Konzil handelten in eigenen Lehrtexten über die Sakramente. Die Curricula des dogmatischen Unterrichts weisen eigene Traktate über die Sakramente auf; einen eigenen Traktat über das Wort Gottes kennen sie indes im Allgemeinen nicht. Das ist bis heute so, obwohl das II. Vatikanische Konzil durch die Dogmatische Konstitution „Dei Verbum"[7] einen wichtigen Beitrag zur Schließung dieser Leerstelle geleistet hat. Heinrich Schliers Theologie könnte hier anregend wirken, da zu erkennen wäre, wie eine Theologie des Wortes Gottes

---

7 Vgl. zum Ganzen A. Moos, Das Verhältnis von Wort und Sakrament in der deutschsprachigen Theologie des 20. Jahrhunderts, Paderborn 1993.

auch im Rahmen eines katholischen Konzepts von Theologie entfaltet werden könnte. Und wenn diese Anregung aufgenommen und umgesetzt würde, würde zumindest auf die Dauer eine neue Nähe zur evangelischen Theologie entstehen. In diesem Sinne ist Schliers Werk ökumenisch wichtig. Im Übrigen hat er seine Theologie des Wortes Gottes auch mehrfach in eine Theorie und Theologie der Predigt hinein entfaltet. 1953 verfasste er den Text „Verkündigung im Gottesdienst der Kirche", der auch einen langen Abschnitt über „Die Predigt" enthält.[8] Ein Jahrzehnt später hat er das Thema in „Verkündigung und Sprache"[9] noch einmal aufgegriffen. Würde, was dort vorgelegt wird, in die gottesdienstliche Praxis der katholischen Kirche umgesetzt werden, so könnte auch hier eine Predigtkultur entstehen – was selbstverständlich auch ökumenisch von erheblicher Bedeutung wäre.

Es soll noch auf ein Motiv hingewiesen werden, das in Schliers Theologie des Wortes Gottes wesentlich vorkommt: Gemeint ist die dogmatische Dimension der biblischen Bekenntnistexte, in denen Gottes Wort seinen ursprünglichen und verbindlichen Niederschlag gefunden hat. Es ist von großer Bedeutung für das Verständnis und den Vollzug der Theologie und der kirchlichen Praxis, dass biblisches und dogmatisches Denken sich im Ansatz nicht fremd sind, sondern zueinander gehören. Auf diesen Sachverhalt hat Heinrich Schlier immer wieder hingewiesen, wenn er sich mit der evangelischen Theologie auseinandersetzte und sie auf das dialektische Denken aufmerksam machte, das er in ihr offen oder verdeckt wirksam sah. Es sei noch einmal an den Aufsatz erinnert, den Schlier 1950/51 unter der Überschrift „Kerygma und Sophia – Zur neutestamentlichen Grundlegung des Dogmas" in der Zeitschrift „Evangelische Theologie"[10] veröffentlichte und der eine lebhafte und kontroverse Diskussion hervorrief. Es mag sein, dass er den paulinischen Begriff „Kerygma" damals überinterpretierte, wenn er ihn mit dem Begriff des Dogmas, wie ihn die spätere katholische Theologie ausgearbeitet hat, weitgehend gleichsetzte. Bei den Analysen zu den christo-

---

8 In: *Schlier*, Die Zeit der Kirche, 258–264.
9 In: *H. Schlier*, Der Geist und die Kirche, Freiburg i. Br. 1980, 3–19.
10 Wiederveröffentlicht in: *Schlier*, Die Zeit der Kirche, 206–232.

logischen Bekenntnissätzen, die es zahlreich an unterschiedlichen Stellen im Neuen Testament gibt, bewegte er sich dagegen auf sichererem Boden. Man denke z. B. an die Studie „Die Anfänge des christologischen Credo"[11]. In den Fragen, die im Blick auf die Eigenart der christologischen Homologien im Neuen Testament zu erörtern sind, geht es um Grundlegungen und Weichenstellungen für das Verständnis der Bibel und ihrer kanonischen Gestalt sowie für die Gestalt der christlichen Theologie. So stellt Heinrich Schliers Theologie des Wortes Gottes eine Anregung, ja Herausforderung an beide Seiten, die katholische und die evangelische Kirche und ihre Theologien dar, und eben darin ist sie ökumenisch bedeutsam. Mehr als es üblicherweise die katholische Theologie tut, besteht die evangelische Theologie darauf, dass der Artikel von der Rechtfertigung eine unmittelbare Bedeutung für die Stellung und die Gestalt der Kirche in Gottes Heilswerk habe. Sie hat damit Recht. Der Rechtfertigungsartikel duldet keine Abgrenzung gegen andere Felder der Theologie, auch nicht gegen die Ekklesiologie – im Gegenteil: Er durchformt sie. Freilich wird es umgekehrt auch nicht möglich sein, die Rechtfertigungstheologie vorgängig zur und unabhängig von der Ekklesiologie zu entfalten. Beides kann nur miteinander gelingen. Somit werden die konfessionell geprägten Rechtfertigungstheologien nicht weniger voneinander unterschieden sein als die entsprechenden Kirchentheologien. Solche Zusammenhänge sind bei der Abfassung der „Gemeinsamen Erklärung zur Rechtfertigungslehre" von den einen gesehen und gesagt, von den anderen aber vertagt worden – was zu den spezifischen Problemen geführt hat, die ökumenisch nun zu lösen sind. Dabei wird man zweifellos noch einmal neu auf die Tatsache stoßen, dass die Rechtfertigungslehre und die Kirchenlehre vielfach aufeinander verweisen. Wie die evangelische Theologie hier vorangeht, ist vergleichsweise klar. Man wird vor allem an den Artikel 7 des „Augsburgischen Bekenntnisses" zu denken haben. Katholischerseits aber ist hier zum Teil noch einmal Neuland zu betreten. Was man dort entdecken würde, würde sich zeigen, wenn man beispielsweise das tridentinische Rechtfertigungsdekret und die vatikanische Kirchenkonstitution

---

11 In: B. Welte (Hg.), Zur Frühgeschichte der Christologie, Freiburg i. Br. 1970, 13–58.

„Lumen gentium" einmal ausdrücklich aufeinander beziehen würde. Es ist in eigener Weise aber auch schon in Heinrich Schliers Theologie ausdrücklich und nachdrücklich dargestellt. Darin ist diese Theologie gerade heute ökumenisch bedeutsam und beachtenswert. Nach Heinrich Schlier geht die Kirche als der Leib Christi aus dem Leben und Sterben Jesu Christi als ihr Ergebnis hervor. Indem dies geschieht, kommt Gottes ursprünglicher Ratschluss geschichtlich zum Zuge. In der Kirche tritt Gottes ursprüngliche Schöpfung wieder hervor, nachdem sie geschichtlich durch des Menschen Sünde versehrt und verdeckt war. Dieser Kirche als dem Leib und der Braut Christi wird der Mensch durch Glaube und Taufe eingefügt. In der so begründeten und dann lebendig vollzogenen Kirchengliedschaft ereignet sich die Zu- und Aneignung der rechtfertigenden Gnade Gottes. In dem so verstandenen Geschehen der Rechtfertigung des Sünders kommt der Kirche eine wesentliche Stellung zu. Das Ereignis der Rechtfertigung hat selbst ekklesiale Züge. Der Mensch ist von Gott und vor Gott gerechtfertigt kraft seiner Gliedschaft im Leibe Christi.

Es entspricht der Bedeutung, die der Kirche im Gefüge des theologischen Denkens Heinrich Schliers zukommt, dass er das Thema Kirche immer wieder erörtert hat. Häufig geschah dies in der Weise der Auslegung des Epheserbriefs, aber es beschränkte sich darauf nicht. Man denke beispielsweise an die Gesamtdarstellung der neutestamentlichen Ekklesiologie in „Mysterium Salutis"[12]. Beim Nachdenken über die Kirche stieß Heinrich Schlier immer wieder auf das Attribut der Kirche, das im Glaubensbekenntnis genannt wird und auch biblisch und systematisch entfaltet ist: dass die Kirche *eine* Kirche sei. Die Erkenntnis, dass die Kirche eine Kirche sei, war mit der Erfahrung zu vermitteln, dass die Kirche geschichtlich vielfach gespalten ist. Solche Erkenntnis und solche Erfahrung führten Schlier dazu, sich in mehreren großen Aufsätzen zum Thema „Einheit der Kirche" zu äußern. Es ist offensichtlich, dass diese theologischen Reflexionen schon aufgrund ihres Themas von erheblicher ökumenischer Bedeutung sind. In mindes-

---

12 *H. Schlier*, Ekklesiologie des Neuen Testaments, in: *J. Feiner [u. a.]* (Hgg.), Mysterium Salutis 4/1, Einsiedeln 1972, 101–221.

tens sechs größeren Texten hat sich Heinrich Schlier ausdrücklich mit dem Thema „Einheit der Kirche" befasst. In zweien dieser Texte hat er die Schriften des Paulus auf das in ihnen enthaltene Verständnis der Einheit der Kirche abgehorcht: „Die Einheit der Kirche im Denken des Apostels Paulus"[13] sowie „Die Einheit der Kirche nach dem Apostel Paulus"[14]. In zwei weiteren Aufsätzen hat Schlier zusammengetragen, was das Neue Testament im Ganzen zum Thema „Einheit der Kirche" sagt: „Die Einheit der Kirche nach dem Neuen Testament"[15] sowie „Über das Prinzip der kirchlichen Einheit im Neuen Testament"[16]. In einem größeren Lexikonartikel erscheinen zusammengefasst die in den Aufsätzen formulierten Aussagen: „Einheit der Kirche"[17]. Zeitlich geht all diesen Aufsätzen ein anderer voraus: „Die Einheit der Kirche"[18]. Dieser Aufsatz, der ein bewegendes Dokument ökumenischer Gesinnung ist, entfaltet zum Teil andere Themen als die zuvor genannten, die sämtlich exegetisch ausgerichtet sind. In ihm zeichnet Schlier ein Bild der Christenheit in ihrer vielfältigen Gespaltenheit und weist auf all das hin, was die getrennten Christen über alle Abgründe hinweg weiterhin zusammenhält und woran angeknüpft werden könnte, wenn man die verletzte Einheit der Kirche wiederherzustellen trachtete. Paulus, ja das ganze Neue Testament, führen die Einheit der Kirche auf die Einheit Gottes zurück, der sich in Jesus Christus geoffenbart hat und sich die Kirche als sein Volk bereitet hat. Dass die so verstandene Kirche eine Kirche ist, zeigt sich in den Namen, die ihr im Neuen Testament gegeben werden: Volk Gottes, Leib Christi, Tempel des Heiligen Geistes, Haus und Bau Gottes. Diese Kirche erbaut sich als die eine Kirche, indem das eine Evangelium verkündet wird, die eine Taufe und das eine Herrenmahl gefeiert werden, Ämter und Charismen zur Leitung und Belebung des Ganzen tätig sind. Indem Menschen dieses Evangelium

---

13 In: Cath 10 (1955) 14–26.
14 In: M. Roesle/O. Cullmann (Hgg.), Begegnung der Christen, Frankfurt am Main/Stuttgart 1959, 98–113.
15 In: Cath 14 (1960) 161–177.
16 In: Cath 27 (1973) 91–110.
17 In: LThK, 2. Aufl., Bd. III, Sp. 750–754.
18 In: Hochl. 44 (1951/1952) 289–300.

annehmen, die Taufe empfangen, am Herrenmahl teilnehmen, das gemeinsame Leben teilen, sind sie Glieder der einen Kirche und kommt die eine Kirche in ihnen zur Erscheinung. Schlier vollzieht in seinen Schriften nicht nur diese die Kirche in ihrer Einheit meinenden Aussagen des Neuen Testaments nach. Er macht auch auf die Gefährdungen der Einheit aufmerksam. Schon im Neuen Testament ist von mehreren Formen solcher Gefährdungen die Rede, wie ein längerer Text Heinrich Schliers belegt:

„Das NT zeigt, daß die Frage nach der Einheit der Kirche die Christen von Anfang an bewegte. Denn die Einheit der Kirche war von Anfang an bedroht. Ihr erwuchsen Gefahren aus den bis in die Wurzeln des Glaubens hinabreichenden Auseinandersetzungen zwischen den Christen aus den Juden und den Christen aus den Heiden um die Heilsbedeutung des Gesetzes. Nicht weniger erschütterten sie enthusiastisch-gnostische Tendenzen, die z. B. in Korinth schon zur Bildung von Konventikeln innerhalb der Gemeinde führten. Dabei handelte es sich um die Frage der Heilsbedeutung individueller Geistererfahrungen. Ähnliche, oft schon mehr theologisch geprägte Bestrebungen häretischer Kreise werden in den späteren Briefen des NT, z. B. in den sieben Briefen der Offenbarung des Johannes oder auch in den Pastoralbriefen, sichtbar. Niemals war die Einheit der Kirche unangefochten. Und niemals wird sie nach der Überzeugung der neutestamentlichen Autoren unangefochten sein. Ja, mit der voranschreitenden Zeit wird ihre Einheit immer heftiger gefährdet werden. Das gehört zu den Leiden der Endzeit, die schon begonnen hat. Sie wird sich auch in den kommenden Spaltungen und Absonderungen der Kirche mehr und mehr enthüllen. ‚Ich weiß' – läßt die Apg den Apostel Paulus zu den Ältesten der Gemeinde in Ephesus sagen (Apg 20,29f.) –, ‚daß nach meinem Hingang reißende Wölfe zu euch kommen werden, welche die Herde nicht verschonen. Und aus eurer Mitte selbst werden Männer mit verkehrten Reden sich erheben, um die Jünger an sich zu reißen. Darum wachet […]' Und 2 Petr 2,1 heißt es: ‚Es traten aber auch falsche Propheten unter dem Volk auf, wie auch unter euch falsche Propheten sein werden, die da werden verderbliche Häresien einführen.' Und das sind nicht die einzigen Warnungen solcher Art im NT. Dieses weiß um die Einheit der Kirche, und es kennt die Kräfte, die sie ständig gefährden. Es streitet für die Einheit der Kirche. Denn sie ist nach ihm nicht nur ein hohes Gut, sie gehört vielmehr zum Wesen der Kirche. Gibt man sie preis, so gibt man die Kirche preis. Diese ist eine, oder sie ist nicht."[19]

In allen seinen Aufsätzen zur Einheit der Kirche kommt Heinrich Schlier auch darauf zu sprechen, dass es der Haltung der Demut der Christen bedarf, damit aus den Gefährdungen der Einheit nicht ihre Zerstörung wird. Schlier schreibt:

„Neben Glaube, Hoffnung und Liebe ist im Blick auf die Realisierung der Einheit der Kirche noch die Demut zu nennen. Ihr Gegensatz, der die Einheit der Kirche zerstören kann, ist die objektive und subjektive Überheblichkeit einer Gesetzlichkeit, bei der der Mensch sich in positiven oder negativen Leistungen selbst erbaut und so nie die Freiheit und Selbstlosigkeit der Liebe, die Offenheit und Bereitschaft für den anderen gewinnt. Davon ist bekanntlich im Röm und im Gal vor allem die Rede. Der Gegensatz zur Demut ist aber auch der Hochmut enthusiastischer Spiritualisten, wie Paulus sie besonders in Korinth bekämpfen muss. [...] Die Demut aber, die die Einheit der Kirche im Auge hat und bewahrt, ist grundlegend die Weise des Empfangenden."[20]

Schlier, so ergibt sich aus seinen Texten zur Einheit der Kirche, hält die Einheit „nicht nur für ein hohes Gut", sondern für einen Wesenszug der Kirche. Gäbe man sie preis, so gäbe man die Kirche preis. Gemessen an solch einem Grundsatz erscheint die Vielfalt der Konfessionen, die sich im Laufe der Jahrhunderte ergeben hat, als ein unermesslicher Schaden, als ein rätselhaftes, die von Gott für seine Schöpfung gewählten Heilswege berührendes Unglück. Schlier hat sich der Aussage seines Studiengenossen Ernst Käsemann, derzufolge das Neue Testament nicht die Einheit der Kirche, sondern die Vielfalt der Konfessionen bezeuge und begründe, nachdrücklich widersetzt. Er hat dagegen stets und ohne Zögern oder Wanken daran festgehalten, dass das Neue Testament die Kirche als eine und einige gemeint habe, weil sie nur so als Gründung des einen Gottes begreiflich sei. Ist dies eine ökumenisch plausible Auffas-

---

19 H. *Schlier*, Die Kirche nach dem Neuen Testament, in: Cath 14 (1960) 161–177, hier: 161.
20 H. *Schlier*, Über das Prinzip der kirchlichen Einheit im Neuen Testament, in: Cath 27 (1973) 91–110, hier: 103f.

sung? Plausibel für viele heutige Menschen und Christen vermutlich nicht oder nicht mehr. Aber ökumenisch bedeutsam und ökumenisch beachtenswert ist sie gleichwohl, wobei sogleich auch in Rechnung zu stellen ist, dass Schlier, wenn er die Einheit der Kirche so stark herausstellt, nicht an eine in ungutem Sinn uniforme Kirche denkt, sondern an eine Kirche, die als eine in sich den Reichtum der Vielfalt nicht nur zulässt, sondern fördert. Für wie verhängnisvoll Heinrich Schlier die vielfache Gespaltenheit der Kirche hält – in die drei großen Gruppen der Orthodoxen, der Protestanten und der Katholiken –, hat er schon 1950 in seinem Aufsatz „Die Einheit der Kirche" angedeutet, wo er unter anderem auch die Hinwendung des modernen Menschen zur in sich geschlossenen und selbstgenügsamen Welt als innere Folge der Spaltung der Christenheit bezeichnet. Freilich verharrt er bei dieser bitteren Diagnose nicht. Er sieht sich vielmehr in der Lage, über alle Abgründe zwischen den sich auf Christus berufenden Kirchen hinweg auf vieles unzerstörte und unzerstörbare Gemeinsame zu verweisen. Es gibt noch den gemeinsamen Bezug zur Bibel, es gibt noch die gemeinsam anerkannten Glaubensbekenntnisse, es gibt noch die gemeinsame Taufe, es gibt noch, wenngleich in nicht ganz gleichem Verständnis, das Herrenmahl und die Ämter, vor allem aber gibt es noch den gemeinsamen Schatz an Gebeten. In diesem Gemeinsamen liegen zugleich auch die Ansätze für die Bemühungen um eine Vertiefung, ja Wiederherstellung der erfahrbaren Einheit der Christenheit. Solche Vertiefung und Wiederherstellung der Einheit der Christenheit wird es – so Schlier – nicht ohne Um- und Rückkehr der Auseinandergegangenen geben. Schon im Neuen Testament ist davon die Rede. Im Blick auf die Situationen einerseits in Korinth und andererseits in den Gemeinden, von denen in späteren biblischen Texten die Rede ist, hat Schlier darauf hingewiesen:

> „Wie kann sich die korinthische Gemeinde, die von der Spaltung bedroht ist, nach der Meinung des Apostels wieder zusammenfinden? Wohlgemerkt: Paulus hat in Korinth nur den Fall der drohenden und beginnenden, nicht den der vollzogenen Spaltung vor Augen. Dieser letztere wird in den Pastoralbriefen (und in den Briefen der Offenbarung Johannis) zum Teil vorausgesetzt. Dort ist die Antwort auf unsere Frage auch klar ausgesprochen: Rückkehr kann nur

die Umkehr bewirken, die als ‚Buße' eine Entscheidung und Wendung darstellt (2 Tim 2,25; Offb 2,16; 21) […] Aber wie dort in der fortgeschrittenen Situation der Spaltung die ‚Umkehr' oder Buße eine Rückkehr zum einen überlieferten (und gepredigten) apostolischen Kerygma der einen Kirche bewirkt, so auch schon in der Anfangssituation in Korinth. Dafür ist gerade unser erster Korintherbrief ein eindeutiges Beispiel. Denn in ihm ruft Paulus die korinthischen Christen nun eben nicht dazu auf, in sich zu gehen und ihre Gnosis zu vertiefen oder sich an seine, des Apostels ‚Weisheit' als eine besondere anzuschließen, sondern dazu, sich dem einen Kerygma zuzuwenden, das selbst er, der Apostel, in entscheidenden Punkte und prinzipiell überhaupt ‚empfangen' hat, zum Teil von Christus her als Glaube der Kirche und darin aller Apostel (vgl. 11,23ff.; 15,1ff.), und das er ‚weitergibt'."[21]

Wenn Schlier hier von Umkehr, ja Rückkehr spricht: Gibt es denn nach all den Spaltungen (noch) die Kirche, zu der zurückzukehren wäre? Schlier selbst hat sich zu der Auffassung, ja Überzeugung durchgerungen, dass diese Frage zu bejahen ist. Er hat erkannt, dass die Kirche, wenn sie ihrem Wesen nach eine Kirche ist, auch in der Zukunft immer noch erkennbar da sein wird:

„Aber ist die eine Kirche Christi wirklich zerspalten? Geht sie auf Erden wirklich in drei voneinander verschiedenen Völkern ihrem Herrn entgegen, der doch nur auf ein Volk wartet? Fast ist es so, aber doch nur fast. Und daß es nur fast so ist, das ist die große Chance, welche die Christenheit und mit ihr die Welt haben. Diese Chance liegt nicht darin, daß, wie man etwa gemeint hat, die eigentliche Kirche Christi in jener unsichtbaren Gemeinschaft der wahren, aber zerstreuten Gläubigen aus jedem Teil der Christenheit bestünde. Denn diese hätte ja nicht, was für die Kirche und für die Welt wesentlich ist: eine gemeinsame ‚Verwaltung der Gnade' und ein gemeinsames ‚Haus', in dem die Welt nahe bei Gott wohnen könnte. Die Chance der Christenheit liegt aber auch nicht darin, daß die eine Kirche Christi die Summe der drei Teile ist, deren jeder einen besonderen Schatz und ein eigenes Erbe zu hüten hätte. Die Summe der Teile ergibt hier nicht das Ganze, sowenig wie die Summe der Zweige den Baum. Die

---

21 H. Schlier, Die Einheit der Kirche im Denken des Apostels Paulus, in: Cath 10 (1955) 14–26, hier: 26.

Wahrheit ist nur Eine, wenn sie auch als die eine nicht immer in unserem Sagen und Tun erscheint. Die Chance der Christenheit liegt vielmehr darin, daß sie noch in einem wesentlichen Rest trotz aller Abirrungen und Verdeckungen die eine Kirche Christi ist."[22]

Man weiß, dass Heinrich Schlier diese eine Kirche in der römisch-katholischen Kirche entdeckt hat, über deren Grenzen und Schwächen er sich jedoch keinen Täuschungen hingab und an welcher er auf seine Weise auch gelitten hat. Der ausschlaggebende Grund, der ihn solches wahr- und annehmen ließ, lag darin, dass gerade sie in wesentlichen Dimensionen ihres Selbstverständnisses und ihres Selbstvollzugs einem Zug des sich offenbarenden und mitteilenden Gottes entspricht: dass Gott sich in einer entschiedenen Entscheidung seiner Welt barmherzig zugewandt hat. In seinem Vortrag „Das bleibend Katholische" hat Schlier das Gemeinte unter anderem wie folgt dargelegt:

> „Daß Gott sich in Jesus Christus für die Welt entschieden hat, schließt aber ein, daß diese Entscheidung in der Welt bleiben wird. Der Pfeil der Entscheidung steckt im Kosmos, wie er im Herzen jedes einzelnen steckt, wenn er ihn einmal getroffen hat. Die Straße der Entscheidung, die jene äußerste Entschiedenheit Gottes ist, die ins Offene Gottes führt, durchzieht die Landschaft des Lebens. Es ist der Heilige Geist, der die Entscheidung Gottes als geschehen gegenwärtig erschließt, und er hat, wenn man so kurz und vorläufig sagen darf, den Leib Christi am Kreuz erschlossen in den Leib Christi auf Erden, in die Kirche. Sie in ihrer Leibhaftigkeit als Leib Christi ist durch ihre konstitutiven Elemente und durch alles, was diese aufgreifen und gestalten, die Exposition der gefallenen Entscheidung Gottes, der Erweis und Ausweis ihrer äußersten und konkreten Entscheidung."[23]

Bei den „konstitutiven Elementen", die die katholische Kirche kennzeichnen, denkt Schlier an ihr Verständnis der Bibel, an ihr Verständnis des Dogmas, an ihr Verständnis der Sakramente, an ihr Verständnis des Amtes in der Kirche, an ihr Verständnis des Rechts, kurz an all

---

22 *H. Schlier*, Die Einheit der Kirche, in: Hochl. 44 (1951/52) 289–300, hier: 294.
23 In: *H. Schlier*, Das Ende der Zeit, Exegetische Aufsätze und Vorträge III, Freiburg i. Br. 1971, 297–320, hier: 302.

die Elemente, die sich gegen jedwedes dialektische Denken in Philosophie und Theologie so sperrig zeigen, wie in den 1920er Jahren schon einmal deutlich geworden war: in der denkwürdigen Auseinandersetzung zwischen Erik Peterson auf der einen und Karl Barth sowie Rudolf Bultmann auf der anderen Seite.[24]
Die Kirche und ihre gottgewollte und -gewirkte Einheit sowie die Spaltung der Kirche und das Bemühen um ihre Überwindung – all dies ist ein weites Feld des theologischen Denkens Heinrich Schliers. Ist es ökumenisch bedeutsam? Jedenfalls in dem Sinn, als es ein deutlich geprägter Beitrag zu dem Thema ist, an dem kein Entwurf ökumenischer Theologie vorbeigehen kann: wie die Kirche und ihre Einheit zu verstehen sind, wie die Spaltung der Kirche zu bewerten ist, und auf welchen Wegen ihre sichtbare Einheit wiedererlangt werden könnte. Heinrich Schlier dachte in all diesen Fragen unbeirrbar von der wesenhaften Einheit der Kirche her und auf sie hin. Dabei war er sich dessen wohl bewusst, dass diese Überzeugung eines utopischen Zugs nicht entbehrte. Er selbst äußerte sich dazu wie folgt:

> „Wer es sich vornimmt, über die Einheit der Kirche zu reden, hat angesichts der Spaltung der Christenheit das bedrückende Gefühl, sich mit einer aussichtslosen Sache abzugeben. Denn er weiß, daß seine Hörer auch bei größtem Wohlwollen von der Überzeugung getragen sind, die Einheit der Kirche sei zwar ein erstrebenswertes Ziel, aber es gebe für uns keine innere und äußere Möglichkeit, sie zu verwirklichen. Er weiß auch, daß diese Überzeugung in hohem Maße begründet ist. Er wird zwar mißtrauisch sein, wenn sie allzu getrost vorgetragen wird. Aber er wird zugestehen, daß die Christenheit durch ihre Spaltung von einem Geschick heimgesucht worden ist, das sich nach einer langen und heftigen Geschichte weder durch Anklage und Verteidigung noch durch guten Willen und wohlgesinnte Maßnahmen, auch nicht durch den Zwang der Not aufheben läßt, das sich vielmehr nur wendet, wenn unter dem Antrieb des Heiligen

---

24 Vgl. *W. Löser*, Das „bleibend Denkwürdige". Zum Dogmenverständnis Erik Petersons und Heinrich Schliers, in: *W. Löser, K. Lehmann, M. Lutz-Bachmann* (Hgg.), Dogmengeschichte und katholische Theologie, Würzburg 1985, 329–352; wiederabgedruckt in diesem Band, Kapitel 4.

Geistes das Herz der Christenheit eine Umkehr von heute unausdenkbarer Tiefe und unabsehbarer Wirkung vollzieht."[25]

Wie sehr die Nüchternheit dieser Lageeinschätzung berechtigt ist, zeigen in aller Deutlichkeit die Auseinandersetzungen, die durch die römische Erklärung „Dominus Iesus" ausgelöst wurden, mit der sich Heinrich Schliers ökumenische Auffassungen sogar in wesentlichen Punkten treffen. Beim Durchdenken der in „Dominus Iesus"[26] zur Sprache kommenden Position, die sich auch schon im 8. Abschnitt von „Lumen gentium" fand, kann es hilfreich sein, auf die argumentativen Gesichtspunkte zu achten, die Schlier in seinen Aufsätzen vorgelegt hat.

Heinrich Schlier war es immer ganz wichtig, dem, was er theologisch eingesehen hatte, auch lebensmäßig zu entsprechen. Sein Verhalten in der Zeit des Dritten Reichs und sein kirchlicher Dienst im Bereich der Bekennenden Kirche belegen dies sehr deutlich. Insbesondere ist hierbei an Heinrich Schliers Einsatz für die lutherische Bekenntnisgemeinde in Wuppertal zu denken. Über den Sinn dieser Gemeinde und seines Einsatzes in ihr hat Schlier 1940 in einer Abhandlung „Über Grund, Stellung und Aufgabe der lutherischen Bekenntnis-Gemeinde" Rechenschaft abgelegt. Darin finden sich beispielsweise solche Sätze:

> „So ist unsere luth. Bk-Gemeinde entstanden: Es war ein Zusammenrücken der ev. luth. Gemeinde in den Gliedern, die sich das Evangelium nicht nehmen lassen wollten. Es war ein sich Sammeln um die Träger des Amtes, die den ihnen befohlenen Dienst dem Bekenntnis gemäß ausführen wollten. Es war ein sich Ordnen unter der Leitung, die dem Evangelium dienen wollte. Damit tat die luth. Bek. Gemeinde das, was ihr durch ihre Bekenntnisschriften, durch die Auslegung des Evangeliums nicht nur erlaubt, sondern geboten war."[27]

In einem solchen Text kommt deutlich zum Ausdruck, in welchem Maße auch der noch lutherische Schlier es für sich und seine Mitchristen für wichtig hielt, dass er und sie einer Kirche angehörten, in der das Amt

---

25 *Schlier*, Die Einheit der Kirche, hier: 289.
26 *Kongregation für die Glaubenslehre*, Erklärung Dominus Iesus. Über die Einzigkeit und die Heilsuniversalität Jesu Christi und der Kirche, 6. August 2000.
27 Zitiert in: *H. Vorländer*, Kirchenkampf in Elberfeld 1933–1945, Göttingen 1968, 574f.

und das Dogma wirksame Größen sind. Doch die wichtigste und am meisten bekannt gewordene Entscheidung Heinrich Schliers war sein Übertritt in die römisch-katholische Kirche im Jahre 1953.

2. Die ökumenisch bedeutsamste Entscheidung im Leben Heinrich Schliers: die Konversion

Am 25. Oktober 1953 vollzog Heinrich Schlier in Rom im Beisein Erik Petersons den Übertritt zur römisch-katholischen Kirche. Am 3. November desselben Jahres wurde er durch den Bischof von Regensburg gefirmt. Im Rückblick auf Schliers Leben kann man sagen, dass dieser Schritt seit langem der Fluchtpunkt seines Lebens und seines Wirkens gewesen war. Er war auch die innere, letztlich sogar unausweichliche persönliche Konsequenz seiner Theologie, genauer: seines Verständnisses der Kirche und ihrer wesenhaften Einheit. Das wird aus der „Kurzen Rechenschaft"[28], die Schlier 1955 über seinen Schritt öffentlich ablegte, ganz deutlich.

Heinrich Schliers Konversion löste unter vielen evangelischen Theologen nicht nur Verwunderung, sondern auch Unverständnis aus. Eine Reihe von ihnen äußerte sich in Aufsätzen dazu. Sie prüften die theologischen Gründe, die Schlier für seine Entscheidung angegeben hatte, und bewerteten sie weitgehend als nicht tragfähig. Bekannte Theologen wie Leonhard Goppelt, Walter Fürst, Ulrich Wilckens, Gerhard Ebeling, Hermann Diem, Siegfried Schulz, Ernst Käsemann und andere meldeten sich zu Wort. Vor wenigen Jahren hat sich Reinhard von Bendemann noch einmal in einer großen Arbeit mit der Theologie Heinrich Schliers auseinandergesetzt und die skeptischen Kommentare der genannten Theologen auf seine Weise bestätigt. Stets ist jedoch die Ablehnung der theologischen Gesichtspunkte, die Schlier vorgebracht hat, mit der Äußerung von Respekt vor seiner persönlichen Entscheidung gepaart. In welchem Sinne ein Übertritt zu einer anderen Kirche, wenn und sofern er auf einer persönlichen im Glauben getroffenen Gewissensentscheidung beruht, eine eigene ökumenische Bedeutung auch heute

---

28 Wiederabgedruckt in: *Schlier*, Der Geist und die Kirche, 270–289.

noch hat, hat Kardinal Lehmann angedeutet, als er über die Konversion Erik Petersons, dem Heinrich Schlier in vielem verbunden war und an den im Frühjahr 2000 in einem Symposion in der Katholischen Akademie des Bistums Mainz („Erbacher Hof") erinnert wurde, sprach.[29]

Anhang

Es mag sinnvoll sein, hier noch einmal einen längeren Text, der das Suchen und Ringen Heinrich Schliers in den Jahren vor seiner Konversion bezeugt, in Erinnerung zu rufen, zumal er heute, da die identitätsbetonenden Profile der Kirchen wieder deutlich hervorgehoben werden, eine neue Aktualität hat. Damals, 1950, als Schlier auf seine Konversion in konkreten Schritten zuzugehen begann, vergewisserte er sich noch einmal der Brücken, die es zwischen den Kirchen trotz ihrer Getrenntheit gab und weiterhin gibt:[30]

> „Kann man [...] angesichts der Gegensätze [zwischen der evangelischen und der katholischen Kirche; W. L.] im Zentralen des Glaubens und ihrer breiten Auswirkung wirklich sagen, daß die Spaltung der Christenheit nicht durch den ganzen Leib Christi gehe? Was läßt die katholische und die evangelische Christenheit doch noch nach unserer Behauptung eine einige sein und die Einheit der Kirche irgendwo bewahren? Es ist nicht viel, aber es ist Wesentliches. Es sind bekannte, aber in ihrer Bedeutung für die Einheit der Kirche oft vergessene Dinge. Es ist nicht ein Gemeinsames, auf das man die Kirche Christi reduzieren könnte. Aber es ist etwas Fundamentales und Anfängliches, von dem aus eine größere Einheit wieder erweckt werden kann. Es ist ein Angeld auf die eine Kirche Christi. Es ist – wir nennen nur Einiges und Charakteristisches – einmal die Heilige Schrift als das authentische apostolische Wort, durch das der Heilige Geist das Heil in Christus zur Sprache und der Kirche zu Gehör bringt. Sie wird noch in allen Teilen der Christenheit verlesen, sie wird in Pre-

---

29 K. Lehmann, Konversion als Herausforderung für die Ökumene, in: B. Nichtweiß (Hg.), Vom Ende der Zeit. Geschichtstheologie und Eschatologie bei Erik Peterson, Münster 2001, 331–336.
30 H. Schlier, Die Einheit der Kirche, in: Hochl. 44 (1951/52) 289–300, hier: 295–298.

digt und Lehre ausgelegt, um sie bemühen sich Geschlechter um Geschlechter von Theologen. Durch sie ist die ganze Christenheit einmütig mit der apostolischen Hinterlassenschaft verbunden und kann so immer wieder zum Ursprung der Offenbarung zurückfinden. Gewiß sind die Heilige Schrift als solche und ihre Auslegung etwas Verschiedenes, und gewiß wird es keine rechte Auslegung der Heiligen Schrift geben, es sei denn im Geist der Kirche, der sie ja eben dazu anvertraut ist. So muß die Auslegung von einer regula fidei begrenzt werden. Aber das schließt nicht aus, daß in der offenen Bereitschaft und Hingabe an das Wort der Heiligen Schrift diese selbst immer wieder denselben einen Glauben erweckt, der in der regula fidei verwahrt ist, und daß also die katholische und evangelische Christenheit auf dem Grunde der Heiligen Schrift kraft des auch in ihr wohnenden Heiligen Geistes bei rechter und echter Aufgeschlossenheit für das Wort Gottes die eine, eben hier ursprünglich offenbare Wahrheit gemeinsam entdecken und sich von ihr überführen lassen können. Ist es ein Zufall, daß gerade über der Exegese der Heiligen Schrift heute wieder manche Erkenntnisse erwachten, in denen die eine Wahrheit ursprünglich gesichtet wird? Im übrigen erkennen die lutherischen Bekenntnisschriften ein Stück der regula fidei ausdrücklich als solche an, nämlich die drei großen Symbole der Alten Kirche, die die entscheidenden Dogmen der Schöpfung, Erlösung und Heiligung erhalten. Sollten nicht auch diese gemeinsam anerkannten Symbole die Kraft besitzen, ein neues und lebendiges theologisches Denken in die eine Wahrheit des Glaubens vordringen zu lassen, so daß von ihnen aus Stück für Stück der einen Wahrheit dogmatisch wieder erobert würde?

Bedeutet es aber nicht auch, wenn wir von allem anderen absehen, eine grundlegende Gemeinsamkeit, daß die gesamte Christenheit das eine Sakrament der heiligen Taufe auf den Namen des Dreieinigen Gottes kennt und gegenseitig anerkennt? Es wird also das Leben eines jeden getauften Christen in gleicher Weise in Christus anfänglich begründet, und in Hinsicht auf die ursprüngliche und anfängliche Versiegelung des christlichen Lebens ist die Christenheit Eine als Gliedschaft des Leibes Christi. Man könnte von daher der Christenheit das zurufen, was der Apostel Paulus in einem anderen Sinn den galatischen Gemeinden zugerufen hat: ‚Seid ihr so töricht? Ihr, die ihr im Geiste begonnen habt, wollt nun im Fleisch zu Ende kommen? Habt ihr all das Große umsonst erfahren, wirklich umsonst?' Läßt nicht dieser einige Ursprung und Anfang die Christen immer wieder nur mit Trauer an den geschiedenen Fortgang des christlichen Lebens denken? Und enthält dieser einige Ursprung und Anfang des christlichen Daseins nicht eine Kraft, den Fortgang in die Richtung des einen Glaubens zu weisen? Wir könnten aber auch noch an andere Sakramente erinnern. Etwa daran, daß es nach den lutherischen Bekenntnisschriften die Privatbeichte gibt, die, wenn man genau hinsieht, nur in unwesentlichen Dingen von der Beichte der römisch-katholischen Kirche unterschieden ist. Dazu könnten wir daran denken, daß Luther bis zu seinem Tode bei Bugenhagen beichtete. ‚Ich wäre', so bekennt er, ‚längst vom Teufel erwürgt, wenn mich nicht die heimliche Beicht erhalten hätte.' Wir könnten auch an die Ordination erinnern, die nach dem lutherischen Bekenntnis unter gewissen Voraussetzungen ein Sakrament genannt werden kann. Wir sagen das alles nicht, um die wirklichen Gegensätze zu verharmlosen, sondern wollen nur darauf aufmerksam machen, daß es in den Grundlagen des Glaubens Gemeinsames gibt, dessen Kraft es für die Einheit der Kirche wieder zu erwecken gilt. Die Kirche ist ja nicht ein System, das zusammenstürzt, wenn eine seiner Stützen fehlt, sondern sie wirkt auch dann noch zum Heil, wenn das eine oder andere Werkzeug des Heiles, der eine oder andere Dienst ihrer Ökonomie versagt.

Aber sehen wir noch auf ein anderes Gut, das gemeinsam bewahrt worden ist beziehungsweise seinerseits die Einheit der Kirche noch verwahrt hat. Ich meine die Mitte und den Ursprung alles Gebetes, das Unser Vater. Dieses hat der Herr selbst seine Jünger als das große Paradigma des Betens gelehrt, und als solches hat es die Christenheit in allen ihren Teilen bewahrt. So verschieden, weil mit dem Dogma eng verwoben, die Liturgie gebetet wird, so bedeutet es doch, selbst wenn diese nicht so durchsetzt wäre mit dem gemeinsamen Psalter und wieder gemeinsam gewordenen Orationen und Präfationen schon eine Kraft der Einheit, daß im Gottesdienst aller Christen das eschatologische Gebet des Herrn nachgebetet wird und dadurch ständig von neuem die Bitten um das Kommen der Herrschaft Gottes und um die paar Gaben, die bis dahin dem Menschen noch nötig sind, gemeinsam vor Gott getragen werden. Das alles ist nicht zu unterschätzen. Es ist eine hintergründige Kraft der Einheit unter dem vielen Vordergründigen, das die Christenheit trennt.

Zuletzt aber müssen wir auch noch an den einheitsschaffenden Faktor denken, der selbst erst durch den erwähnten Rest des Gemeinsamen erhalten ist, der aber seinerseits diesen Rest auch wieder retten half. Ich meine das gemeinsame Bewußtsein, trotz aller Unterschiede des Glaubens, Christen, und das heißt: Christi Jünger in Christus zu sein und sein zu wollen, ein Bewußtsein, das nicht zuletzt auf einer gemeinsamen Grundhaltung zum Leben gegenüber anderen beruht, für die der Name Christi nichts mehr bedeutet. Dieses Bewußtsein der Zusammengehörigkeit ist in den Zeiten der Bedrohung alles Christlichen zur unmittelbaren Erfahrung geworden. Irgendwie hatte sich damals eine verborgene, aber echte Einheit der Christenheit von weitem gezeigt; irgendwie erfuhr man, oft zum gegenseitigen Erstaunen, die geheime Liebe der einander fremd, ja manchmal feindselig gewordenen Brüder in Christus. Es gehört zu dem Betrübendsten unserer Tage, daß sich schon wieder Stimmen regen, die diese echte innere Bereitschaft füreinander zu lähmen versuchen. Aber es scheint doch, daß diese Stimmen im großen und ganzen keine Macht über die Herzen derer gewinnen, die um den Herrn und seine Kirche besorgt sind. Kein Zweifel, ihnen haftet etwas merkwürdig Antiquiertes an. Man weiß im geheimen in der Christenheit, und vierhundert Jahre haben es uns bezeugt, daß man voneinander nicht lassen kann und daß man trotz des großen Unheils der Spaltung einander sogar von Nutzen war und ist. Man weiß es mit Beglückung und mit großer Unruhe."

Kapitel 11
Hermeneutik oder Kritik?
Die Kontroverse zwischen Hans-Georg Gadamer und Jürgen Habermas

Die gegenwärtige Krise der Gesellschaft und der Kirche hat viele Ursachen und Aspekte. Zu den grundlegenden gehören zweifellos das gestörte Verhältnis zur Autorität und das Misstrauen gegenüber der Tradition. Die verschiedenen anthropologischen Wissenschaften bemühen sich um eine Lösung der so entstandenen Probleme.

Im Folgenden geht es darum, auf das in diesem Zusammenhang außerordentlich bedeutsame Gespräch zwischen Hans-Georg Gadamer, dem vielleicht bekanntesten Vertreter der hermeneutischen Philosophie, und Jürgen Habermas, einem Exponenten der „Frankfurter Schule" der Soziologie, aufmerksam zu machen.

Im Jahr 1960 legte Gadamer in seinem großen Werk „Wahrheit und Methode"[1] die Grundzüge einer philosophischen Hermeneutik vor. Jürgen Habermas veröffentlichte im Jahr 1967 die bereits im April 1966 als Manuskript abgeschlossene Studie „Zur Logik der Sozialwissenschaften"[2], in der er sich unter anderem ausführlich mit der hermeneutischen Philosophie Gadamers auseinandersetzt. Etwa zur selben Zeit, aber wohl ohne die Kenntnis der Ausführungen Habermas', schrieb Gadamer den Aufsatz „Die Universalität des hermeneutischen Problems"[3]. Wenig später antwortete Gadamer in seinem Beitrag „Rhetorik, Hermeneutik und Ideologiekritik"[4] ausdrücklich auf die Kritik Habermas' an seiner phi-

---

1 *H.-G. Gadamer*, Wahrheit und Methode, Tübingen 1960, ²1965.
2 *J. Habermas*, Zur Logik der Sozialwissenschaften, Tübingen 1967; Neudruck in: *Ders.*, Zur Logik der Sozialwissenschaften. Frankfurt am Main 1970, 71–310.
3 *H.-G. Gadamer*, Die Universalität des hermeneutischen Problems, in: *Ders.*, Kleine Schriften I, Tübingen 1967, 101–112.
4 *H.-G. Gadamer*, Rhetorik, Hermeneutik und Ideologiekritik, ebd. 113–130.

losophischen Hermeneutik. Habermas hat in dem Aufsatz „Der Universalitätsanspruch der Hermeneutik"[5] noch einmal die strittigen Punkte der Kontroverse aufgegriffen.

Bei der Auseinandersetzung zwischen Gadamer und Habermas geht es letztlich um zwei umfassende, in sich konsistente Philosophien, die einander bei aller Ähnlichkeit doch entgegenstehen und beide je den Anspruch auf Universalität erheben. Sie streiten einander ihr relatives Recht nicht ab; jede beansprucht aber, die umfassendere Konzeption zu sein und die jeweils andere als ein Element in sich zu tragen.

1. Der Universalitätsanspruch der Hermeneutik

Wie alle Philosophie, so fragt auch die Hermeneutik: ‚Wie kann der Mensch sich verstehen?' ‚Wie soll er handeln?' Diese Fragen wären vom Standpunkt eines wie auch immer aufgefassten absoluten Wissens aus leicht zu beantworten. Gadamers Hermeneutik aber geht – in der Tradition Nietzsches und Heideggers – von der radikalen Endlichkeit des Menschen aus. Von daher setzt sie die einzige Möglichkeit, einer Antwort auf die Frage des Menschen nach sich selbst näher zu kommen, in der Kommunikation des Menschen mit anderen und anderem an. Kommunikation zwischen dem Menschen und anderem ist möglich, das bestätigt unsere Erfahrung. Welches aber sind die Möglichkeitsbedingungen der Kommunikation, welches ihre Strukturen? Die Beschäftigung mit diesen Fragen ist Inhalt der Hermeneutik als einer Transzendentalphilosophie.

Kommunikation geschieht als Verstehen im Medium der Sprache. „Sein, das verstanden werden kann, ist Sprache" (WM, 450)[6]. Dieser Satz hat

---

5 *J. Habermas*, Der Universalitätsanspruch der Hermeneutik, in: *R. Bubner* (Hg.), Hermeneutik und Dialektik, Festschrift Gadamer, Bd. I, Tübingen 1970, 73–103.
6 Die Abkürzungen vor den Seitenzahlen bedeuten: WM = *H.-G. Gadamer*, Wahrheit und Methode; UH = *H.-G. Gadamer*, Die Universalität des hermeneutischen Problems; RH = *H.-G. Gadamer*, Rhetorik, Hermeneutik und Ideologiekritik; LS = *J. Habermas*, Zur Logik der Sozialwissenschaften; UA = *J. Habermas*, Der Universalitätsanspruch der Hermeneutik.

universalen Charakter; denn er gilt, wo immer es um Kommunikation mit anderem geht. Was jenseits der Grenzen möglicher menschlicher Kommunikation läge, wäre unaussprechbar. Von daher lässt sich nichts angeben, was das Verstehen im Medium der Sprache noch einmal umgriffe.

Das verstehende Subjekt ist endlich, das heißt, es besetzt einen durch die Geschichte vielfach determinierten Raum-Zeit-Punkt. Von diesem Punkt aus entwirft es seinen Verstehenshorizont, der – das ist der Vorgang der Kommunikation – erweitert und mit anderen Horizonten verschmolzen werden kann. Das verstehende Subjekt kann sich aus der Geschichte nicht herausreflektieren. Es gehört vielmehr grundsätzlich der Geschichte an, mit der es verstehend kommunizieren will. Dieses Stehen in der Geschichte hat zur Folge, dass das verstehende Subjekt von Vorurteilen eingenommen ist, die es im Prozess der Erfahrung zwar modifizieren, aber nicht ganz abstreifen kann.

Gadamer kritisiert den Rationalismus der Aufklärung: Das aufklärerische Denken sei blind für die Unausweichlichkeit von Vorurteilen in allem Verstehen. Da Vorurteile nicht nur nicht abgestreift werden können, sondern sogar alle Kommunikation des Menschen mit anderem erst ermöglichen, ist es von vornherein wahrscheinlich, dass es nicht nur falsche, sondern auch legitime Vorurteile gibt. „‚Vorurteil' heißt also durchaus nicht: falsches Urteil, sondern in seinem Begriff liegt, dass es positiv und negativ gewertet werden kann" (WM, 255). Von daher erweist sich die durchgehend negative Bewertung des Vorurteils im aufklärerischen Denken selbst noch einmal als ein Vorurteil, und zwar als ein falsches Vorurteil, das sich verhängnisvoll auswirken kann, da es unreflektiert bleibt und darum unbemerkt wirksam ist. Die Aufklärung meint, sich schließlich doch auf einen Standpunkt jenseits der Geschichte stellen zu können.

„Was sich unter der Idee einer absoluten Selbstkonstruktion der Vernunft als beschränkendes Vorurteil darstellt, gehört in Wahrheit zur geschichtlichen Realität selber" (WM, 261).

Nach Gadamer folgt aus der Erkenntnis der Vorurteilsstruktur eine Rehabilitierung von Autorität und Tradition. Autorität und Tradition müssen nicht notwendig Quelle von Unwahrheit sein. Das Gegenteil ist auch möglich. Wer das vom Vorurteil der Aufklärung her nicht wahrhaben will, verschüttet sich damit einen Zugang zu mehr Wahrheit und Freiheit. Freilich darf die Autorität nicht blind anerkannt werden.

> „Die Autorität von Personen hat […] ihren letzten Grund nicht in einem Akt der Unterwerfung und der Abdikation der Vernunft, sondern in einem Akt der Anerkennung und der Erkenntnis – der Erkenntnis nämlich, daß der andere einem an Urteil und Einsicht überlegen ist und daher sein Urteil vorgeht, d. h. vor dem eigenen Urteil den Vorrang hat" (WM, 263f.).

Ähnliches gilt von der Tradition. Was im Verstehen verstanden wird, ist Wahrheit, die – wenigstens möglicherweise – den Bereich methodischer Erkenntnis überschreitet, zum Beispiel in der Erfahrung eines Du, der Kunst, der geistesgeschichtlichen Tradition. Von daher stellt Gadamer schon im Titel seines Hauptwerks Wahrheit und Methode gegenüber. Er will aber auch für die genannten Bereiche keine „Kunstlehre des Verstehens", also keine Verstehensmethode vorlegen.

> „Mein eigentlicher Anspruch aber war und ist ein philosophischer: Nicht, was wir tun, nicht was wir tun sollten, sondern was über unser Wollen und Tun hinaus mit uns geschieht, steht in Frage" (WM, XIV).

Wie begründet nun Gadamer den Universalitätsanspruch der hermeneutischen Philosophie? Die folgenden fünf Argumente, die freilich miteinander zusammenhängen, scheinen besonders wichtig zu sein:

1.1 Das erste und gleichzeitig zentrale Argument wurde bereits angedeutet. Es ist im dritten Teil von „Wahrheit und Methode", und dort besonders im Schlusskapitel „Der universale Aspekt der Hermeneutik" (WM, 449–465) ausführlich dargelegt. Die These lautet: „Sein, das verstanden werden kann, ist Sprache" (WM, 450). Das Verstehen bezieht in diesem Zusammenhang seine Universalität von der Universalität des Verstehbaren beziehungsweise des Verstandenen.

> „Das hermeneutische Phänomen wirft hier gleichsam seine eigene Universalität auf die Seinsverfassung zurück, indem es dieselbe in einem universellen Sinn als Sprache bestimmt und seinen eigenen Bezug auf das Seiende als Inter-

pretation. So reden wir ja nicht nur von einer Sprache der Kunst, sondern auch von einer Sprache der Natur, ja überhaupt von einer Sprache, die die Dinge führen" (WM, 450).

Gadamer kann Sein dadurch als Sprache bestimmen, dass er der Sprache eine „spekulative" Struktur zuschreibt. Damit ist gemeint:

„Zur-Sprache-Kommen heißt nicht, ein zweites Dasein bekommen. Als was sich etwas darstellt, gehört vielmehr zu seinem eigenen Sein. Es handelt sich also bei all solchem, was Sprache ist, um eine spekulative Einheit: eine Unterscheidung in sich: zu sein und sich darzustellen, eine Unterscheidung, die doch auch gerade keine Unterscheidung sein soll" (WM, 450).

1.2 In seinem Aufsatz „Die Universalität des hermeneutischen Problems" schildert Gadamer das Unzureichende, das in der ästhetischen Betrachtung von Kunstgegenständen, in der historischen Betrachtung der Geschichte und in dem positivistischen Faktensammeln der modernen Wissenschaften liege. Stets ist hier die Frage nach der Bedeutung der Phänomene je für mich, je für unsere Gesellschaft, ausgeklammert. Darin nun kommt der universale Charakter der Hermeneutik zum Vorschein, dass „es keine mögliche Aussage gibt, die nicht als Antwort auf eine Frage verstanden werden kann, und daß sie nur so verstanden werden kann" (UH, 107).

1.3 Ein anderer Hinweis auf die Universalität der Hermeneutik liegt in der Erfahrung, die der Übersetzer von Texten macht: In jeder Sprache lässt sich grundsätzlich jeder Sachverhalt ausdrücken; andernfalls wäre Übersetzen nicht oder nur begrenzt möglich. Das schließt nicht aus, dass es bisweilen schwierig sein kann, den treffenden Ausdruck zu finden. Ist er jedoch gefunden, so ist der gemeinte Sachverhalt, welchem Bereich er auch angehören mag, in der Übersetzungssprache „zur Sprache gekommen". Die Erfahrung des Übersetzers hat ihren Grund in der Universalität der Umgangssprachen. Sie sind offen und ausweitbar nach allen Seiten. Dagegen sind die Wissenschaftssprachen dadurch gekennzeichnet, dass sie monologisch geschlossene Sprachsysteme darstellen.

Die Universalität der Hermeneutik ergibt sich – das ist der entscheidende Punkt in diesem Argument – aus der inneren Universalität der Umgangssprachen. Bei diesem Gedankengang wird übrigens auch der Zusammenhang von Sprache, Sein und Verstehen noch einmal deutlich.

Alle Kommunikation des Menschen mit anderen und anderem ist letztlich ein Übersetzungsvorgang, eine Verschmelzung von Horizonten, eine Einverleibung des Fremden in das Eigene. Dieser Prozess der Verständigung ist grundsätzlich unabschließbar, weil der Mensch in seiner endlichen Vernunft die Gesamtheit des Verstehbaren nicht auf einen Begriff bringen kann. Dennoch eignet der Sprache selbst eine innere Unendlichkeit, weil „Sein, das verstanden werden kann, Sprache ist".

1.4 Ein viertes Argument für die Universalität der hermeneutischen Philosophie sieht Gadamer in seinem Aufsatz „Rhetorik, Hermeneutik und Ideologiekritik" in der Parallelisierung von Rhetorik und Hermeneutik. Die Rhetorik hat in allen Bereichen, auch in dem der Wissenschaften, ihren Platz. „Die Ubiquität der Rhetorik ist eine unbeschränkte. Erst durch sie wird Wissenschaft zu einem gesellschaftlichen Faktor des Lebens. Was wüssten wir von der modernen Physik, die unser Dasein so sichtbarlich umgestaltet, allein aus der Physik? Alle Darstellungen derselben, die sich über den Kreis der Fachleute hinaus richten […], verdanken ihre Wirkung dem rhetorischen Element, das sie trägt" (RH, 117f.). Rhetorik aber gäbe es nicht ohne Hermeneutik.

„Es gäbe keinen Redner und keine Redekunst, wenn nicht Verständigung und Einverständnis die menschlichen Beziehungen trüge – es gäbe keine hermeneutische Aufgabe, wenn das Einverständnis derer, die ‚ein Gespräch sind', nicht gestört wäre und die Verständigung nicht gesucht werden müsste" (RH, 118).

1.5 Das fünfte und letzte Argument ist in seiner ganzen Tragweite nur als Antwort auf Einsprüche von Habermas zu verstehen. Habermas sieht in der Psychoanalyse und in der Ideologiekritik analoge Strukturen verwirklicht. Daraus folgert er, wie später genauer auszuführen ist, dass nicht die Hermeneutik, sondern die Ideologiekritik das umfassendere philosophische System ist. Gadamer greift die Parallelisierung von Psychoanalyse und Ideologiekritik auf, allerdings nur, um beider Grenzen aufzuzeigen und so den universalen Charakter der hermeneutischen Philosophie erneut zu belegen. Gadamer sieht – wie Habermas – die Möglichkeiten der Psychoanalyse in der emanzipatorischen Kraft der Reflexion begründet. Aber: Der psychoanalytisch arbeitende Arzt hat nur in der therapeutischen Situation, wo er also als Arzt ausdrücklich dazu legitimiert ist, das Recht, seinen Patienten auf im Hintergrund liegende Störungen seines seelischen Gefüges hin zu untersuchen.

„Aber wenn er dieselbe Reflexion dort ausübt, wo er nicht als Arzt dazu legitimiert ist, sondern wo er selber sozialer Spielpartner ist, fällt er aus seiner sozialen Rolle [...] Die emanzipatorische Kraft der Reflexion, die der Psychoanalytiker in Anspruch nimmt, muß mithin an dem gesellschaftlichen Bewußtsein ihre Grenze finden, in welchem sich der Analytiker, ebenso wie sein Patient, mit allen anderen versteht" (RH, 129).

Wo aber hat die Ideologiekritik ihre Grenze?

„Gegenüber welcher Selbstinterpretation des gesellschaftlichen Bewusstseins – und alle Sitte ist eine solche – ist das Hinterfragen und Hintergehen am Platze, etwa in revolutionärem Veränderungswillen, und gegenüber welcher nicht? Diese Fragen scheinen unbeantwortbar. Es scheint sich die unausweichliche Konsequenz zu ergeben, daß dem prinzipiell emanzipatorischen Bewußtsein die Auflösung alles Herrschaftszwangs vorschweben muß – und das hieße, daß die anarchistische Utopie ihr letztes Leitbild sein muss" (RH, 130).

Dies bedeutet: Aus den möglichen Konsequenzen einer totalen Ideologiekritik wird ihr letztes Unrecht erkennbar. Ideologiekritik kann nur dann ihre positive Funktion ausüben, wenn sie sich dem umfassenderen Horizont gesellschaftlichen Einverständnisses einfügt, wenn sie Tradition und Autorität als mögliche Quellen von mehr Freiheit und mehr Wahrheit gelten lässt.

2. Der Universalitätsanspruch der Kritik

Jürgen Habermas lehnt nicht die Hermeneutik, sondern nur ihren Universalitätsanspruch ab. Unter verschiedenen Gesichtspunkten hat er die Leistungen der hermeneutischen Philosophie gewürdigt:

2.1 Die Hermeneutik ist in der Lage, die Strukturen der Wiederherstellung gestörter Kommunikation zu beschreiben. Sie hat deutlich gemacht, dass die Umgangssprachen eine offene Struktur haben. Damit ist die Hermeneutik allen Sprachphilosophien überlegen, die die Systeme der Umgangssprache geschlossen, monadologisch konzipieren, um die Intersubjektivität der mitzuteilenden Gehalte zu gewährleisten, wie es zum Beispiel Wittgensteins Sprachphilosophie tut.

2.2 Die Hermeneutik ist notwendig praxisbezogen. Habermas schreibt:

„Ich sehe Gadamers eigentliche Leistung in dem Nachweis, daß hermeneutisches Verstehen transzendental notwendig auf die Artikulierung eines handlungsorientierenden Selbstverständnisses bezogen ist. Am Beispiel von Theologie und Jurisprudenz zeigt sich der immanente Zusammenhang von Verstehen und Applikation: die Auslegung der Bibel dient in der Predigt, wie die Auslegung positiven Rechts in der Judikatur, als Auslegung zugleich der Anwendung der Tatbestände in einer gegebenen Situation" (LS, 168).

2.3 Das hermeneutische Bewusstsein zerstört das objektivistische Selbstverständnis der Geisteswissenschaften. Das bedeutet,

„daß die Sachlichkeit des Verstehens nicht durch die Abstraktion von Vormeinungen gesichert werden kann, sondern allein durch eine Reflexion des wirkungsgeschichtlichen Zusammenhanges, der die erkennenden Subjekte mit ihrem Gegenstand immer schon verbindet" (UA, 79).

2.4 Die Hermeneutik hat für die Sozialwissenschaften insofern Bedeutung, als sie ihnen klarmacht, dass ihr Objektbereich von der Tradition her vielfach vorstrukturiert ist und dass sie selbst wie das einzelne verstehende Subjekt einen geschichtlich determinierten Standort einnehmen.

2.5

„Das hermeneutische Bewußtsein betrifft auch das szientistische Selbstverständnis der Naturwissenschaften, natürlich nicht deren Methodologie" (UA, 79).

„Die Legitimation der Entscheidungen, die die Wahl von Forschungsstrategien, den Aufbau und die Methoden der Überprüfung von Theorien, mithin den ‚Fortschritt der Wissenschaft' bestimmen, ist von Diskussionen der Forschergemeinschaft abhängig. Diese auf metatheoretischer Ebene geführten Diskussionen sind aber grundsätzlich an den Kontext natürlicher Sprachen und an die Explikationsform umgangssprachlicher Kommunikation gebunden. Die Hermeneutik kann Gründe dafür angeben, warum auf dieser metatheoretischen Ebene wohl ein rational motivierter, aber kein zwingender Konsensus erzielt werden kann" (UA, 79).

2.6 Schließlich hält es Habermas für eine wichtige Leistung der hermeneutischen Philosophie, dass sie Hilfen bietet für die Übersetzung folgenreicher wissenschaftlicher Informationen in die Sprache der sozialen Lebenswelt.

So sehr also Habermas die Leistungen der hermeneutischen Philosophie schätzt – ihren Universalitätsanspruch akzeptiert er nicht.

„Das hermeneutische Bewußtsein ist so lange unvollständig, als es die Reflexion der Grenze hermeneutischen Verstehens nicht in sich aufgenommen hat" (UA, 83).

Das hermeneutische Verstehen bewegt sich im Bereich der umgangssprachlichen Kommunikation. Von daher ist Hermeneutik dort nicht mehr kompetent, wo es um Aussagenbereiche geht, die den Bereich der Umgangssprache nicht berühren. Die moderne Wissenschaft kennt die Konstruktion monologisch aufgebauter Sprachsysteme. Die Übersetzung solcher in sich geschlossener Sprachsysteme in die Sprache der Lebenswelt stellt die Hermeneutik vor ganz neue Aufgaben.

„Das hermeneutische Bewußtsein entspringt ja der Reflexion auf unsere Bewegung innerhalb natürlicher Sprachen, während die Interpretation der Wissenschaften für die Lebenswelt die Vermittlung zwischen natürlicher Sprache und monologischen Sprachsystemen leisten muß. Dieser Übersetzungsprozeß überschreitet die Grenzen der rhetorisch-hermeneutischen Kunst, die es mit der umgangssprachlich konstituierten und überlieferten Kultur allein zu tun hatte" (UA, 81).

Schon dieser Gedankengang weist auf die Grenzen der hermeneutischen Philosophie hin. Sie ist auch dort nicht mehr kompetent, wo nicht nur die Kommunikation, sondern die Sprache selbst gestört ist, in deren Medium die Kommunikationsstörung aufgearbeitet werden sollte. Das hermeneutische Bewusstsein „erweist sich als unzulänglich im Falle systematisch verzerrter Kommunikation: die Unverständlichkeit resultiert hier aus einer fehlerhaften Organisation der Rede selber" (UA, 83f.). Die Muster systematisch verzerrter Kommunikation unterscheiden sich nicht von denen der „normalen" Kommunikation. „Die Pseudokommunikation erzeugt ein System von Mißverständnissen, das im Scheine eines falschen Konsensus nicht durchschaut wird" (UA, 84). Der Psychoanalytiker hat es mit Phänomenen einer solchen systematisch verzerrten Kommunikation zu tun. Die Psychoanalyse bietet eine „theoretisch begründete semantische Analyse" (UA, 83), die die Störung als solche zu erkennen vermag. Insofern ist die Psychoanalyse in der Lage,

„die Bindung der geschulten Interpretation an die natürliche Kompetenz umgangssprachlicher Kommunikation durch eine theoretisch begründete semantische Analyse zu unterlaufen und damit den Universalitätsanspruch der Hermeneutik abzuweisen" (UA, 83).

Habermas führt den Nachweis dieser Leistung der Psychoanalyse breit durch (vgl. UA, 83–96). Wie die Psychoanalyse die Grenzen des Anwendungsbereichs hermeneutischen Verstehens im individuellen Bereich aufdeckt, so legt die Ideologiekritik dieselben Grenzen im Bereich kollektiver Zusammenhänge offen. Die Strukturen sind in beiden Fällen vergleichbar.

Die beiden skizzierten Gedankengänge Habermas' zeigen, dass es Möglichkeiten des Verstehens gibt, die nicht von der hermeneutischen Philosophie gedeckt werden. Wie aber begründet Habermas positiv den Universalitätsanspruch der Kritik?

Philosophie als Ideologiekritik sei möglich. Nach Habermas kann die menschliche Vernunft mehr, als es ihr von der hermeneutischen Philosophie zugebilligt wird. Sie hat nicht nur die Fähigkeit, Fremdes anerkennend entgegenzunehmen, sondern sie kann es auch ablehnen. Der Mensch ist nicht einfach einem Geschehen ausgeliefert, „in dem sich, selbst irrational, die Bedingungen der Rationalität nach Zeit und Ort, Epoche und Kultur ändern" (LS, 177). Vielmehr hat die menschliche Reflexion eine transzendierende Kraft.

„Die Hermeneutik stößt gleichsam von innen an Wände des Traditionszusammenhangs; sie kann, sobald diese Grenzen erfahren und erkannt sind, kulturelle Überlieferungen nicht länger absolut setzen" (LS, 177).

Die Erfahrung von Grenzen ist ihre Überschreitung. Die Reflexion, auch die hermeneutische, lässt ihren Gegenstand nicht unberührt bestehen. „Substantialität zergeht in der Reflexion, weil diese nicht nur bestätigt, sondern dogmatische Gewalten auch bricht" (LS, 175). Die Reflexion „ist zur Nachträglichkeit verurteilt, aber im Rückblick entfaltet sie rückwirkende Kraft" (LS, 175). So ist nicht nur die Anerkennung, sondern auch die Kritik eine Möglichkeit der Reflexion.

Philosophie als Ideologiekritik ist aber auch notwendig. Wenn es stimmt, dass der Überlieferungszusammenhang systematisch verzerrt ist, dann wird der kritisch denkende und von emanzipatorischem Interesse geleitete Philosoph den Horizont der Kritik als den umfassenderen anerkennen. Nun besteht aber nach Habermas tatsächlich Veranlassung zu der Annahme, dass der Traditionszusammenhang nicht nur ein kulturelles Sinngefüge ist. Dieses erscheint im Ganzen der realen Welt, verglichen mit den anderen Faktoren der Herrschaft und der Arbeit, nur als ein unbedeutender Faktor. „Der objektive Zusammenhang, aus dem soziale Handlungen allein begriffen werden können, konstituiert sich aus Sprache, Arbeit und Herrschaft zumal" (LS, 179). Kulturelle Überlieferung im Medium der Sprache ist nicht unabhängig von Herrschaft und Arbeit. Insofern ist sie auch Medium von Herrschaft und sozialer Macht und kann ideologischen Charakter haben. Das ist der hermeneutischen Reflexion, die im Raum der Umgangssprache bleibt, unerkennbar. Es bedarf der Ideologiekritik, die den ge-

223

sellschaftlichen Lebenszusammenhang in allen ihren Momenten begreiflich zu machen vermag.

Hermeneutische Erfahrung wäre nur unter der Voraussetzung unverdächtig, dass sie nicht im Medium systematisch verzerrter Sprache geschähe. Da systematisch verzerrte Kommunikation ein Aspekt der Gesellschaft ist, in der die Menschen in Entfremdung leben, und da Entfremdung durch Herrschaft von Menschen über Menschen zustande kommt, wird eine herrschaftsfreie Kommunikation zur regulativen Idee der Ideologiekritik. Ist die herrschaftsfreie Kommunikation erreicht, fallen Ideologiekritik und Hermeneutik zusammen.

Welche Konsequenzen ergeben sich aus diesem Universalitätsanspruch der Kritik? Nur eine wichtige und aktuelle soll genannt werden: die Rolle der Autorität. Was über sie ausgesagt wird, kann man entsprechend auf die Bedeutung der Tradition anwenden. Habermas weiß – ebenso wie Gadamer – um die Unvermeidbarkeit der Voreingenommenheit des verstehenden Subjekts. „Aber folgt aus der Unvermeidlichkeit des hermeneutischen Vorgriffs eo ipso, daß es legitime Vorurteile gibt?" (LS, 174). Habermas wirft Gadamer Irrationalismus und Konservativismus vor. Er zitiert den für die Autoritätsproblematik entscheidenden Satz Gadamers: „ja, unmittelbar hat Autorität überhaupt nichts mit Gehorsam, sondern mit Erkenntnis zu tun" (WM, 264), und fährt dann fort: „Dieser härteste Satz spricht eine philosophische Grundüberzeugung aus, die nicht durch Hermeneutik gedeckt ist, sondern allenfalls durch deren Verabsolutierung" (LS, 174). Habermas' Meinung zur Autoritätsproblematik gipfelt in dem Satz: „Autorität und Erkenntnis konvergieren nicht" (LS, 175). Gadamers Autoritätskonzeption sei die Verabsolutierung des Autoritätsmodells, das allenfalls zwischen dem Erzieher und dem Unmündigen gelte. Nach Habermas würden Vernunft und Autorität nur konvergieren, wenn herrschaftsfreie Kommunikation herrschte.

3. Annäherung in der Lebenspraxis

Wer hat Recht? Ergibt sich am Ende ein Dilemma? Gadamer und Habermas selbst würden diese Frage vermutlich verneinen. Beide Philosophen können die Kontroverse selbst im Sinn ihrer Philosophien deuten. Habermas kann seine Überlegungen als ein Stück durchgeführter Ideologiekritik verstehen. Gadamer ist in der Lage, die entstandene Gesprächssituation als eine Verifikation der hermeneutischen Philosophie zu interpretieren. Die verschiedenen Standpunkte erweisen sich als verstehbar aus dem Kontext des Traditions- und Erfahrungsstroms, in dem sie stehen: Habermas kommt aus der marxistischen Tradition, die er freilich weitergebildet hat. Von dieser Voreingenommenheit her rechnet er mit einer falschen Welt und einem sich daraus ergebenden falschen Bewusstsein der Menschen. Darum ist das Denken Habermas' eher skeptisch und kritisch gestimmt und gleichzeitig von emanzipatorischem Interesse getragen. Die marxistische Tradition ist selbstverständlich nicht Habermas' einzige Determinante.

Gadamers eigenes Philosophieren steht im Zusammenhang anderer Erfahrungen. Es ist bewahrender, anerkennender. Das Erbe der Aufklärung ist darin weniger zur Geltung gekommen. Die individuellen Lebenserfahrungen Gadamers dürften in den Grundoptionen seiner hermeneutischen Philosophie stark wirksam geworden sein. Er selbst sagt im Zusammenhang der Verteidigung seiner Autoritätskonzeption:

> „Es kann schon sein, daß der Konservativismus (nicht jener Generation eines Burke, sondern einer Generation, die drei große Umbrüche der deutschen Geschichte hinter sich hat, ohne daß es je zu einer revolutionären Erschütterung der bestehenden Gesellschaftsstruktur gekommen wäre) dafür günstig ist, eine Wahrheit einzusehen, die sich leicht verbirgt" (RH, 123f.).

Dazu kommt die Erfahrung, die Gadamer im Umgang mit der geistesgeschichtlichen, auch theologischen Tradition gewonnen hat. Er hat damit so viel Sinn-Erfahrung gemacht, dass er von daher der Grundüberzeugung Habermas' nicht zustimmen kann, die überkommene Tradition sei ideologischen Charakters, trage also nur einen Pseudo-Sinn in sich.

> „Es gehört zur elementaren Erfahrung des Philosophierens, daß die Klassiker des philosophischen Gedankens, wenn wir sie zu verstehen suchen, von sich aus einen Wahrheitsanspruch geltend machen, den das zeitgenössische Bewußtsein weder abweisen noch überbieten kann. Das naive Selbstgefühl der Gegenwart mag sich

dagegen auflehnen, daß das philosophische Bewusstsein die Möglichkeit einräumt, seine eigene philosophische Einsicht sei der eines Plato und Aristoteles, eines Leibniz, Kant oder Hegel gegenüber geringeren Ranges" (WM, XXVI).

Rein denkerisch scheint das Dilemma zwischen hermeneutischer und kritischer Philosophie unauflösbar zu sein. Greift man jedoch einige Hinweise auf, die sich bei Gadamer und Habermas finden, so kommt eine Lebenspraxis in Sicht, die den Anliegen beider zumindest einigermaßen gerecht werden könnte. Gadamer anerkennt ausdrücklich, dass alle Autorität kritisch beurteilt werden muss.

„Zugegeben, daß Autorität in unzähligen Formen von Herrschaftsordnungen dogmatische Gewalt ausübt, von der Ordnung der Erziehung über die Befehlsordnung von Heer und Verwaltung bis zu der Machthierarchie politischer Gewalten oder von Heilsträgern. Aber dies Bild des der Autorität erwiesenen Gehorsams kann niemals zeigen, warum das alles Ordnungen sind und nicht die Unordnung handfester Gewaltübung."

Gadamer bezeichnet es als eine „unzulässige Unterstellung", als meinte er, „es gäbe nicht Autoritätsverlust und emanzipatorische Kritik" (RH, 124).

Habermas aber gibt einen Hinweis auf eine mögliche Eingrenzung der aus einer radikalen Ideologiekritik folgenden Aktionen.

„Aus dem hypothetischen Status allgemeiner Interpretationen ergeben sich in der Tat a priori zwingende Beschränkungen bei der Wahl des Modus, nach dem jeweils der immanente Aufklärungsanspruch kritischen Verstehens eingelöst werden soll" (UA, 103).

Übrigens deutet Habermas selbst die Möglichkeit einer gewissen Differenz zwischen Theorie und Praxis an. Am Ende des Aufsatzes „Der Universalitätsanspruch der Hermeneutik" schreibt er, das ideologiekritische Denken sei zwar eine notwendige Konsequenz des aufgeklärten und von emanzipatorischem Interesse getragenen Denkens, gleichzeitig aber dürfe dieses ideologiekritische Denken heute nicht der einzige Maßstab des Handelns sein.

„Vielleicht ist es unter den gegenwärtigen Umständen dringlicher geboten, auf Grenzen des falschen Universalitätsanspruches der Kritik als auf die des Universalitätsanspruches der Hermeneutik hinzuweisen. Soweit es aber um die Klärung eines Rechtsstreites geht, bedarf auch dieser der Kritik" (UA, 103).[7]

---

[7] Im Bereich der katholischen Theologie hat sich K. Lehmann frühzeitig mit den durch die Kontroverse Gadamer – Habermas aufgeworfenen Fragen und Erkenntnissen befasst, als er den Sinn und die Grenzen der dogmatischen Denkform in der katholischen Theologie behandelte. Vgl. dazu K. Lehmann, Die dogmatische Denkform als hermeneutisches Problem, in: EvTh 30 (1970) 469–487. – Im Jahr 1971 erschien in der Reihe „Theorie-Diskussion" der Sammelband „Hermeneutik und Ideologiekritik", mit Beiträgen von *Apel, Bormann, Bubner, Gadamer, Giegel* und *Habermas* (Frankfurt am Main 1971). In diesem Band sind unter anderem die in Anm. 2, 4 und 5 angeführten Texte abgedruckt, von dem Text in Anm. 2 allerdings nur S. 281–290 der „edition suhrkamp". Als Erstveröffentlichung und Weiterführung der Kontroverse erschien in dem Sammelband außerdem eine „Replik" von *H.-G. Gadamer* (283–317).

Nachwort

Sein letztes, 1978 veröffentlichtes Buch, die „Grundzüge einer paulinischen Theologie", hat Heinrich Schlier als „eine gegenwärtige theologische Besinnung" bezeichnet. Damit wollte er zum Ausdruck bringen, dass dieses Werk sich nicht in einer Nachzeichnung historischer Abläufe in der Theologiegeschichte erschöpft, sondern den gegenwärtigen Anspruch der biblischen Botschaft zur Sprache bringt. Schlier eröffnet sein Buch mit einer ausführlichen „Vorüberlegung", in welcher er noch einmal eingehend Rechenschaft ablegt über die Anliegen, die ihm im Laufe eines langen Christen- und Theologenlebens wichtig waren. Dabei kommt er auf die damals aktuelle geistige Situation zu sprechen, die es den Christen und der Kirche bis heute nicht leicht macht, ein aufrichtiges „Ja" zu dem in der Bibel aufbewahrten Wort der Offenbarung Gottes zu sagen und zu leben. Daraus ergibt sich als besondere Aufgabe auch des Theologen, die Zeitgenossen zur „Annahme und Aneignung" des im überlieferten Wort der Schrift Mitgeteilten zu führen. Dies geschieht auf mehrfache Weise: im Hören, im Durchdenken, im Weitergeben.

Die „Vorüberlegungen" zu den „Grundzügen ..." lassen erkennen, dass Heinrich Schlier zutiefst durch die Anregungen bestimmt war, die er aus den Gesprächen mit berühmten Vertretern der hermeneutischen Philosophie und Theologie empfangen hatte: Rudolf Bultmann, Martin Heidegger, Hans-Georg Gadamer und andere. Heinrich Schlier hat das theologische Programm, das aus diesen Gesprächen resultierte, in langen Jahren des Forschens und Lehrens realisiert. Was er erkannt und in seinen Schriften hinterlassen hat, ist für die geistige und gläubige Besinnung auf die in der Bibel greifbar gewordene und gebliebene Offenbarung Gottes an uns Menschen nach wie vor hilfreich. Interessanterweise hat er dabei schon früh in eigener und zutreffender Weise das umgesetzt, was das II. Vatikanische Konzil in der „Dogmatischen Konstitution über die göttliche Offenbarung" – „Dei Verbum" – über die Bibel und ihre rechte Auslegung ausgeführt hat.

Die in diesem Band vorgelegte Sammlung von Aufsätzen zu Weg und Werk Heinrich Schliers soll darauf aufmerksam machen, dass die Anliegen und Einsichten des 1978 verstorbenen Theologen in keiner Weise an Aktualität verloren haben. Der Titel des Bandes lässt erkennen, dass es möglich ist, Schliers Theologie von zwei thematischen Stichworten her zu ordnen: zum einen vom Wort Gottes her, zum anderen von der Kirche. Beide prägten in je eigener Weise das Leben Heinrich Schliers. Er selbst hat sich dem Wort Gottes geöffnet und als gläubiger Christ auf den Wegen gelebt, die ihm in der Kirche gebahnt waren. So war sein Leben ein lebendiges Zeugnis für das, was er als Theologe erkannt und in Wort und Schrift vor anderen ausgebreitet hat. Die Aufsätze, die an den Menschen und Christen Heinrich Schlier erinnern, lassen erkennen, wie sich solches in seinem Leben ereignet hat, und können ihre Leser anregen, die Spuren eines aus dem Glauben gestalteten Leben bei sich zu entdecken.

Einige Aufsätze thematisieren die Fragen, die sich zur rechten Deutung der Heiligen Schrift stellen. Dass es dabei um die Erhebung des historischen Sinns der biblischen Texte geht, ist weitgehend unbestritten. Dass und in welcher Weise diese Texte darüber hinaus daraufhin auszulegen sind, dass sie das Wort Gottes enthalten und dieses in unseren je aktuellen Lebenssituationen an uns herantragen, bedeutet eine nach wie vor große Aufgabe, der sich Heinrich Schlier in eindrucksvoller Weise gestellt hat. Welche Dimensionen dies in den den bibelhermeneutischen Fragen gewidmeten Schriften Schliers aufweist, daran erinnern die Aufsätze, die einerseits seine exegetische Erkenntnis in ihren Ergebnissen nachzeichnen und andererseits seine Prinzipien eines rechten Bibelauslegens darlegen.

Andere Aufsätze behandeln das von Heinrich Schlier erörterte Thema „Kirche". Ihm war es ein großes Anliegen, die Kirche als Werk Gottes und als Weg, welchen Christen im Glauben eigenständig und in Gemeinschaft gehen, zu verstehen und zur Sprache zu bringen. Dieses Thema war und ist nach wie vor auch in ökumenischen Kontexten, im katholisch-evangelischen Gespräch also, von ausschlaggebender Bedeutung. Was Heinrich Schlier im Ausgang von der Bibel dazu beizutragen vermag, kommt in den in diesem Band vorgestellten Aufsätzen deshalb noch einmal zur Sprache, weil sowohl Aktualität als auch Relevanz ungebrochen sind.

Die erneute Veröffentlichung der in diesem Band versammelten Aufsätze zielt darauf ab, noch einmal an einen Theologen zu erinnern, dessen Einsichten und Auffassungen mit Sicherheit auch heute noch helfen können, mit guten Gründen auf dem Weg des Glaubens zu bleiben – nicht zuletzt angesichts der in unserer Zeit den Glauben und die Kirche betreffenden und nicht leicht zu bestehenden Herausforderungen.

Erstveröffentlichung der in diesem Band enthaltenen Aufsätze

Kapitel 1:
Heinrich Schlier (1900–1978), in: *Breytenbach, Cilliers/Hoppe, Rudolf* (Hgg.), Neutestamentliche Wissenschaft nach 1945. Hauptvertreter der deutschsprachigen Exegese in der Darstellung ihrer Schüler, Neukirchen-Vluyn 2008, 387–398.

Kapitel 2:
Heinrich Schlier (31.3.1900–26.12.1978) – Zum 100. Geburtstag, in: Internationale katholische Zeitschrift Communio (IKaZ) 29 (2000) 181–189. Dieser Aufsatz erscheint hier in einer zum Teil neu gefassten Form.

- Italienische Übersetzung: In ricordo di Heinrich Schlier, in: Communio. Rivista Internazionale di Teologia e Cultura 172/173 (2000) 151–158.
- Wiederabgedruckt in: *W. Löser/C. Sticher* (Hgg.), Gottes Wort ist Licht und Wahrheit. Eine Erinnerung an Heinrich Schlier, Würzburg 2003, 9–21.

Kapitel 3:
Gottes erster Gedanke, in: Theologie und Philosophie (ThPh) 90 (2015) 247–256.

Kapitel 4:
Das „bleibend Denkwürdige". Zum Dogmenverständnis Erik Petersons und Heinrich Schliers, in: *W. Löser, K. Lehmann, M. Lutz-Bachmann* (Hgg.), Dogmengeschichte und katholische Theologie, Würzburg 1985, 329–352.

Kapitel 5:
Dimensionen der Auslegung des Neuen Testaments. Zum Gespräch Heinrich Schliers mit Rudolf Bultmann, in: Theologie und Philosophie (ThPh) 57 (1982) 481–497.

Kapitel 6:
Das Werk Heinrich Schliers: eine Theologie des Neuen Testaments, in: Theologie und Philosophie (ThPh) 87 (2012) 86–96.

Kapitel 7:
„Gottes Wort ist unserem Fuß eine Leuchte" (Ps 119,105). Kurze Skizze einer Theologie des Wortes Gottes, in: M. *Drewsen/M. Fischer* (Hgg.), Die Gegenwart des Gegenwärtigen (= Festschrift für G. Haeffner zum 65. Geburtstag), Freiburg i. Br. 2006, 522–535.

Kapitel 8:
Biblische Texte zur Taufe – ausgelegt durch Heinrich Schlier, in: Theologie und Philosophie (ThPh) 85 (2010) 550–570.

Kapitel 9:
Die Kirche aus Juden und Heiden im Denken Heinrich Schliers. – Bisher unveröffentlicht.

Kapitel 10:
Die ökumenische Bedeutung von Weg und Werk Heinrich Schliers, in: W. *Löser/C. Sticher* (Hgg.), Gottes Wort ist Licht und Wahrheit. Eine Erinnerung an Heinrich Schlier, Würzburg 2003, 125–147.

Kapitel 11:
Hermeneutik oder Kritik? Die Kontroverse zwischen Hans-Georg Gadamer und Jürgen Habermas, in: Stimmen der Zeit (StZ) 188 (1971) 50–59.

Annäherungen an das Werk Hans Urs von Balthasars

Werner Löser, selbst über zwanzig Jahre lang in einem andauernden Dialog mit Hans Urs von Balthasar, stellt die Themen vor, die von Balthasar in seinen Büchern entfaltet hat und die darin übereinkommen, dass sie durch ein dialogisches Seinsverständnis bestimmt sind.

Werner Löser
Geschenkte Wahrheit
Annäherungen an das Werk
Hans Urs von Balthasars

352 Seiten · Broschur
ISBN 978-3-429-03859-5

*Das Buch erhalten Sie
in Ihrer Buchhandlung.*

www.echter.de

Bausteine für eine Theologie der Religionen

Mit der Konzilserklärung „Nostra aetate" hat die katholische Kirche ihre Sicht auf die Welt der Religionen zusammenhängend und in durchaus neuer Weise formuliert. Dies ist nach wie vor von größter Aktualität. Christen begegnen heute überall Menschen, die den verschiedensten Religionen angehören. Es gilt, sie zu achten und mit ihnen zusammen in Frieden zu leben. Gleichzeitig sehen sich Christen gedrängt, den eigenen Glaubensweg in der Kirche tiefer zu verstehen, um ihn dann auch vor den anderen überzeugender vertreten zu können.

Werner Löser
Bausteine für eine Theologie der Religionen
Blicke und Schritte
über die Grenzen

184 Seiten · Broschur

ISBN 978-3-429-03966-0

Das Buch erhalten Sie in Ihrer Buchhandlung.

www.echter.de